Catherine Clément
Julia Kristeva

Das Versprechen

Vom Erwachen der Frauen

Aus dem Französischen übersetzt
von Bernd Mattheus

Matthes & Seitz

 Herstellung und Umschlaggestaltung: Bettina Best, München. Satz: Wirth, München. Druck und Bindung: Clausen & Bosse, Leck. ISBN 3-88221-827-4

Wir kannten uns seit Ende der sechziger Jahre, wir hatten in den Humanwissenschaften, in der Philosophie, in der Psychoanalyse wie in der Politik ähnliche Interessen und Engagements geteilt. Die Erfahrung der Mutterschaft, des Romans, des Nomadentums hatte uns einander nähergebracht, aber die Wechselfälle des Lebens entfernten uns stets voneinander: eine gegenseitige Achtung blieb bestehen, betont durch kurze Begegnungen, die herzlich oder mißtrauisch waren, und gemeinsame Bekannte. Neulich hat Catherine in einfühlsamen Seiten auf meine Sicht des Frauenlebens als Kriminalroman, unbefriedigte Revolte und latenten Atheismus geantwortet. Ich hatte, was mich angeht, ihre Reisen zu den Hysterikerinnen Charcots oder durch die Religionen Indiens gemocht, ihre Gestalten der leidenschaftlichen Frauen, ihr Vibrieren im Laufe der kulturellen und sozialen Ereignisse.

Was mich angeht, so mochte ich an Julia die Strenge, die Genauigkeit und den immensen Wissensschatz, den sie ganz bewußt vermittelte; ich mochte auch ihre Phantasie, ihren schwarzen Humor, die Musikalität ihrer Rede, die Grausamkeit ihrer Romane. Kommt der Tag, wo der lange Umgang miteinander sein wahres freundschaftliches Gesicht enthüllt, ein Tag, an dem sich die Arbeit zu zweit sanft aufdrängt. So.

Auf einem privaten und beruflichen Weg kommt ein Augenblick, wo man Lust hat, im Schutz der Einsamkeit und ohne den Schraubstock der Gruppe, dem Wesentlichen nachzugehen.

Es kommt auch vor, daß für eine Frau das Wesentliche das zu sein scheint, was sie mit anderen Frauen teilt. Warum sollte man also nicht versuchen, das zu zweit zu tun, wir beide?

Für mich konnte »das« nur sein, was uns seit jeher beschäftigte, ablesbar an unserer Laufbahn als Intellektuelle und Romanschriftstellerinnen am Saum des Unbewußten und der gesellschaftlichen Bindung, und dem das nahe Ende des zweiten Jahrtausends brennende Aktualität verlieh: das Sakrale. Nicht die Religion, auch nicht ihre Kehrseite, welche die atheistische Verneinung darstellt, sondern jene Erfahrung, die von den Glaubenslehren gleichzeitig geschützt und ausgeschlachtet wird, die Erfahrung am Kreuzungspunkt von Sexualität und Denken, Körper und Sinn, welche die Frauen ganz intensiv machen, aber ohne sich sonderlich damit zu beschäftigen und bei der ihnen – uns – noch viel zu sagen bleibt. Gibt es ein spezifisch weibliches Sakrales? Welchen Platz haben die Frauen in dieser Geschichte, die man ab der Geburt Christi datiert, welche Chance haben sie zweitausend Jahre nach ihm? Und das Weibliche im Judentum, dem Buddhismus, dem Konfuzianismus, dem Taoismus, dem Islam, den animistischen Religionen Afrikas und andernorts? Welche Anerkennung oder Verkennung wird ihm zuteil, aber auch: welche Zukunft, welche Perspektiven hat es? Wenn es stimmt, wie wir glauben, daß die Frauen im kommenden Jahrtausend aufwachen, welche tiefere Bedeutung kann jenes Erwachen und jene Zivilisation haben?

Sie, Julia, hat mir das »Thema« vorgeschlagen, wie man für gewöhnlich sagt, wenn es sich um ein Buch handelt. Was für eine Überraschung! Seit so vielen Jahren hielt ich mich für das Opfer eines einsamen Lieds, das mich von den Essays bis zu den Romanen nicht losließ, eine persönliche alte Leier, die einem nicht aus dem Sinn geht und die auf meinem Weg liegt? Ganz Kristeva. Darauf war ich nicht gefaßt. Aber im Augenblick des Vorschlags wußte ich, daß wir uns gut verstehen würden – wie Violine und Klavier, Sopran und Mezzosopran. Die Entscheidung für ein zweistimmiges Buch gehört zur Kammermusik; zwischen uns bedurfte die stillschweigende Zustimmung nur einer melodischen Zeile, damit sie da war.

»Das Aufwachen der Frauen im nächsten Jahrtausend« … Hinsichtlich des letzteren Punktes zögerte ich. Aber so ist Julia nun einmal, visionär. Sie hat mich überzeugt. Es war nicht leicht. Denn in den elf Jahren, die ich im Ausland gelebt habe, sah ich überall Frauen, die fortschrittlicher waren als in Frankreich. Und überall erlebte ich, daß sie sich des Sakralen mit mehr Klugheit bedienten als wir: in Indien, in Afrika und sogar in Österreich, diesem Anfang des Morgenlands. Andere Frauen haben sehr gut die Ursachen der französischen Verspätung erklärt: die misogyne Tradition der Französischen Revolution, die Einschränkungen bei der Erziehung von Töchtern, eine falsche Auffassung von der republikanischen Freiheit – von nun an weiß man all das. Was das Sakrale angeht, so war das eine andere Sache, die vorsichtig angefaßt werden mußte. Weiblich, nur für die Frauen? Und die Männer dabei? Wir wollten nicht den Krieg der Geschlechter von neuem beginnen! Das war nicht unsere Art von Glanz, weder für die eine noch für die andere. Einverstanden bezüglich erwachende Zivilisation, einverstanden bezüglich Zukunft.

Das war ein umfangreiches Programm, ebenso anziehend wie unmöglich auszuführen.

Es sei denn, man begnügte sich damit, die Fragen aufzuwerfen, anstatt Antworten zu geben, die Bereiche zu skizzieren, anstatt sie in Definitionen einzuschließen – und dies, indem wir mit den Themen der Debatte selbst beginnen, dem »Weiblichen« und dem »Sakralen«. Weil wir Tausende Kilometer voneinander entfernt wohnten, war es unangebracht, dieses Puzzle »mündlich« zu verwirklichen. Es blieb uns der Briefwechsel. Man schreibt keine Briefe mehr, sagte ich fassungslos. Aber doch, behauptete Catherine. Ein altertümliches Genre? Nein, ein Raum der Genauigkeit. Ein Kunstgriff? Vielleicht, aber auch ein Ort der Aufrichtigkeit. Warum sollte man es nicht versuchen!

Das stimmt, am Anfang wollte Julia keinen Briefwechsel. Aber nichts ist aktueller, da ja Fax ebenso wie »E-Mail« im Internet diesem alten Genre sein wahres Wesen wiedergeben: dem anderen schreiben. Und ist der schlimmste Kunstgriff nicht das scheinbar mündliche Gespräch, das mit dem Tonband aufgezeichnet, bis zum »äh, äh …« abgeschrieben und dann sorgfältig ausradiert und stilistisch geglättet wurde? Keine Ausflüchte. Wir haben also ganz klassisch korrespondiert und nahmen uns die Zeit dazu. Es ist nicht richtig, daß die Zeit keine Rolle spielt: indem sie den Raum durchquert, arbeitet sie.

Von Anfang an ist unser Briefwechsel unverfälscht gewesen: das Alltagsleben beanspruchte seinen Raum, die Frauen wie auch das Sakrale mußten sich unseren recht profanen Sorgen unterwerfen. Mehr noch half es uns, beidem die Stirn zu bieten.

In einem Brief, den man an eine Freundin geschrieben hat, vermeidet man es nicht, von seinen Prüfungen zu erzählen, den großen oder den kleinen. Wir hätten sie beim Wiederlesen tilgen können, aber sie haben uns erlaubt, mit unseren Ideen voranzukommen, deshalb blieben sie selbstverständlich an ihrem Platz. So haben wir begriffen, daß die wahren Sorgen, seien sie auch profan, etwas mit dem Sakralen zu tun haben. Wir waren nicht »draußen«, sondern »drinnen«. Wirklich – so ist das Leben.

So ist ein Buch entstanden, wie es bei jeglichem Schreiben geschieht, das Fragen zusammenträgt, um auf sie hinzuweisen. Aber ein zweistimmiges Buch über zwei Themen, die nur verlangen, daß sie bei jeder, bei jedem auf ein einzigartiges Echo stoßen. Wir möchten gern, daß das Buch in dem vertraulichen und polemischen Geist gelesen wird, der uns die ganze Wegstrecke lang beseelt hat.

Julia Kristeva
Catherine Clément

Dakar, 7. November 1996

Liebe Julia,

seitdem Du mir von dem seltsamen Verhältnis erzählt hast, das die Frauen mit dem Sakralen verbindet, begegne ich ihm auf Schritt und Tritt, sogar hier, in Afrika. Auf dem »schwarzen Kontinent«, mit dem Freud die Weiblichkeit im allgemeinen vergleicht, ist das nicht erstaunlich, wirst Du mir entgegnen. Laß mich Dir trotzdem schildern, was ich gestern gesehen habe. Denn wenn es eine Überraschung gibt, so war die gewaltig ...

Eine katholische Wallfahrt zu Ehren der Schwarzen Jungfrau eines Marktfleckens namens Popenguine, ungefähr dreißig Kilometer von Dakar entfernt. Stell Dir eine riesige Menschenmenge auf einer Erdaufschüttung vor, die kaum von ein paar dürren Bäumen beschattet wird; diese steht vor einer Bühne, auf der die Bischöfe Senegals, unter der Befehlsgewalt des Kardinals von Dakar, ein levitiertes Hochamt zelebrieren. Die Sonne steht im Zenit, es ist Mittag, vierzig Grad im Schatten, tiefblauer Himmel. Wir Würdenträger sind auf der Altarseite geschützt. Schätzungsweise sind es gut achtzigtausend Gläubige, Männer, Frauen und Kinder.

Die Messe beginnt. Plötzlich gellende Schreie in der Menge: eine Frauenstimme. Alsbald eilen die Sanitäter mit der Tragbahre herbei; sie entdecken die Herkunft der Stimme, schnallen die schreiende Frau fest und verschwinden. Ich sage mir: »Ein Nervenzusammenbruch.« Aber das beginnt zehn Minuten später von neuem. Und während der zweistündigen Zeremonie in einem regelmäßigen Rhythmus: Frauenschreie, Sanitäter, Bahre, Abtransport. Wieder. Wieder. Ein seltsames sakrales Phänomen bricht in eine religiöse Zeremonie ein. Ist die Messe heilig? Zweifellos. Es fehlt ihr an nichts, weder an Meßgewändern noch an Weihrauchfässern, noch an Chorälen. Warum habe ich dann den Eindruck, daß die Schreie dieser Frauen eine andere Form des Sakralen als die einer katholischen Messe einführen?

Trotzdem sind die Helfer an die Übung gewöhnt. Diese schreienden Frauen sind ihnen offensichtlich zur Gewohnheit geworden. In der Ferne hört man sie immer noch, gleich einem Klagechor in der Oper; sie sind festgeschnallt, aber sie hören nicht zu brüllen auf, eine nach der anderen, im Kanon. Was sagen sie eigentlich mitten in einer Messe? Was bringen diese Festgebundenen mit ihrem Gebrüll zum Ausdruck?

Mir drängt sich das Wort »Trancezustände« auf. Alle Brüllenden, die umfielen, sind schwarz. Unter den Zuhörern bemerke ich viele weißhäutige Nonnen, die nicht mit der Wimper zucken. Aber die afrikanischen Nonnen zucken kaum mehr mit der Wimper. Die »Getroffenen« sind junge weltliche Afrikanerinnen, oft von Kindern flankiert. Nicht ein Mann; nicht einmal ein bartloser Halbwüchsiger. Die Schreie gleichen sich peinlich genau: dieselbe Stimmlage, dieselben Modulationen. Was mich aber am meisten verblüfft, ist das, was mir mein afrikanischer Nebenmann ins Ohr flüstert. Ein in seinen Anzug mit Weste gezwängter Würdenträger, da er ja neben mir steht.

»Hysterieanfälle«, behauptet er. »Das ist so üblich.«

Verflixt, ich habe doch nichts gefragt! Hier ist also ein Angehöriger der afrikanischen Eliten, der »Hysterie« nennt, was ich als Trance bezeichne. Mein Nebenmann denkt als *Toubab*, ein Wort, das man in Afrika benutzt, um den Weißen zu bezeichnen. Vielleicht, weil er sich an eine Europäerin wendet, versetzt sich mein Nebenmann in die Lage eines schwarzen *Toubab*, das heißt: eines verwestlichen Afrikaners. (So nannten in Senegal einige seiner Gegner Präsident Senghor den »schwarzen Toubab«). Und auch das ist üblich in Afrika, vor allem, wenn der Empfänger der Mitteilung der Nation angehört, die das Land kolonisierte. Was sollte man als Bezeichnung wählen? Trance oder Hysterie? Alles in allem ist das Wort »Trance« nicht weniger abendländisch als das andere …

Mein Nebenmann fällt mir auf die Nerven. Jetzt bin ich völlig aufgeschmissen.

Sie sind schwarz, katholisch, sie kriegen während des levitierten Hochamtes in der Sonne Anfälle. Sie sind an der Westküste Afrikas geboren, wo die ersten portugiesischen Kolonisatoren ankamen, zur gleichen Zeit wie die ersten moslemischen Prediger, im 15. Jahrhundert. Aus dieser Zeit datieren die afrikanische Verwurzelung des Islam und des Katholizismus. Da aber das heutige Senegal zu 90% moslemisch ist, stellt der Katholizismus einen winzig kleinen Teil der Bevölkerung dar: jene schreienden Frauen gehören einer religiösen Minderheit an. Und der Animismus vor dem 15. Jahrhundert? Das ist einfach, er ist allenorts erhalten geblieben.

Sämtliche in Afrika eingeführten monotheistischen Religionen haben ihre animistische Vergangenheit fast unangetastet gelassen. Die Muslime beten Allah und ihren geistigen Führer, Kalifen oder Marabut gleichermaßen an; man beschwört die Geister herauf und singt »Bismillah«, man besprengt den Eingeweihten mit Blut, nach der christlichen Taufe. Das stört niemanden, und die Dschinns vertragen sich gut mit dem Einzigen Gott. Was aber die gellenden Schreie betrifft, die von einer Messe angestachelt wurden, so verweist das Wort, das seitens eines Vertreters von Staat und Behörden fiel, auf eine abendländische Pathologie! Hysterie, sehen Sie das, wie in Wien am Ende des 19. Jahrhunderts ... Es scheint mir klar zu sein, daß es sich um ein altes Phänomen handelt, das man in die Sprache der »Toubabs« umbenannt hat; und in einem Land, in dem die Eliten das beste Französisch der Welt sprechen, ist es ausgeschlossen, daß sie das Wort »Trance« nicht kennen, um diese Anfälle zu bezeichnen. Nein, mein Würdenträger-Nebenmann bringt etwas anderes zum Ausdruck: eine Ablehnung, eine Verlegenheit. Die Hysterie würde weniger beschämen als die Trance, dieses große Geheimnis Afrikas.

In Senegal ist es schwierig, den genauen Zusammenhang zu analysieren, der jene Trancezustände mit dem seit dem

15. Jahrhundert verdrängten Animismus verbindet. Die Küsten der Serer-Gebiete haben Marranen, portugiesische Juden, Protestanten erlebt; dann hat der Katholizismus den Animismus mit einer Lasur überzogen, wo der Glaube tief ist, aber die Ausdrucksweisen hybridisiert sind. Unter der Lasur zeigt sich die afrikanische Trance. Sollte die Trance afrikanisch sein? Was rede ich denn da? Die Trance ist universell: man findet sie überall auf der Welt! Trotzdem kann ich den Gedanken nicht loswerden: Trance aus Afrika. Sicher weil ich mir bei den schwarzen Frauen eine besondere Durchlässigkeit vorstelle; ich glaube bei ihnen einen plötzlichen Zugang zum Sakralen zu ahnen, demjenigen ihrer afrobrasilianischen Cousinen während der »Candomblé«-Zeremonien in Bahia ähnlich: den Körper losgelöst und die Augen verdreht, werden sie wie in Popenguine von Zuckungen geschüttelt.

Läßt man aber die Äußerlichkeiten beiseite, so geht es in Brasilien ganz anders zu. Die Trancezustände während des Candomblé werden angepeilt, geplant. Unter dem Einfluß afrikanischer Götter, die man, wie es sich gebührt, nach dem Heiligenkalender benannt hat – Xango: Sankt Hieronymus, Yemanja: die Jungfrau Maria, Ogoun: Sankt Antonius –, werden die Besessenen vom »Papa«, dem Wodu-Priester, geführt. Wegen der Sklaverei hat in Brasilien der Ritus aus Afrika die Oberhand gewonnen, und die sich in Trance befindenden Frauen schreien wenig, sonst ist es ganz normal. Hier in Popenguine »führt« man sie nicht, man schnallt sie fest. Für die Entfesselten braucht man Fesseln, während man im Candomblé der »Entfesselung« im voraus einen Rahmen gegeben hat. Eine seltsame Zerstörung der Fesseln der Sklaverei … In Bahia ist das Band zwischen dem »Papa« und den Besessenen ein rein spirituelles; in Popenguine ist das Band zwischen dem Klerus und den schreienden Frauen ein materielles; es sind Gurte. Dort, in Bahia, hat der Katholizismus unter dem Gewicht eines sich im Exil befindlichen Afrikas nachgegeben; hier, in Popenguine, weiß er nicht recht, was er mit jener sakralen Unordnung anfangen soll, die der Vergangenheit entstammt und die auf dem Heimatboden standhält.

In Ermangelung eines Besseren verhüten die Helfer das Schlimmste. Mit Gurten.

Gehen wir anderswohin. Als ich in Indien lebte, sah ich keinerlei sakrale Unordnung in den religiösen Gebräuchen der indischen Frauen aus dem Bürgertum; infolge eines Jahrhunderts britisch-puritanischer Besatzung und auch infolge ihrer Kastenzugehörigkeit waren sie »diszipliniert«. Denn in den oberen Kasten des hinduistischen Gesellschaftssystems gehört die Durchlässigkeit des Körpers nicht zum Code der guten Sitten. Sich gehen zu lassen kommt nicht in Frage. Wenn man aber bei den volkstümlichen Wallfahrten indische Bäuerinnen erblickt hat, die ebenfalls entfesselt waren, dann vermute ich, daß die Trance und ihre Durchlässigkeit ohne Zweifel etwas mit der Kastenzugehörigkeit zu tun haben. Kastenzugehörigkeit? Vorsicht ... Man muß näher hinsehen.

Eine Kaste ist eine Art Schublade, in die das entstehende Individuum bei der Geburt eingeordnet wird und die es nicht verlassen kann. Die Kaste hat nichts mit der »gesellschaftlichen Klasse« zu tun, das ist gewiß. Aber sie steht in engster Beziehung mit dem alten marxistischen Begriff der »Klassenzugehörigkeit«, jener geistigen Schublade, die ab der Geburt die Triebe und Gedanken vorherbestimmt. Wenn man für Marx seine gesellschaftliche Klasse offensichtlich verlassen kann, so kann man sich jedoch nicht von seiner »Klassenzugehörigkeit« befreien, so wie man sich nach Sigmund Freud nicht vom Unbewußten befreien kann. In diesem Falle würde die »Kasten«-Zugehörigkeit dieselbe Rolle wie die Wiederkehr des Verdrängten spielen: bei der geringsten Lücke tritt sie wieder hervor. Ausgeschlossen, sich ihrer zu entledigen. Wegen einem bißchen Gefühl tritt sie wieder in Erscheinung. Es bedarf eines sehr disziplinierten Rahmens, wenn man die Wiederkehr der Zugehörigkeit in Zaum halten will. ... Deshalb sind in Indien die oberen Kasten, die von den strengen Verhaltensregeln des Hinduismus diszipliniert werden, imstande, der Trance zu widerstehen; deshalb lassen sich in Popenguine die afrikanischen Nonnen, die durch die Erziehung ihres Ordens diszipliniert wurden, nicht zur Trance hinreißen, so wenig wie die Frauen der Würdenträger auf dem Podium. Jene, die schreien, sind Serer-Frauen, Dorfbewohnerinnen oder Dienstmädchen.

Sie gehören zu einer Minderheit, sie sind Dienstmädchen, sie geraten in Trance. Na gut! Man muß nicht nach Afrika reisen, um dieses Phänomen festzustellen. Ich erinnere mich, daß ich in Paris, in den sechziger Jahren, im Sainte-Anne-Krankenhaus einen echten »hysterischen« Anfall miterlebt habe, der ungewollt von Doktor André Green, der damals Abteilungsleiter war, ausgelöst wurde. An jenem Tag hat uns das junge Mädchen, eine Bretonin, eine Kür hingelegt: eine verblüffende hysterische Akrobatik, die in ihrer Ausführung vollkommen war; der Kopf und die Füße hielten den versteiften Körper, der wie ein Bogen gekrümmt war, der Geist war anderswo, die Augen waren abwesend, sie war unbekümmert, ungezwungen. Der Kommentar des guten Doktors: »Man sieht dieses antiquierte Phänomen nur noch bei analphabetischen Bretoninnen, wenn sie am Bahnhof Montparnasse in der Stadt ankommen.« Es war nicht nötig, weiter auszuführen, warum die analphabetischen Bretoninnen in Paris ankamen: damals wußte man, daß es geschah, um eine »Stellung« anzunehmen als Hausangestellte.

Im 19. Jahrhundert, zur Zeit von Charcot und Freud, hatten die Bürgerinnen Europas noch die Akrobatik in ihrem hysterischen Repertoire. Die Erziehung trug dazu bei, daß sich der *opistothonos* – das ist der wissenschaftliche Name der bogenförmigen Figur – in die ländlichen Gebiete zurückgezogen hatte; heute ist er wahrscheinlich ausgestorben. Aber in den sechziger Jahren beherrschten die analphabetischen Bretoninnen noch diese altertümliche Kunst der akrobatischen Trance: der Schock zwischen Land und Stadt rief Bewußtlosigkeit und eine schwere Somatisierung hervor. Das war genau bei jenem jungen Mädchen im Jahr 1964 der Fall. Aber wir befanden uns im psychiatrischen Krankenhaus, wo das Sakrale keinen Anteil hat. Wenn sie wieder zu Bewußtsein gekommen ist, wird die Bretonin einen Hysterieanfall gehabt haben, und weder sie noch die Ärzte werden unbedingt gewußt haben, was sie damit anfangen sollen. In der Psychiatrie weiß niemand, was er mit einem »weltlichen« Trancezustand anfangen soll; und da das Sakrale nicht zu den Klassifizierungen gehört, erklärt man den Zustand als *opistothonos*. Es ist ein wissenschaftlicher Ausdruck, der blufft. Was nützte das der Bretonin, die am Bahnhof Montparnasse ausstieg. Anderswo hätte sie diese Gabe, in Trance zu fallen, für religiöse Zwecke nützen können; vielleicht hätte sie den Status einer Seherin erlangen können; aber in der psychiatrischen Notaufnahme der Hauptstadt war sie krank, basta.

Allerdings bin ich mir bezüglich Klassenzugehörigkeiten sicherer als bezüglich Durchlässigkeit des Körpers, Deinem Gebiet. Nicht, daß ich in Sachen gesellschaftliche Klassen sehr bewandert wäre! Aber durch viele Reisen und lange Aufenthalte kreuz und quer in der Welt konnte ich überall beobachten, daß Frauen dem Sakralen ausgeliefert waren. Tatsache ist, daß ich es selten bemerkt habe, wenn sie lesen und schreiben konnten, es sei denn, es geschah aus reinem Snobismus – wie bei unseren Europäerinnen, die nach Art der Amerikanerinnen in den Urschrei vernarrt sind. In Senegal lösen sich die Frauen noch recht wenig von der traditionellen Familie und die Volksbildung ist im Verfall begriffen. Bieten die Senegalesinnen aus diesem Grund den Blicken eine Art »Durchlässigkeit«? In diesem Land, das zu einem großen Teil analphabetisch geworden ist, schlendern majestätische Afrikanerinnen, deren Tunika auf den Schultern verrutscht, mit prahlerischer Sinnlichkeit die Straßen entlang. Die Durchlässigkeit dieser zwei Meter großen Göttinnen läßt wortwörtlich Wünsche offen.

Bei meinen Schreienden von Popenguine ist das wahrlich nicht so. Bei ihnen gibt es nichts Majestätisches; das Aussehen ist vielmehr nichtssagend. Ich sagte Dir, sie wären Dorfbewohnerinnen oder Dienstmädchen. Das ist nicht bloß eine Kleinigkeit. Was man in Afrika mit so viel Leichtigkeit »Kulturgemeinschaft« nennt, hängt ebenso vom Kastensystem – das sehr verborgen, aber äußerst gegenwärtig ist – wie von der sozialen Stellung ab. Die Serer-Frauen aus der Gegend von

Popenguine werden oft in der Hauptstadt als »Perlen« in Stellung gegeben, bei den Bürgern der großen Stadt. In Dakar ist eine »Perle« (sic) ihrer Abstammung nach Serer, wie sie Anfang des Jahrhunderts in Paris Bretonin war; es gibt sogar eine Gewerkschaft für Serer-Dienstmädchen. Im Klartext: sie gehören zu den am meisten Ausgebeuteten der senegalesischen Metropole.

Ich würde daraus schließen, vielleicht ein wenig vorschnell, daß sie leichter den Trancezustand erreichen als ihre Herrinnen. Ja, ich glaube, daß die Fähigkeit, plötzlich das Sakrale zu erreichen, wirklich vom Minderheitenstatus oder der ökonomischen Ausbeutung abhängt. »Das« muß irgendwo herauskommen, und mangels Bildung ist jener Ort der Ausstoßung der Ort des Sakralen. Oder der des Verbrechens. Oder beides zusammen, das hat es gegeben. Erinnerst Du Dich an den Gewaltausbruch, den man in den dreißiger Jahren in Mans erlebte, als die beiden Schwestern Papin, in jeder Hinsicht hervorragende Dienstmädchen, bei einer nächtlichen Auseinandersetzung ihre Herrschaft, Mutter und Tochter, um die Ecke brachten? Sie zerstückelten sie in einem Raptus, sozusagen in Trance. Nach dem Verbrechen waren sie erschöpft und bezeugten keinerlei Reue, gleich den mörderischen Heldinnen in den griechischen Tragödien, die von der Maßlosigkeit zermalmt werden. Während sie sorgfältig die Hackbeile säuberten, hätten sie nur gesagt: »Jetzt ist's sauber.« Auch die Schwestern Papin waren Perlen.[1]

Kurz und gut: bei anderen eine »Perle« zu sein, löst die Revolte aus, und die Trance ist eine davon. Es gibt einen Grund, boshaft zu werden, wenn man geknechtet wird. Es gibt einen Grund, sich die Messe zunutze zu machen, um lauthals zu schreien, wenn man in Senegal Bäuerin oder Dienstmädchen, katholisch oder Serer ist. Man gehört nicht der moslemischen Mehrheit an, man gehört nicht zur Partei der Mächtigen. Und außerdem hat man nicht das Geschlecht, das die Nation

1. Unübersetzbares Wortspiel: *la bonne*, das Dienstmädchen, die »Perle«, bedeutet im Französischen auch die »Gute« (A. d. Ü.)

beherrscht. Kurz: man hat recht, sich zu empören, und mit dem Rahmen eines levitierten Hochamts ist einem schon gedient. Durch das Sakrale eines monotheistischen Ritus schlängelt sich ein anderes Sakrales hindurch, das alte. Chöre, Weihrauch, Goldbesatz auf den Meßgewändern, Glanz, die Sonne im Zenit, eine kleine Schwarze Madonna, die hinten auf den Altar gestellt wurde, und plötzlich der Riß ... Es ist hervorgesprudelt. Wer wird sich in den Weg stellen? Weder die Gurte noch der Klerus. Der Schrei ist unwiderstehlich, er ist wie geschaffen dafür.

Ich schlage Dir eine erste Spur vor, die von den Jahrhunderten verwischt wurde. Das Sakrale bei den Frauen würde eine augenblickliche Revolte zum Ausdruck bringen, die den Körper durchquert und schreit. Es ist an Dir, mich über die Durchlässigkeit aufzuklären.

Catherine

Paris, 1. Dezember 1996

Liebe Catherine,

Dein Brief wartete länger als vierzehn Tage in Paris auf mich, während ich einmal mehr der Pracht und der Brutalität New Yorks begegnete. Es fällt mir immer schwer, im Hexagon[2] zu landen, da zur Unannehmlichkeit des Zeitunterschieds jener immer mehr schmerzliche Eindruck hinzukommt, daß die Franzosen *ausweichen*: sie meiden die Geschichte, die gewiß nicht ruhig ist, die sich aber wirklich anderswo abspielt... Was bleibt denn in den »Vereinigten Staaten der Welt« von einer Nation übrig? Die Frage ist sehr schwerwiegend, aber das ist nicht das Thema unseres Briefwechsels ...

Du riefst schwarze Frauen in Erinnerung, die in Senegal, um eine als Standbild errichtete Jungfrau herum, in einer Menge von achtzigtausend Personen schreien; fröhliche Libertine, die ein gellender Schrei in Besessene verwandelt; Durchlässigkeit ihrer Körper; erfolgreiche Gleichgültigkeit der Nonnen und der Sanitäter, die unempfindlich sind für jene prahlerische Sinnlichkeit, die sich in einen hysterischen Anfall verwandelt ... Und die »Psycho«-Diagnose eines senegalesischen Honoratiors.

Meinerseits habe ich noch die amerikanische »Afrikanisierung« vor Augen. Auf jeder meiner Reisen kommt mir New York immer schwärzer und gemischter vor. Aber merkwürdigerweise verleihen die weiblichen Körper – oft so schwer und ungraziös – dieser Menschheit von Mutanten ihr allerberuhigendstes, sogar besänftigtes Aussehen einer unauslöschlichen Ruhe. Sie befinden sich keineswegs in Trance, diese schwar-

2. Gemeint ist Frankreich, wie es sich auf der Landkarte darstellt (A. d. Ü.).

zen Damen, die die Abteilungen von Kaufhäusern leiten, die Verwaltung der Universitäten, die Bankfilialen und manchmal sogar die *Panals* von Symposien und anderen televisuellen oder kulturellen Festlichkeiten. Während ihre Männer und Söhne stets bereit scheinen, sich aufzuregen, sofern sie nicht anstelle von persönlichen oder politischen Forderungen ihre Gewalttätigkeit offen kundtun – und wir wissen beide, daß es in Amerika, vor allem, wenn man schwarz ist, etwas zu tun gibt –, demonstrieren diese dunklen Matronen berufliche Kompetenz und eiserne Nervenstärke. Es hat nichts zu tun mit der Hektik emanzipierter Frauen, die noch vor ein paar Jahren sich zu befreien glaubten, indem sie sich vermännlichten. Jene, die ich diesmal sah, verhielten sich wie beliebige Mütter, die stolz waren, es zu sein, die ganz einfach das Wort ergreifen und ebenso einfach die Geschäfte der Stadt leiten. Professionalität oder Gleichgültigkeit: sie geben uns zu verstehen, daß sie reichlich Zeit – das Leben vor sich haben.

Das ist eine andere Dimension des Sakralen: die Selbstsicherheit im Augenblick, die der Sicherheit entstammt, Zeit zu haben. Nicht die Kastrationsangst, mit welcher der Mann seine Furcht vor dem Tod verkleidet, so daß er aus dieser das schlaflose Nachtlicht und die allerletzte Stütze des Sakralen macht; nicht die Katastrophe der Trauer, welche die Frauen in ihrem Leib kennen und die aus ihnen ewige Klageweiber macht, mit oder ohne Leichname – über diese unbezähmbare weibliche Melancholie spreche ich mit Dir ein anderes Mal. Nein. Diese Haltung, die so ausgeglichen ist, daß man zögert, sie mit dem Sakralen in Zusammenhang zu bringen – das Wort »sakral« transportiert eine melodramatische Schwingung, eine »hysterische«, wie Dein gelehrter Nebenmann auf der Tribüne der Würdenträger sagen würde –, ist mit der Sicherheit des Lebens verwurzelt. Es gibt Leben und *sie* können es geben: wir können es geben. Die Zeit verwandelt sich dann in eine Ewigkeit aus wunderbaren Augenblicken. Einige tun es mit mehr oder weniger Begehren, Mühe, Freude oder Schmerz, und es gelingt ihnen sogar, den Sinn mitzuteilen. Den Sinn des bescheidensten, des allergewöhnlichsten Lebens. Mit einer demütigen Geste, einem Lächeln, dem Gefühl der weitergegebenen Tüchtigkeit, Geduld und Zukunft. Diese Körper besitzen den undurchlässigen Reiz von Terrakotten, die warme Festigkeit von Bronzeplastiken, mit denen man *Negro Spirituals* singen, aber auch – sanft – ein Land regieren kann.

Ich war von der amerikanischen Afrikanisierung ausgegangen, und mir liegt daran, Dir zu versichern: vor dem *politically correct* graut mir, ich predige nicht die Zukunft der schwarzen Frau im Gegensatz zur Sackgasse des schwarzen Mannes, noch gar die Überlegenheit der Frau gegenüber dem Mann, und noch weniger die der schwarzen Göttin gegenüber der weißen Hysterikerin. Was den letzteren Punkt angeht, so verschonen die »Soap operas« made in USA, die von jetzt an die ganze verkabelte Menschheit anguckt, kein Geschlecht, keine Kulturgemeinschaft, obwohl die weiße Bürgerin in der Inszenierung von Nervenzusammenbrüchen und der finanziellen Handhabung der Gefühlserpressung vor ihrer schwarzen Mitschwester eine gute Länge Vorsprung zu haben scheint … Nein, ich werde mich an das Leben halten, als der allerletzten Seite des Sakralen. Zunächst deshalb, weil es eines der Ziele meiner Reise war: in der *New School* »Hannah Arendt und der Begriff ›Leben‹« vorzustellen; und außerdem, weil ich, ohne Zweifel von meinem Thema beherrscht, das alltägliche Theater meine Intuitionen bestätigen sah. Diese schwarzen Frauen, diese spanischen Frauen, diese chinesischen Frauen, die der amerikanischen Hauptstadt das kosmopolitische Gesicht des dritten Jahrtausends verleihen, drängen, als Kontrapunkt zum beklemmenden hektischen Elend, das Bild einer unerschütterlichen und sogar sinnlichen Vertikalität auf.

Da das Leben der Zufluchtswert unserer hochentwickelten Demokratien geworden ist, der christlichen oder post-christlichen, wie Du willst, vergessen wir, daß diese Sakralität des Lebens eine Geschichte hat; und daß diese Geschichte von der Stellung abhängt, welche die Religionen und die Gesellschaften den Frauen zugestanden haben. Ich möchte gern, daß man eines Tages auf die Jungfrau zurückkommt: enterotisiert, sagt man, möglicherweise zu rasch; aber sicherlich nicht körperlos; und auf dieses außergewöhnliche Ausbalancieren zwischen dem Geburtskult, den Maria als Mutter Gottes begründet, einerseits, und der »Kontrolle der Geburtenrate« (wie man heute sagt), die einzuführen sie erlaubt hätte, andererseits!

Doch bleiben wir in der Moderne: man vergißt auch zu rasch, daß die beiden Totalitarismen, der nazistische und der stalinistische, die Monstrosität der Lager gemeinsam haben, das heißt nichts anderes als die Vernichtung des Lebens. Im übrigen steckt in den technischen Fortschritten unserer hochentwickelten Demokratien, die in aller Unschuld nur das Leben zu »leiten« beabsichtigen, dieselbe totalitäre Bedrohung: die Bedrohung, das Leben zu vernichten, nachdem man die Frage nach seinem Sinn abgewertet hat.

Und wie steht es um die Frauen bei all dem? Die Freiheiten, die wir dank Verhütung und künstlicher Befruchtung erlangt haben, verhindern nicht, daß der Wunsch nach Mutterschaft die tragende Welle der weiblichen Erfahrung ist und bleiben wird. Und daß die Zukunft der Spezies von diesem Wunsch abhängt und abhängen wird, wenn wir nicht wollen, daß einzig die Technik unsere Geschicke »leitet«. Die Liebe zwischen den Geschlechtern und die Zärtlichkeit der Eltern, Mann und Frau, wird weiterhin das psychische Leben, kurz: das Leben des Kindes, des ewigen Kindes, das wir sind, schützen. Dieses Leben, von einer liebevollen Mutterschaft gewollt und geleitet, ist kein schlichter und einfacher biologischer Prozeß: ich spreche vom Sinn des Lebens – eines Lebens, das einen Sinn hat. Wir befinden uns hier am »Nullpunkt« des Sinns, um den Ausdruck von Barthes aufzugreifen, dessen Ironie und dessen liebevolles Denken ich nicht vergesse. Und wenn das, was wir das »Sakrale« nennen, die Zelebration jenes Mysteriums wäre, das im Zutagetreten des Sinns besteht?

Mit den Griechen unterschied Hannah Arendt zwischen *zôê* (biologischem Leben) und *bios* (Leben, das man erzählen kann, das zu einer Biographie fähig ist). Da sie dank der Technik mehr denn je dazu imstande sind, über das Leben zu entscheiden, sind die Frauen auch mehr denn je bereit, nicht mehr einfache Gebärerinnen zu sein (vorausgesetzt, daß »Gebärerin« zu sein etwas »Einfaches« ist), sondern diesem *Akt der Schenkung*, der das Leben ist, *Sinn zu verleihen*.

Das ist nicht selbstverständlich. Es ist sehr gut möglich, daß eine von Technik und Profit beherrschte Gesellschaft die Frauen darauf beschränkt, bloß Besitzerinnen des »zoologischen« Lebens zu sein und keineswegs die Frage, die spirituelle Sorge begünstigt, die ein »Schicksal«, eine »Biographie« ausmacht.

Als ich Dir diesen Austausch apropos »Frauen und das Sakrale« vorschlug, hatte ich vor allem diese Gefahr im Auge: die neue Version eines Totalitarismus *soft*, der nach dem berühmten »Verlust der Werte« das Leben zum »höchsten Wert« erhebt, aber das Leben an sich, das Leben ohne Fragen, während die Frauen-Mütter die natürlichen Vollzieherinnen jener »Zoologie« sein müssen.

Trotzdem läßt der Durchbruch des Weiblichen auf allen Kontinenten, von dem ich Dir ein New Yorker Alltagsbild gemacht habe, die Frage offen. Und wenn die alte Teilung zwischen »jenen, die das Leben geben« und »jenen, die den Sinn geben«, im Verschwinden begriffen wäre? Wie denkst Du darüber? Das wäre eine radikale Umwälzung, etwas noch nie Dagewesenes. Etwas, um gerade eine neue Ära des Sakralen anzukündigen, die wirklich die Überraschung dieses dritten Milleniums sein könnte. Sollten nach zweitausend Jahren Weltgeschichte, die von jenem Sakralen beherrscht wurde, welches das Jesuskind ist, die Frauen nicht in der Lage sein, dem allerletzten Sakralen – dem Wunder des Menschenlebens – eine andere Färbung zu verleihen: nicht dem Leben an sich, sondern dem Leben als Sinnträger, eines Sinns, zu dessen Formulierung die Frauen aufgerufen sind, ihr Begehren und ihre Sprache einzubringen?

Ich vergesse nicht die Durchlässigkeit der sich in Trance befindlichen Körper. Selbst die sanften Madonnen, denen ich in den kosmopolitischen Straßen New Yorks begegnet bin, selbst die vernünftigsten Mütter, die von ihren Frauenwünschen und ihrer mütterlichen Zärtlichkeit erzählen können, sind gegen keine »Besessenheit« gefeit. Ich lasse mich von der amüsanten Sprache der Austernverkäuferinnen meiner Ile de Ré blenden, wo ich, wie Du weißt, von jetzt an Wurzeln geschlagen habe – als ob man sich in Salzgärten oder Fjorden einwurzeln könnte –, aber ich weiß, daß sie von einer wütenden Melancholie nicht zu trennen ist. Mit wie vielen Sprachfrikadellen und -würsten stopfen sie nicht ihre Kinder voll, die abrupt von Wutschreien unterbrochen werden – wenn nicht von Suizid oder Mord! Wo ist das Sakrale? Ich schlage Dir keine Definition vor, in Anthropologie, Philosophie und Psychoanalyse bist Du bewanderter als ich und ich übergehe einiges. Ich sage nur, daß in dem Bereich, in dem wir uns jetzt befinden, zwischen der Jungfrau und den von ihr »Getroffenen«, der Zeit und der Abwesenheit, der Ausgeglichenheit und dem Selbstverlust, ich sage, daß das, was wir als »sakral« in der Erfahrung einer Frau wiedererlangen, die unmögliche und dennoch aufrecht erhaltene Verbindung zwischen dem Leben und dem Sinn ist.

Der menschliche Körper, und dramatischer noch der Körper einer Frau, ist eine seltsame Kreuzung zwischen *zôê* und *bios*, Physiologie und Erzählung, Genetik und Biographie. Freud hat die Kartographie dieser Spaltung gezeichnet und dem biologischen Reservoir die Stufen des Unbewußten, des Vorbewußten, des Bewußten hinzugefügt. Die Sprache geht durch sie hindurch, aber läßt sich nicht darauf beschränken: eine Schranke trennt sie von der biologischen Erregung.

Das Verbot errichtet und sichert diese Schranke: »du sollst nicht töten (deinen Vater)«, »du sollst nicht buhlen (mit deiner Mutter).« Als Verbot des Mordes und des Inzests wird das Verbot vom Soma als ein Zwang empfunden. Der jüdische Gott hat es mit einer beispiellosen Genauigkeit gesagt, die man ihm unablässig vorhält: das Verbot »schneidet« oder »trennt«: *Bereschit*[3] lautet das erste Wort der Bibel. Auf ver-

3. »Im Anfang …« (1. Buch der Genesis) »Im Anfang war der Logos, und der Logos war bei Gott, und Gott war der Logos« (Joh. 1, 1) [A. d. Ü.]

schiedene Art und Weise und sich der einschneidenden Wirkungen des Wortes weniger bewußt, zelebrieren sämtliche Religionen im Sakralen eine Opferung: die einer Pflanze, die eines Tieres, die eines Menschen. Das Judentum und darauf das Christentum geben zu, daß dieses Opfer dasjenige ist, das die Sprache in den Körper einschreibt, den Sinn des Lebens. Und dies durch ein Verbot, das nicht töten muß, um einzuschneiden, sondern das sich damit begnügt, eine Moral zu entwerfen. Verflixte Moral, die voller Revolten und Leidenschaften steckt.

Die dem Sakralen Ergebenen hüten sich, auf der Gewalt zu beharren, die jenes Sakrales/Opfer/Verbot birgt und aufdrängt. Einzig der »göttliche Marquis« de Sade hat die übertriebenen, fortan sadomasochistisch genannten Konsequenzen aus unserer Stellung als biologische und sprechende Wesen gezogen; doch seine brutalen Wahrheiten langweilen, wenn sie nicht Furcht einflößen.

Da sie aber spricht, neigt die Frau zum selben Opfer: ihre Erregbarkeit unterwirft sich dem Verbot, die Wollust ihres zeugenden Körpers äußert sich in der Darstellung eines Wortes, eines Bildes oder einer Statue. Trotzdem gelingt es dem Opfer nicht, sich als ein Absolutes durchzusetzen, das fähig ist, die ganze Leidenschaft restlos zu bezwingen. Überdies bleiben die Darstellungen selbst – Choräle, Wörter, Skulpturen – nicht an ihrem Ort, sondern tauchen wieder in das Fleisch ein, nichts wird so sehr geopfert wie dieses, bringen es zum Mittönen und versetzen es in Wollust. Der Sadomasochismus der sakralen Verbindung (Körper/Sinn) scheint für eine Frau offensichtlicher, bei einer Frau mehr am Werk zu sein. Sie steckt darin, sie ist mit ihm »auf einer Wellenlänge«, sie bekundet es. In der Trance. Als Grenzwesen, Biologie *und* Sinn, ist die Frau imstande, an beiden Seiten des Sakralen teilzunehmen: an der ruhigen Besänftigung, in der sich die Geburt in Ewigkeit vergewissert (meine New Yorkerinnen, die die Stadt verwalten), aber auch am Riß des sakralen Tafeltuchs, wo die Sprache und jegliche Darstellung in Krämpfen oder Delirien versinken (Deine Senegalesinnen im

Trancezustand). Ausgeglichen oder entfesselt befindet sich eine Frau, auf Grund ihrer Doppelnatur, auf gleicher Höhe mit dem Sakralen und ist gleichzeitig dessen unbeugsamste Rebellin – eine potentielle Atheistin.

»Der Horizont des Wesens ist durchlässig«, schrieb Husserl, den Merleau-Ponty wiederholte: er legte das Ausschwitzen von Empfindungen nahe, die sich nicht auf die Sprache zurückführen lassen. Eine Frau – im Trancezustand oder nicht – ist die alltägliche Demonstration jener mehr oder weniger katastrophalen oder entzückenden Destillierung von Fleisch in Geist und umgekehrt. Die Psychoanalytiker werden sagen, daß diejenige, die imstande ist, Leben zu schenken, gewiß ein Subjekt ist, aber eines, dessen Verdrängung sehr fragwürdig bleibt. Das vielmehr zu allgemeinen ›Zuständen‹ neigt. Eleganter ausgedrückt, spricht Baudelaire in den *Blumen des Bösen* von Düften: »Die tyrannische Circe mit den gefährlichen Düften.« Und weiter: »So starke Düfte gibt's, daß sie den Stoff bezwingen. Mit ihrer feinen Kraft Glas und Kristall durchdringen.«

Hier schlage ich Dir den *Duft* als Bild dieser fragwürdigen Verdrängung, dieser verwirrenden Durchlässigkeit der Frauen vor. Das »Glas« der Verdrängung widersteht dem Druck einer inneren Wirklichkeit nicht: das weibliche Ich (wie das baudelairische Ich) ist »duftförmig«. Du siehst, daß ich das Schicksal der weiblichen Erotik mit dem Schicksal der Mütterlichkeit verknüpfe: obwohl es sich um zwei völlig unterschiedliche Seiten der weiblichen Erfahrung handelt, zwingt der vaginale Körper, dieses Gehäuse der Spezies, jedenfalls der Frau eine Erfahrung des »Inneren«, der »inneren Wirklichkeit« auf, die sich durch das Verbot weder leicht *opfern* noch durch Codes, die eine Folge des Verbotes sind (Sprachen, Bilder, Denken etc.), darstellen läßt. Sei sie nun Geliebte oder Mutter, eine Frau bleibt dem Opfer fremd: sie nimmt daran teil, sie nimmt es auf sich, aber sie stört es, sie kann es auch bedrohen. Man begreift dann, daß diese Lebens*tiefe* ebenfalls eine *soziale* Gefahr darstellt: wirklich, was für eine Moral, was für eine Ethik gäbe es, wenn das

Sakrale mit dem Wüten der Schreienden, mit ihrem endogenen Animismus konfrontiert werden müßte?

Aber nicht jede Frau ist wie die andere, und da ich Dir nicht das Bild einer Welt vermitteln möchte, die aus schwarzen und weißen Dominosteinen besteht oder aus psychiatrischen (hysterischen, psychotischen etc.) Strukturen, werde ich mit Dir später über außergewöhnliche Geschichten sprechen. Vom Sakralen, wie ihm meine Patienten...und meine Protagonisten begegnen oder nicht.

Ich weiß, daß Du all diese Dinge, die ich Dir in der wirren, rasch hingeworfenen Form des Briefes schreibe, ganz genau kennst. Ich frage mich, ob dieses Genre der Geschwindigkeit unserer Leben und der Komplexität des Themas angemessen ist. Trotzdem habe ich vorerst Lust, diesen brieflichen Austausch fortzusetzen, der mir auch das Gefühl gibt, mich vor und hinter die Anstrengung zu stellen. Vor das Auftauchen eines Eindrucks oder eines Gedankens, und hinterher, während ich ihnen in entspannter und fast fröhlicher Stimmung wieder Unschuld verleihe; meine einzige Sorge besteht dabei darin, meine Augenblicke mit Deiner Erwartung übereinstimmen zu lassen, jedoch ohne die Forderung nach Genauigkeit. Kurz, eine Unschlüssigkeit, die mit der Fortsetzung rechnet. Was im Grunde vielleicht das Wesentliche in einer Freundschaft ist.

Julia

Dakar, 7. Januar 1997

Liebe Julia,

Dein Brief nach der Rückkehr von New York ist wie ein Monsunregen auf mich niedergeprasselt. Ich habe meinen Regenschirm geöffnet und beginne, die Sämereien zu sortieren.

Die afroamerikanischen Damen, deren ruhige Festigkeit Du in New York bewunderst, sind sehr wohl die würdigen Schwestern der Senegalesinnen. Aber wie verschieden ist ihre Lage! Ganz offensichtlich leben Deine friedlichen Amerikanerinnen nicht im Elend. Obendrein zeichnet sich in Nordamerika kein Matriarchat am Horizont ab, während im Afrika der Sahelzone die Gesellschaften in Familienverbänden leben und der ausschließlichen Autorität des Familienvaters unterstehen. Schlimmer noch: trotz der möglichen legalen Wahl zwischen Monogamie und Polygamie, nimmt die Polygamie bei den jungen Leuten zu, sämtliche gesellschaftlichen Wurzeln sind durcheinandergebracht. Man muß die Erlaubnis erwähnen, die bestimmte Marabuts haben, eine unbegrenzte Polygamie zu praktizieren. Sie haben dreißig, vierzig Frauen, einen Harem eben. Die Vorschriften Mohammeds sind in Stücke geflogen und jene Marabuts, so unternehmend in kapitalistischen Geschäften wie in der Kapitalisierung legitimer Frauen, entdecken mühelos vorislamische Traditionen wieder. Man ist weit weg von New York und dennoch …

Wie kommt es also, daß die Senegalesinnen so sehr den schwarzen Frauen New Yorks gleichen? Offenbar muß man noch mehr aus »Afrika« schöpfen. Warum? Weil die Frauen dort einzigartige Funktionen ausüben, die insbesondere in den Bereich des Sakralen fallen. Beispielsweise lebt um die Stadt Dakar herum ein winziges Volk; das der Lebou-Fischer.

Nun, seit dem Beginn aller Zeiten muß der Fischer, wenn er zum Kai zurückkehrt, den Fisch seiner Frau übergeben, sie allein ist in der Lage, ihn zu verkaufen; nebenbei zweigt sie sich ihren Zehnten ab, ihr eigenes Geld, das »sakral« genannt wird. Es sind auch die Lebou, die einen spektakulären therapeutischen Ritus praktizieren, der in den Vorstädten recht üblich ist, der N'Doeup.

Diese Zeremonie, dazu bestimmt, einen Rachedämon aus dem Körper zu vertreiben, in den er »hineingefahren« ist, dauert sieben Tage und sieben Nächte. Man läßt unendlich komplizierte Rituale körperlicher Maßregeln über sich ergehen, Sitzungen von öffentlicher Besessenheit auf der Straße, gefolgt von der Opferung eines Stier-»Rinds«, auf das man den Geist des Dämons überträgt, und schließlich zelebriert man den Kult des Dämons in einer kollektiven Trance. Ich war am Tag der Vorbereitung des Opfers dabei – sieben Stunden lang! Durch die psychische Spannung der Gruppe, die von den Heilerinnen geleitet wurde, war ich hinterher erschöpft. Denn die Therapie des N'Doeup ist den Frauen vorbehalten, die Dorf für Dorf in Schulen für offizielle Heilerinnen zusammengeschlossen sind. Heute gibt es einen einzigen männlichen Heiler: um aber seines Amtes zu walten, muß er Frauenkleider anlegen.

Ein als Frau gekleideter Mann, um zu heilen. Diese bloße Tatsache würde eine Flut von Kommentaren über die Bisexualität der Therapeuten im allgemeinen erfordern, doch wir kommen später darauf zurück. Gegenwärtig ziehe ich es vor, die Rolle der afrikanischen Frauen bei der Behandlung der Geisteskrankheiten zu charakterisieren. Wie immer in Afrika besteht der Vorgang darin, den »Dschinn« – den Dämon – vorsichtig von einem leidenden Körper auf ein geopfertes Tier zu übertragen und anschließend auf einen sichtbaren Götzen, einen in den Boden gesteckten Hirsestampfer, das Standbild eines Vorfahrs. Wer »hält« den wandernden Dämon »fest«? Die Heilerin. Wer überträgt? Die Heilerin? Wer repariert die durch den Wahnsinn eines einzelnen beeinträchtigte Gruppe? Die Heilerin. Und wie wird man eine Heilerin? Unter einer einzigen Bedingung: daß man selbst besessen war und dann genesen ist. Der Übergang ist unerbittlich. Eine durch den N'Doeup geheilte Frau darf sich ihrer Stellung als Heilerin nicht entziehen, andernfalls gerät sie wieder in die Klauen ihres Dämons.

Stell Dir vor, alle Frauen, die einmal auf der Couch lagen, wären gezwungen, Psychoanalytikerinnen zu werden: so ist die Lage bei den Lebou-Frauen in den Vorstädten von Dakar. Aber weit davon entfernt auszusterben, breitet sich der Lebou-Ritus aus. Desgleichen dringt die äthiopische *Zâr*-Zeremonie – sie verläuft ähnlich, mit Trancezuständen und wird ebenfalls von Frauen praktiziert – heute bis in die Vorstädte Kairos vor! Das ist einleuchtend: wenn die Armut die Elendsquartiere heimsucht, kümmern sich die Heilerinnen darum. N'Doeup in Dakar, Candomblé in den Armenvierteln von Bahia, Macumba in den Favelas von Rio, *Zâr* in Ägypten, und wenn man den Kreis bis zum Äußersten erweitert: Mutter Teresa in Kalkutta, Schwester Emanuela in Kairo ... Andere werden sich darüber entrüsten, ich nicht. Ich sehe in diesem Phänomen ein gutes Gegengift gegen die Integralismen aller Art. Modernistisch, männlich, schrecklich technologisch, schließt der Integralismus die Frauen aus. Daß sie die Macht zu heilen wiedererlangen, indem sie den Archaismus der Riten über sich ergehen lassen, erscheint mir wie eine amüsante List der Vernunft; und daß sich die geschichtliche Regression quer stellt zur besser genannten Moderne, gefällt mir.

Kommen wir wieder auf New York zu sprechen. Wenn in Südamerika der Katholizismus den afrikanischen Polytheismus der ehemaligen verschleppten Sklaven leicht integrieren konnte, so hat in Nordamerika die protestantische Erziehung in den Hütten der Sklaverei den körperlichen Ausdrucksweisen einen Rahmen verpaßt. Wurden sie von den Herren in Brasilien ziemlich früh erlaubt, so waren in den Vereinigten Staaten, zugunsten der christlichen Choräle, die Tamtams lange Zeit verboten. Die Afroamerikaner fanden ihre heiligen Stätten nur, indem sie das afrikanische Kirchenlied erfanden, das *negro spiritual*, dann den Blues, schließlich den Jazz. Die Choräle haben sich in den Kirchen der Baptisten und jener der Pfingstbewegung entfesselt, die mehr zum spontanen Ausdruck des Glaubens neigen als zum starren Rahmen. Nun, das protestantische Markenzeichen klärt mich über den unternehmerischen Aspekt der Afroamerikanerinnen auf, die Du in New York gesehen hast: es bleibt wahr, daß die protestantischen Länder sich in Geschäften besser auskennen als die katholischen.

Und die afrikanische Herkunft dieser hübschen Unternehmerinnen gibt mir Aufschluß über ihr ruhiges Wesen. Du hast recht: sie wirken wie Frauen, die das Leben, die Dauer und Beständigkeit geben. Ist deswegen der Unterschied zwischen »jenen, die das Leben geben« und »jenen, die den Sinn geben«, wirklich im Verschwinden begriffen? Ich halte Dich für optimistisch. Sieh nur die Philosophie-Epidemie im heutigen Frankreich. Glänzend und charmant, sind die Philosophen der dritten Art allesamt Männer, wie 1978 die Neuen Philosophen. Die so gerühmte »Wiederkehr der Philosophie« ist zweischneidig: wenn die Philosophen wiederkehren, gehören die Frauen nicht dazu. Die französischen philosophischen Cafés haben nichts mit den Salons der Enzyklopädisten gemeinsam, wo die Frauen wirkliche Diskussionspartner bei den Debatten waren, in denen die Moral nur einen kleinen Raum einnahm … Wir befinden uns nicht am Beginn der Aufklärung, wir fallen in den Obskurantismus der aristokratischen Kreise Balzacs zurück, zu denen die jungen Herzoginnen aus dem Faubourg Saint-Germain keinen Zugang hatten. Die Welt des Sinns war damals die der Geheimgesellschaften, die einzig Männern vorbehalten waren. Was die Frauen betrifft, so waren sie bei Balzac mit dreißig Jahren alt. Die Frauen »hielten« sich nicht. Ihre Rolle? Daß sie sich genauso der Leidenschaft hingeben – wie sie sich ans »Kochen« machen. Bist Du Dir wirklich sicher, daß man sie heute bezüglich Sinnstiftung voranschreiten läßt? In der Politik trifft das zu. Aber in Sachen Denken nicht.

Du schlägst den Duft als Metapher für die Durchlässigkeit

der Frauen, als Symbol ihres leichten Zugangs zur Trance vor. Gleich im Anschluß bemerkst Du, daß die Frauen dem Opfer beiwohnen, aber nicht opfern. Gut beobachtet. So verhält es sich beim N'Doeup: es ist stets ein Mann, der dem Stier den Hals durchschneidet; übrigens ist es die einzige männliche Geste der Zeremonie. Dafür bedienen sich die sehr aktiven Heilerinnen ihrer Sekretionen. Die »Taufe« des Dämons, wenn er identifiziert wurde, wird durch die Spucke der Heilerin bestätigt: durch ein Holzrohr spuckt sie den Namen des Eindringlings auf den Besessenen. Sie spuckt auf den Stierleib, wenn der Dämon einverstanden ist, sich auf diesen zu übertragen. Es wird Dich nicht überraschen, daß die Ethnologen diese sakrale Handlung das »Zerstäuben« der Spucke nennen. Jetzt haben wir wirklich das Parfümregister erreicht, selbst wenn es aus Spucke besteht. Wo ist denn das Sakrale? Im Mund der Heilerin, der als Zerstäuber dient. Im Speichelstrahl materialisiert, wird er durch das Räuspern des Kehlkopfs geheiligt, der ihn zwischen den geöffneten Lippen einer Priesterin heraussprudeln läßt. Ihr kommt es zu, das zu heiligen, was aus ihrem Körper heraustritt.

Das Wort »Duft« ist poetisch. Zu glatt, um redlich zu sein. Übrigens schließt die Herstellung von Parfüms nicht bloß Pflanzenextrakte ein, und der Moschus ist eine tierische Sekretion genitaler Herkunft; alles paßt zusammen. Anstatt »Duft« schlage ich Dir Sekretion, Stimmungen, Gerüche vor. Ich denke an das, was Freud im *Unbehagen in der Kultur* darüber sagt, wenn er auf die Aufrichtung des Tieres mit vier Beinen zu sprechen kommt: wenn er sich aufrichtet, büßt der Mensch gewordene Affe den Geruchssinn ein. Im Klartext: seine Sexualorgane entfernen sich von seinen Nasenlöchern. Nur der Koitus, sagt Freud, gibt dem Menschen den Sinn für und den Geschmack an den Genitalgerüchen zurück. Es bedarf eines »Alles fahrenlassen«, das nicht ohne Beziehung zur Trance ist; und wie sagte doch Professor Charcot anläßlich der Hysterieanfälle, die er vor den Augen des jungen Freud in Paris hervorrief: »darin steckt etwas Genitales«. Heißt das, daß das Geschlecht sakral ist? Nicht unbedingt. Aber kehren wir das Bild um: weil es den gewaltsamen Aufstand der verbotenen Stimmungen während der Zeremonien erlaubt, ist das Sakrale sexuell.

Catherine

Paris, 14. Januar 1997

Liebe Catherine,

Zufall oder Notwendigkeit, ich weiß es nicht – einerseits Dein Aufenthalt in Dakar, andererseits die Faszination, die Afrika seit Jahrhunderten auf Ethnologen und Schriftsteller ausübt –, wir sind jetzt auf ein immer »schwärzeres« »Sakrales« fixiert! Schwarze Frauen, schwarze Religionen: unsere Reise fährt fort, die drei Rätsel des *Weiblichen*, des *Sakralen* und der verschiedenen Schicksale des *Afrikanischen* in jener Metapher miteinander zu verknüpfen, die unter unseren jeweiligen Federn ständig dunkler wird und die notfalls noch komplizierter macht, was Freud seinerzeit den »schwarzen Kontinent« nannte... Ich beneide Dich, daß Du an jenen siebenstündigen Riten teilnehmen kannst, jenen N'Doeup-Therapien, die den Frauen vorbehalten sind, die als ... Heilerinnen aus ihnen hervorgehen. Was mich betrifft, so war ich bei den... *Eindrücken aus Afrika* von Raymond Roussel stehengeblieben; das Buch besaß eine Seltsamkeit, die nicht ethnologisch, sondern intim, furchtbar dämonisch, wenn nicht zum Totlachen war. Und, versteht sich, bei den von Leiris beschriebenen »Besessenheitszuständen«, da ihn ja Marcel Griaule als Archivar-Sekretär und Interviewer eingestellt hatte und mit dem der Autor von *Mannesalter* – mit der Zustimmung seines Psychoanalytikers, Adrien Borel – sich von 1931 bis 1933, also zwei Jahre lang in Dakar-Djibouti aufhielt, um *Phantom Afrika*, *Message d'Afrique* und *Die Besessenheit und ihre theatralischen Aspekte* mitzubringen. Bei den Äthiopiern, die er beschreibt, scheinen, wie bei den von Dir beobachteten Zeremonien, die Bisexualität und der Transvestitismus die Besessenheitszustände zu beherrschen und offensichtlich das afrikanische wie auch das europäische Imaginäre ... vortrefflich in Gang zu halten. So schildert Leiris eine Opferung von

Hühnern – ein weißes, schwarzes und rotes –, bei der man das Tier einem Mann zu essen gibt, der von einem weiblichen *zâr* besessen und impotent gemacht wurde. Auf diese Weise wird der unheilvolle *zâr* auf seine Schwester übertragen, die infolgedessen ein »Pferd« wird, das imstande ist, die Verhexung besser zu ertragen als ihr Bruder, ohne zu erwägen, daß sie ihrerseits Opferungen vornehmen kann; das Ganze spielt sich in einer Sprache ab, die bei diversen Bruderschaften dem rituellen Gebrauch vorbehalten ist. Die Teilnahme an diesen Riten der totemistischen Metamorphose und der Transsexualität, vor allem die Kunst, diese zu erzählen, hatten, so scheint es, bei dem subtilen Schriftsteller Leiris eine kathartischere Wirkung als die Psychoanalyse. Und der sich eingesteht, »sexuell anormal« zu sein, da von einer »unendlich großen Fähigkeit, sich zu langweilen« befallen. An der Elle der Langeweile gemessen, die mir ein absolutes Kriterium zu sein scheint, gäbe es auf der ganzen Welt eine Überfülle von sexuellen Abweichungen; aber sehr wenige scharfsinnige Reisende, um sich sowohl von ihnen besessen machen als auch sich ihrer berauben zu lassen.

Obgleich ich den N'Doeup nicht kenne, zieht mich, wie Du weißt, die »Besessenheit« nicht weniger an, und ich habe ihr sogar in Romanform eine Meditation gewidmet, *Possessions* [Besessenheiten] . Diesmal geht es um eine Frau, die aber mit Leib und Seele einem verstorbenen, bewunderten Bruder verschlungen hat. Sie läßt sich von diesem männlichen Double besitzen, desgleichen von einer unvorstellbaren Rachsucht, die sich gegen ihre Mutter, *die Mutter*, richtet. Die Besessenheit führt in diesem Fall zu einer Depression, der sich zu berauben meiner Heldin nur durch das Verbrechen gelingt: die Enthauptung des Körpers einer anderen Frau. Es ist dies eine sakrale Weiblichkeit, die wahrzunehmen mir die Möglichkeit gegeben war, auf der Couch, aber auch in mir selbst, und die nicht blind ist für das Einschneidende des Opfers, ganz im Gegenteil. Duft oder Geruchnebel, wenn Du so willst, beeinflussen tatsächlich das Verhältnis der Frauen zum Sakralen – Maria–Magdalena, die mit parfümiertem Öl Jesu

Füße salbt, ist die übliche, geweihte Gestalt dafür –, aber deshalb liegt nicht weniger Gewaltsamkeit in diesem Verhältnis, es ist ebenfalls der Beweis für ein verdammtes Unwohlsein.

Um die Opferungen und Frauen betreffenden Dinge in einem etwas weniger ernsten Ton anzugehen, denken wir an die furchtbare Françoise, die Dienerin des Erzählers in *Auf der Suche nach der verlorenen Zeit*: eine ihrer Lieblingsbeschäftigungen (das Echo auf ihre Wahrnehmung der Kunst des Schriftststellers, den sie mit grenzenloser Ergebenheit bewundert?) bestand darin, ... im Hof einem Hühnchen den Hals umzudrehen, wobei sie ekstatisch »Schmutzfink, Schmutzfink!« schrie. Wie meine eigene Großmutter. Das ist wirklich Wodu bei uns zu Hause! Das vornehmere Pendant dieser Küchenmetzelei: war die hübsche Oriane de Guermantes nicht ein grausames kleines Mädchen, das »den Katzen das Kreuz brach, den Kaninchen das Auge ausriß«?

All dies, um Dir zu sagen, daß ich mich dem Afrikanischen nicht entziehe, daß ich mich für Deine Zeugnisse sehr interessiere. Obgleich sie mich aus der Ferne erreichen, versuche ich, sie innerlich zu begreifen. Seit langem schon habe ich mein ethnologisches »Terrain« gewählt, indem ich die Sprache wechselte, um mich im Französischen und in Frankreich niederzulassen. Ich bedaure es nicht, daß ich diesem Stamm begegnet bin, der es mir übrigens recht gut vergilt, mit Neugierde und mit Wohlwollen. Alles in allem. Ich habe mich sogar darum bemüht, die Untersuchung zu vertiefen, indem ich zunächst die Couch über mich ergehen ließ und dann jenen zuhörte, die mir die Ehre erwiesen, sich mir in der gleichen Lage anzuvertrauen. Die Psychoanalyse kommt mir im Grunde wie eine Mikroanthropologie der Tiefen, des Innersten vor, wo die ethnischen und nationalen Grenzen durchlässig werden (bin ich Bulgarin oder Französin? beides? weder das eine noch das andere?) und unseren unheilbaren Fremdheiten Platz machen, den ausnahmslos einzigartigen Besessenheiten, die sich endlos verschieben lassen ...

Die sich auf eine analytische Erfahrung einlassen, jedenfalls mit mir, sind selten Gläubige. Einige waren es gewesen, die meisten sind es gar nicht oder fast nicht. Von Gott ist also selten die Rede, und wenn es geschieht, kannst Du Dir vorstellen, daß meine »gleichschwebende Aufmerksamkeit« augenblicklich an dieses Wort ankoppelt, sich sogar darauf fixiert. Beim Gedanken an diese Neugierde schäme ich mich ein wenig; sollte sie beweisen, daß Gott mich nicht völlig verlassen hat, wie ich für gewöhnlich annehme? So ist das nun mal.

Marianne, eine dramatische junge Frau, die an Bulimie-Anorexie litt und nach drei Jahren Analyse immer besser zu Rande kommt – obgleich sie die ehemalige Tötung durch essen durch leidenschaftliche erotische und »tötende« Beziehungen zu zwei Männern ersetzt hat –, beschreibt mir ihr Verhältnis zu ihren Partnern folgendermaßen: »Eine Kraft über mir preßt mich zu Boden, es ist Gott, es gibt kein anderes Wort dafür. Unerbittlich, unentwegt, gnadenlos verlangt er ein Opfer von mir. Eine Verpflichtung, zu leiden. Überall, anderswo leiden zu müssen, ohne Liebe, die Liebe ist immer gescheitert ...« Ich wiederhole: »Gott, gescheiterte Liebe ...« Marianne: »Ich sage ›Gott‹, weil es eine Kraft außerhalb von mir ist, unpersönlich, weder weiblich noch männlich, eine unerbittliche Festigkeit, die das Weibliche und das Männliche unmöglich macht. Verstehen Sie, was ich sagen möchte? [Immer fragt sie mich, vergeblich, wenn sie ganz genau weiß, daß ich begreife, was sie sagen will, und besonders, daß sie nicht weiß, welches Geschlecht sie hat.] Aber wenn Sie ›gescheiterte Liebe‹ sagen, läßt mich das an meine Mutter denken: an das Leid, das ich bei ihr erlebt habe, weil sie traurig war, seitdem mein Vater sie hatte fallenlassen und weil sie meinen Bruder mir vorzog. Wenn ich Gott sage, denke ich an ein absolutes Leid, dem meiner Mutter verwandt, an einen so unabwendbaren Schmerz, daß man sich schließlich einredet, daß er normal ist und sogar, daß er sanft ist ...«

Ich zitiere Mariannes Worte nur, um Dir zu sagen, daß bei den Frauen das »Göttliche« ihrem Masochismus entspricht: dieser Aspekt der Dinge ist nicht zu vernachlässigen, aber ich komme lieber später darauf zurück. Ich zitiere Mariannes Worte, um zu sagen, daß das als »sakral« Erlebte eine geadelte Übersetzung der Erotik ist. Wenn sie kein Wort für ihre Wollust findet – die genaugenommen übermäßig stark ist, eine sadomasochistische Wollust mit Partnern, die sie demütigen oder die ihr weh tun, um die sie aber als erste bittet, eine Wollust, die sie vernichtet, die sie »zu Boden preßt« –, wiederholt Marianne das Wort »Gott«, der dennoch für sie nur ein recht fader, kurz gesagt: banaler Bezugspunkt in ihrer katholischen Erziehung gewesen war. Es ist die Wollust des ersehnten und erlittenen Opfers, die sie ›Gott‹ nennt. Georges Bataille hat zu diesem Thema wesentliche Seiten geschrieben: die innere Erfahrung ist eine Überschreitung der sexuellen Verbote in der Wollust, am Rande der Selbstvernichtung, der Vernichtung des Bewußtseins und oft am Rande des Todes. Indem wir das Göttliche heraufbeschwören – dieses Absolute der Spiritualität –, beschwören wir paradoxerweise Übergänge zur entgegengesetzten Grenze herauf, wo das Menschliche in der Animalität und im Nichts versinkt.

Aber ich erwähne Marianne hier aus einem anderen Grund. Mit Freud denkt man oft, daß der Nutzen der Religion darin besteht, den Menschen (und die Frau) zu trösten, indem sie gegen die narzißtische Verzweiflung eine Allmacht anbietet: die Allmacht der wundertätigen Götter und die des Einen und Einzigen Gottes, der endlich die Mächte des Vaters zusammenfaßt. Diese Sicht der Dinge ist triftig und ich bestreite sie keineswegs. Obwohl es viel zu sagen gäbe über das Bedürfnis, das eine Frau nach einem Vater haben kann, aber auch über das Mißtrauen, den Nichtglauben, sogar das Gefühl der Fremdheit, das eine Frau am Ort dieser väterlichen »Macht« empfindet. Hier ist ein weiteres verflixtes Thema, auf das wir zurückkommen müssen. Marianne also führt uns weiter: ihr »Gott« ist...ihre Abhängigkeit von ihrer Mutter. Eine Mutter, bei der man nie Gewißheit hat, ob sie einen liebt. Nichts ist mächtiger, nichts ist »göttlicher«, wenn man so will, als *eine Liebe, die nicht geschenkt wird*, denn von dieser hängen wir absolut ab. Wenn man bedenkt, daß eine

Tochter von ihrer Mutter abhängig ist, daß Tochter und Mutter keine *Geheimnisse* voreinander haben, daß die deprimierte Mutter sich gänzlich in ihre Tochter *überträgt*, während sie sich dennoch zwingt, ihren Sohn zu *verführen*, also dann ist es so gut wie sicher, daß Marianne recht hat. Weil nämlich eine unerbittliche mütterliche Kraft, eine »göttliche« Allmacht sehr häufig die weibliche Psyche beherrscht. Und die Strategien, die helfen, sich gegen diesen »Gott« da zu schützen, nicht risikolos sind. Wie nämlich soll man es anstellen: die Weiblichkeit meiden? das Mütterliche in einem selbst verstoßen? sich mit allen Mitteln opfern, um dieses Gespenst der Allmacht zufriedenzustellen?

Ein Analytiker erzählte uns neulich von einer seiner Patientinnen, Clara, die in ihren Sitzungen ihre – vorzeitige – Entscheidung für den Atheismus herausschreit; damit hatte sie sich der katholischen Religion widersetzt, die im wesentlichen die ihres Vaters gewesen war. Aber beim Tod ihrer Mutter verspürt Clara einmal mehr die Bestürzung und die Notwendigkeit, sich ein Ideal zu schmieden. Während sie vorher ihre Mutter kritisierte, die »ständig die ganze Familie unter Druck setzte und die Wahrheit für sich gepachtet hatte«, beginnt Clara sie auf einmal so sehr zu idealisieren, daß in ihren Augen keine andere Person erträglich und liebenswert ist: vor allem … ihr Mann nicht. Von jetzt an verlaufen die Sitzungen gemäß zweier widersprüchlicher Reden: einerseits das atheistische Glaubensbekenntnis, andererseits die »religiöse« Apologie der Mutter. In Clara vollzieht sich eine Spaltung: auf der einen Seite verwirft sie die Religion (des Vaters); auf der anderen schützt sie ihre Trauer in einer – alles andere als toten – Idealisierung … der Toten, durch welche sie zu sühnen versucht, daß sie sie nicht genug geliebt hat und um die »überhaupt nicht gewisse« Liebe wiedergutzumachen, von der sie glaubte, daß solchermaßen die Liebe ihrer Mutter ihr gegenüber war.

Frage: wenn das Bedürfnis nach Idealisierung unsterblich ist, denn es tröstet uns in unseren Frustrationen, unseren Entbehrungen, unseren Opfern, wenn es den Vater betreffen kann und noch geheimer, noch heimtückischer die Mutter, bedeutet das, daß die Religion nicht zu überbieten ist?

Clara erlaubt uns, einige nicht mehr private, sondern äußerst öffentliche Gestalten des zeitgenössischen Atheismus heraufzubeschwören. Wenn also unsere Schuld unserem Vater und unserer Mutter gegenüber weder eingestanden noch überschritten ist, können wir uns entscheiden, sie zu leugnen. Folglich leugnen wir das religiöse Ideal, das deren Nachfolge antritt, und statt dessen feiern wir beispielsweise die Allmacht des Denkens: das ist bei der Intellektuellen Clara der Fall. Nicht Gott schützt mich, das leidende und ohnmächtige Kind, sondern mein Denken. Wer erkennt nicht den Vorteil einer solchen Entscheidung, die Schnellstraßen des intellektuellen und beruflichen Erfolgs, die sie eröffnet? Allerdings kann das Nichtanerkennen jener Schuld gegenüber unseren elterlichen Idealen sich wie ein erdrückendes Gewicht auf unsere Schultern senken und unsere stets provisorischen und fragilen intellektuellen Erfolge gefährden. Die religiöse Tröstung löst die Frage nicht, bewahrt aber den Nutzeffekt – der sicher illusorisch, aber nicht weniger wohltuend ist –, uns zu erlauben, daß wir uns »an jemanden wenden«.

Auf eine andere Weise haben viele von uns, immer noch in dem nämlichen Stamm der Europäer und genauer der Franzosen, der gegenwärtig der meine ist, gegen die Religion der Väter eine andere »Religion« gewählt: die des kommunistischen Atheismus, als Gegengewicht zu ihrer Schuld und zu ihren infantilen Idealen. Nein, ich vereinfache nicht übertrieben, ich weiß genau, daß eine Vielzahl von Gründen – und oft sehr gute Gründe – die Menschen dazu führt, einer Ideologie anzuhängen; ich rede vom Inneren, vom Mikrokosmos. Es genügt, die kritischen Werke bestimmter ehemaliger Kommunisten, darunter die Hellsichtigsten, zu lesen, um festzustellen, daß ihr Atheismus in religiösen Begriffen beschrieben wird: es geht um nichts Geringeres, als eine Antireligion zu konstruieren, die die Stelle der vorherigen Religion (oft die der Eltern) einnimmt und die das Individuum noch schonungsloser entfremdet als das klassische Dogma.

Edgar Morin, Emmanuel Leroy Ladurie, Jean-Toussaint Desanti, François Furet haben auf diese neuen Glaubensformen Bezug genommen, die sie als »sonderbar«, als »Opfer der Intelligenz«, als »blinde Unterwerfung« unter die Forderungen der Partei bezeichneten, die einem »einen Bären aufbindet«. So viele Metaphern auf der Grundlage sadomasochistischer Konnotationen, auf die meine Kollegin Martine Bucchini in einer knappen und erhellenden Studie hinweist, die an den Tag bringt, daß sich in vielen dissidenten Glaubensformen, solange sie Glaubensformen bleiben, der Schatten einer gefürchteten, aber idealisierten Mutter verbirgt. Vergleiche Marianne, Clara …

Unterscheiden wir auf der einen Seite den Glauben und die Religion und auf der anderen das Sakrale. Ich möchte Dir gern das folgende, gebührend summarische Schema vorschlagen. Der Glaube und die Religion können imaginäre Gebilde sein (wie bei Marianne oder Clara), ideologische (wie bei den kommunistisch-atheistischen Gläubigen), wissenschaftliche (wo man an die Allmacht der Wissenschaft glaubt): alle leugnen sie die sexuelle Wollust und die narzißtische Abhängigkeit des unreifen Kindes in bezug auf seine Eltern, aber auch unsere Abhängigkeit von der Natur, der Biologie, der Genetik. Sie bieten versöhnende Gestalten der Tröstung und der Allmacht an. In diesem Sinne hat Freud in der *Zukunft einer Illusion* recht: diese illusorischen Gebilde, die die Glaubensformen und Religionen darstellen, können allmählich von der Wissenschaft überholt werden, aber sie haben stets eine blühende Zukunft vor sich; und nur eine gewisse Bescheidenheit, eine gewisse Demut können uns auf die Dauer vor diesen Illusionen bewahren: »Kritiker beharren darauf, einen Menschen, der sich zum Gefühl der menschlichen Kleinheit und Ohnmacht vor dem Ganzen der Welt bekennt, für ›tief religiös‹ zu erklären, obwohl nicht dieses Gefühl das Wesen der Religiosität ausmacht, sondern erst der nächste Schritt, die Reaktion darauf, die gegen dies Gefühl eine Abhilfe sucht. Wer nicht weiter geht, wer sich demütig mit der geringfügigen Rolle des Menschen in der großen Welt bescheidet, der ist vielmehr irreligiös im wahrsten Sinne des Wortes.«

Ich glaube – aber warum, sage ich Dir ein anderes Mal –, daß eine Frau besser fähig ist zu akzeptieren, »demütig« eine »geringfügige Rolle« in der großen Welt zu spielen: daß eine Frau letztendlich weniger narzißtisch ist, als behauptet wird, und folglich ... irreligiös im Freudschen Sinne ist, an den ich soeben erinnert habe.

Immerhin ist das Sakrale womöglich nicht das Religiöse. Sei unbesorgt, ich werde mich nicht in einer Definition des Sakralen ergehen: die Philosophie, die Anthropologie – und ich übergehe manches – haben das übernommen. Ich skizziere eine Annäherung, um mir weiterhin mit Dir über die Frage der Frauen und des Sinns Gedanken zu machen. Und wenn das Sakrale jene unbewußte Wahrnehmung wäre, die der Mensch von seiner nicht auszuhaltenden Erotik hat: immer an den Grenzen der Natur und der Kultur, des Animalischen und des Verbalen, des Spürbaren und des Benennbaren? Und wenn das Sakrale nicht das religiöse *Bedürfnis* nach Schutz und Allmacht wäre, das die Institutionen für sich reklamieren, sondern die *Lust* an dieser *Spaltung* – dieser Macht/Ohnmacht –, dieser köstlichen Schwäche? Man ergründet dieses Gefühl des Ungenügens in Metamorphosezeremonien, man zelebriert es bei Opferungen, man genießt es, indem man die Erinnerung an die Kindheit, an die Abhängigkeit, an ein mehr oder weniger seltsames, mehr oder weniger »treffendes« Wort durchsucht. Sollten die Frauen also womöglich einen anderen Standort haben, ich wage sogar zu sagen: einen besseren Standort haben, um sich auf diesem »Dach« zu halten...

Aber warum sprechen sie nicht darüber? Nie genug und heute noch weniger als vor einiger Zeit, wie Du schreibst. Tatsächlich, sie wirken nicht so, als wollten sie sich in die philosophischen Cafés stürzen, auch nicht in die Talkshows im Fernsehen, »sie« streben nicht wirklich danach, Sinn zu geben, »sie« begnügen sich damit, das Leben zu geben. Sogar das politische Leben, die »Gleichstellung« etc. interessiert leidenschaftlich nur ein paar wenige, Dich und mich, die »Kultiviertesten«, die Männlichsten … Dann handelt es sich um einen Rückschritt im Vergleich zum 18. Jahrhundert? Im Vergleich zum Feminismus nach '68? In gewisser Hinsicht schon. Aber vielleicht auch um einen Unterschied, der ständig größer wird und den zu ermessen wir versuchen sollten: wenn *es* (das »Dach«) absolut nicht darstellbar, sichtbar, sagbar wäre? Wenn *es* ganz einfach spürbar, machbar, begreifbar wäre? *Es*, das Sakrale. Natürlich muß mich das, was ich da vorschlage, unweigerlich selbst beunruhigen, »rational« und »aktiv«, wie ich nun einmal bin und wie Du mich kennst. In der Tat, gibt es *es*, wenn *es* sich nicht zeigt, wenn *es* nicht ausgesprochen wird? Das ist nicht sicher. Persönlich vertraue ich *es* der Psychoanalyse und dem Roman an. Aber gewiß ist das nicht der einzige Weg. Es sei denn, daß wir – wenn das Bewußtsein sich dieser Zurückhaltung bewußt wird, wenn das Bewußtsein der Frauen selbst sich dieser Zurückhaltung bewußt wird – in jenem *es* gleichsam einen Widerstand entdecken können. Einen Widerstand gegen das Schauspiel, in dem die Religion des Wortes ihren Höhepunkt erreicht. Aber wie soll man es dem Schauspiel und dem Wort mitteilen? Ist es im übrigen der Mühe wert, es ihnen mitzuteilen? Das führt mich dazu, beim nächsten Mal die Akte christliche Mystiker zu öffnen.

Ich umarme Dich

Julia

Dakar, 16. Januar 1997

Liebe Julia,

ich werde Deinen letzten Brief am Schluß anpacken: beim »Dach« des Sakralen, das Du mit dem Wort »*es*«, nach Art der Triebe bezeichnest. Beim Lesen dieser Zeilen hatte ich eine unwiderstehliche Eingebung; ich dachte »Kuh auf dem Dach« statt »Rind auf dem Dach«[4] ... Und Indien, die Heimat der heiligen Kühe, ging mir mit seinem üblichen Lärm wieder durch den Kopf. Man muß sagen, daß ich zwischen dem »Stier«-Opfer in Afrika und den indischen Kühen seit einem kleinen Dezennium in Sachen Horntiere etwas im Schilde führe.

Vorwärts mit der Herde ... Wie in Ägypten die Göttin Hathor, so ist in Indien die heilige Kuh die Hülle der Welt, denn in der zugenähten Haut einer Kuh kam der erste Mensch zur Welt. Männlich, versteht sich. Die Kuh ist also mütterlich und umhüllend, meinetwegen. Die Hindus ziehen die Konsequenzen daraus: alles, was von der Kuh stammt, ist nicht allein sakral, sondern nützlich. Man trinkt die Milch, man macht aus ihr die Butter für das tägliche Leben, dieselbe, mit der man den Leichnam während der Verbrennung besprengt; man ißt die verbleibende Dickmilch, man benutzt den Urin als keimtötendes Putzmittel für die Fußböden und die Fladen, zu Briketts gepreßt und an den Hauswänden getrocknet, als Brennstoff. Die Kohärenz des Hinduismus geht so weit, daß man das sakrale Getränk schlechthin aus jenen fünf Bestandteilen, einschließlich der Kuhfladen, zusammenstellt ... Oft hat man mir angeboten, davon zu kosten: da habe ich mich gesperrt, muß ich gestehen. Dickmilch, Butter

4. Anspielung auf das Pariser Künstlerlokal *Le Bœuf sur le toit* (A. d. Ü.)

und Milch, das geht ja noch an, was aber alles übrige betrifft, nein danke, wirklich nicht. Trotzdem sind die Hindus völlig logisch, da ja alles aus der Mutter gut ist. Wie Du siehst, kann sich die mütterliche Komponente nicht von Ausscheidungen befreien, seien sie auch noch so widerlich.

Warum zum Teufel könnte dann jenes »Dach« der Welt nicht ausgesprochen werden? Versuchen die rebellischen Frauen nicht, diesen Dach-Deckel anzuheben? Hat Judith, die biblische Heldin, nicht dieselbe Tat des Köpfens begangen wie die Figur Deines letzten Romans? Sind die kriegerischen Heldinnen nicht zu jenem Anheben des sakralen »Dachs« der Welt gezwungen? Mir scheint, der Widerstand gegen die allgemeine Kommunikation kann sich mit einer Art öffentlichen Spektakels nach epischem Muster arrangieren, wie es Judith, Jeanne d'Arc, Golda Meir und Indira Gandhi bewiesen haben. »Starke Frauen«, sagt man. »Männliche Frauen«? Nein, trotz Rüstungen, Schwert, Dolch, Terrorbomben oder Seidensari. Im langen Unterhemd wurde Jeanne d'Arc verurteilt und verbrannt. Nicht in Beinkleidern. Wenn es ernst wird, verschwindet die Imitation, die einen Mann vortäuscht.

Glaubst Du wirklich, daß die Frauen imstande sind, »demütiger« die bescheidene Rolle der menschlichen Spezies in der Welt anzunehmen? Denke ein wenig an die Gründerinnen religiöser Sekten in Indien, wo sie Legion sind, und sogar an die Gründerinnen klösterlicher Orden in Europa. Im allgemeinen sind Religionsstifter, Männer wie Frauen, nur scheinbar »bescheiden«, vielmehr verleiht ihnen der Narzißmus, der der Heiligkeit eigen ist, einen Hang zur Unbescheidenheit des Erhabenen. Was verlangte Mutter Teresa von ihren Nonnen? Zur vollkommensten Demut kamen die persönlichen Kasteiungen, die freiwillige Demütigung der Person vor Gott hinzu, worin ich eher einen ungeheuren Stolz erblicke, fern der Bescheidenheit, von der Du sprichst. Jeder reformerische Wille ist suspekt; und ich habe immer noch ein paar bewundernswerte Zeilen Lacans über den unbewußten Sadismus der Philanthropen, der Erzieher, der Reformer und der Altruisten im Kopf … Ja, wer, koste es, was es wolle, eine tiefgreifende Veränderung durchdrücken will, stützt sich auf die unbewußten Mittel des Sadismus, dessen Natur darin besteht, Gewalt anzuwenden. Denn um eine neue Ordnung durchzusetzen, muß man in sich einen heftigen Widerstand, einen extremen Haß, eine Revolte des Stolzes aufkommen lassen.

Wenn aber, wie Du sagst, nicht mehr Gott Schutz bietet, sondern »mein Denken«, dann verstehe ich nicht, warum die Frauen diesem Stolz entkommen sollten. Demut der Frauen? Und wir beide, nun, was haben wir gemeinsam angefangen? Einverstanden, weder die eine noch die andere verfolgt eine antireligiöse, antiklerikale oder antireformistische Richtung, das stimmt. Sofern wir uns bemühen, die Beziehung zwischen dem Weiblichen und dem Sakralen zu denken, finde ich uns weder demütig noch bescheiden. Warum sollten wir das im übrigen in einer Welt sein, in der der Schein, der Bluff, das nicht Nachgeprüfte vorherrschen? Das Denken ist mir immer als etwas Reparierendes vorgekommen. Es ist nicht allmächtig, weit gefehlt; es kommt rasch an seine Grenzen. Aber vorausgesetzt, daß es nicht in ein unerbittliches logisches System verwandelt wird, ist es eher ein tüchtiger Klempner, der imstande ist, die Seins-Löcher abzudichten und seine Fluchten auszusprechen. Freilich muß man genau feststellen, wo sich das Leck befindet.

Wenn es sich um das Sakrale handelt, das flüchtige Sein schlechthin, liegt es in unserem Interesse, daß wir uns nicht in der Rohrleitung irren. Wenn wir uns nicht in Verwechslungen verheddern wollen, unterscheiden wir doch, ja?, zwischen dem Religiösen und dem Sakralen. Schon finden wir uns nicht mehr zurecht, wir vermischen Zeremonie und Alltagsleben, Außergewöhnliches und Gewöhnliches. Drücken wir uns also klarer aus. Mir scheint, das Sakrale war vor dem Religiösen da. Laß mich das näher erklären.

Jenseits der Spaltung zwischen Gut und Böse, rein und unrein, erlaubt und verboten, geistig und fühlbar, ist das Sakrale »erhaben«, und zwar in dem Sinne, in dem Kant es in seiner *Kritik der Urteilskraft* auffaßte: ein Kurzschluß zwischen dem

Fühlbaren und der Vernunft zum Nachteil des Verständnisses und der Erkenntnis. Ein Anschlag des Gefühls auf den Verstand. Das ist das bestrickende Gefühl des Absoluten angesichts einer Gebirgslandschaft, des Meeres, eines Sonnenuntergangs, eines nächtlichen Gewitters in Afrika ... Ja, das Sakrale erlaubt die Schwäche, das Schwinden des Subjekts, die Ohnmacht, den Taumel, die Trance, die Ekstase, das »Über-dem-Dach«, dem so blauen.

Was das Religiöse angeht, so stelle ich es mir schwerlich ohne Organisation vor. Mit einem Klerus unter der päpstlichen Autorität wie im Katholizismus, oder mit einem Gemeinschaftsproblem wie im Islam: die Funktion des Religiösen läuft immer auf die Organisation des Kultus hinaus. Man tritt hier ein, man geht dort vorüber, hier betet man, dort wirft man sich nieder, man fängt an und man hört auf, kurz: Zeit und Raum werden gut verwaltet. Das Sakrale macht genau das Gegenteil: es verdunkelt Zeit und Raum. Es *dringt* in eine Unbegrenztheit ohne Regeln und ohne Vorbehalte *ein*, die zum Wesen des Göttlichen gehört. Kurz: das Sakrale stellt einen unmittelbaren Zugang zum Göttlichen her, während das Religiöse einen markierten Zugang gestattet, nebst geplanten Vermittlungen für schwierige Fälle. Selbstverständlich verschwindet mit dem Aufkommen der religiösen Codes das Sakrale nicht: es taucht zu seiner Zeit oder vielmehr im richtigen Augenblick auf, da es zu seiner Natur gehört, die Ordnung umzustoßen. Doch das Religiöse kann ohne Sakrales existieren; wenn es ohne Zustände vollzogen wird, das ist sogar dessen häufigstes Statut.

Aber unter den Schlössern und Riegeln der Spaltungen, die das Sakrale munter sprengt, ist der Geschlechtsunterschied gewiß das wichtigste. Hier ziehe ich die so häufige Bisexualität der Inspirierten in Betracht, die ich anläßlich des Mannes erwähnt hatte, der sich als Frau kleiden muß, um das Offizium des N'Doeup zu leiten. Die Beispiele sakraler Verkleidungen zählen zu den Klassikern der Ethnologie, und sogar im Register der heiligen katholischen Kirche bemerkte Michel de Certeau, ein gelehrter Jesuit, der mit allen Konventionen seines Ordens gebrochen hatte, daß der Vorname Teresa von Avilas ... *il padrecito* lautete. Nicht die Mutter, sondern, ihrer Autorität wegen, das »Väterchen«. Die extravaganteste Person, der ich in Indien begegnet bin, ist ein erwachsener Mann in den Fünfzigern, verheiratet und Familienvater, in keiner Weise effeminiert. Aber wenn er sich in Trance befindet und in seinem Tempel (Dienstag und Freitag) das Orakel wiedergibt, spricht man ihn nicht mehr mit seinem bürgerlichen Namen an, man nennt ihn die »Mutter«. Du kannst Dir die Wirkung nicht vorstellen, wenn man Dir in einem riesigen Tempel im Süden Indiens höflich »die Frau der Mutter« ... vorstellt. Die elementaren Verwandtschaftsstrukturen, vorschriftsmäßig bei Lévi-Strauss gelernt, implodieren. Das wird ganz bewußt so gemacht. Hier verstört man Dich.

Da aber in diesem Land die Bisexualität zur elementaren symbolischen Ausstattung gehört, achtet niemand darauf. Man verstört hier die Intellektuelle, die Lévi-Strauss kennt, was nichts Schlimmes ist. Meine teuren Verwandtschaftsstrukturen sind implodiert. Man muß sich also ein bißchen den Kopf zerbrechen und das Rohrleitungssystem wechseln, um zu begreifen. Wo ist die undichte Stelle?

Der große Gott des Lebens und des Todes, Shiva, wird manchmal in einer seltsamen Form dargestellt: halb Mann, halb Frau. Von seinem Haarknoten bis hinab zu seinen niedlichen Zehen ist er geteilt: auf der einen Seite ist sein Oberkörper flach, auf der anderen mit einer hübschen runden Brust geschwellt – der Gott der asketischen Männlichkeit ist mit der linken Hüfte eines Pin-up-Girls versehen. Weil die sakrale Bisexualität nicht das Unüberschreitbare ist, sondern der Durchgang selbst. Ich denke an Ramakrishna, den bengalischen Mystiker aus dem 19. Jahrhundert, der sich lange Jahre über als Frau kleidete, um die »Mutter« (die ewige Mutter in Indien), die Göttin Kâli zu verführen. Das Ziel dieser verführerischen Verkleidung war die Erleuchtung, die Ramakrishna genau in dem Augenblick überkam, als er sich mit gezücktem Schwert auf die heißgeliebte Mutter stürzte ... Dann, o Wunder, sprudelt die Ekstase in Form von Wassertröpfchen hervor. In diesem Augenblick wollte der als Frau Verkleidete...was eigentlich? Sterben oder die mütterliche Göttin schlagen? Er weiß es selbst nicht. Mit dem gezückten Schwert fällt er über die Mutter her und sagte »da!« Dieses »da!« ist eine hübsche Flucht nach vorn. Wirklich besser wäre es, sich selbst zu entschwinden und sich im Unendlichen aufzulösen.

Von einem Geschlecht zum anderen zu wechseln, ist in der Geschichte der Mystik gang und gäbe, aber der Mystiker bleibt bei diesem Unterschied nicht stehen: er geht durch, das ist seine Tat. Vorsicht vor jenen, die dieses Überschreiten der beiden Geschlechter vollenden und, wie der irakische Sufi Al Hallag, die frevlerische Äußerung machen: »ICH BIN GOTT.« Weder Mann noch Frau, sondern Gott. Weil er die tiefgründige Logik des mystischen Kontakts mit Gott bis zu ihrem Ende geführt hatte, wurde Al Hallag gekreuzigt, geschunden, geköpft, geteert, verbrannt. Dennoch hatte er nichts weiter getan, als öffentlich das Wesen des Sakralen auszusprechen. Er hatte sich damit begnügt, es zu sagen. Aber indem er es sagte, lockte er das Sakrale aus der wilden Reserve. Nun, wenn man es herausschreien, stammeln, besingen darf, so ist es doch verboten, es zu äußern. Aus dem Augenblick heraus das Sakrale zu bestimmen, ist ein Sakrileg. Darum wurde Al Hallag nicht nur bestraft, er wurde praktisch beschmutzt. Denn im Register des Sakralen ist das »Schmutzige« ambivalent: mal begeistert es, mal züchtigt es.

Daß man einen Verurteilten auf dem Weg zu seiner Hinrichtung beschmutzt, indem man ihn mit Dreck bewirft, ist innerhalb der Weltgeschichte etwas Banales. Seltsamer ist die Verherrlichung des Schmutzes im Sakralen. Beispielsweise pflegt die himâlayische Mystik den Umgang mit Schmutzigkeit. Der Tantrismus, den man den »der linken Hand« nennt, vollzieht sich über einen langen Umgang mit Urin und Kot: um Gott zu sein, ist es vorgeschrieben, alles verkehrt herum zu machen. Man muß sich dem Stinkenden unterwerfen. Zahllos sind die Initiationsrituale in Afrika, die die Initiierten zwingen, mit auf dem Rücken gefesselten Händen auf dem

Boden aus einem niemals gereinigten Napf zu essen, dicht über der Erde, direkt mit der Schnauze, wie die Tiere. Der heilige Antonius, den sich Flaubert in seiner *Versuchung* erträumte, rettete sich vor seinen Teufeleien, indem er in die tierische Natur untertaucht, und dort stößt er auf eine Erleuchtung, die vage Gott gleicht.

Dieses Phantasma ist nicht selten. In der *Apotheose des Augustus*, ein Tragödienentwurf, der in den dreißiger Jahren während seiner Rückkehr aus Brasilien geschrieben wurde, inszeniert der junge Claude Lévi-Strauss einen ethnologischen »Cinna«[5], das die Ethnologie zu »es« zusammenfaßt: dem Tierwerden. Die herrliche Fabel eines Ethnologen, den die Gegend erschöpft hat ... Als der zukünftige Kaiser Augustus am Vortag seiner Apotheose gewahrt, daß seine Vergöttlichung ihn nötigen wird, es zuzulassen, daß die Insekten auf seinem Nacken kopulieren und die Vögel ihn mit ihrem Kot bespritzen, flieht er Hals über Kopf. Denn oft ist das Sakrale gleichzeitig Tier und Gott. Für Ramakrishna, der sich einen Affenschwanz an den Hintern band, ist Gott Affe, Frau oder Mutter, Kopf und Arsch. Als in den siebziger Jahren gewisse Feministinnen über die Menstruation und die Ausscheidungen der Frauen zu schreiben begonnen hatten, war die *vox populi* einschließlich der Damen schockiert. Zwar hat man ein wenig überzogen, aber warum gab es so viel einhellige Abscheu? Sollte »es« das Unsagbare, das Dach sein? Sollten die Geschlechtsdüfte dem Denken unzugänglich sein?

Man möchte wohl etwas von der Mama, aber nur die Brust, bitte. Die Inder machen nicht so viele Umstände; die sakrale mütterliche Kuh Indiens gibt Milch, aber auch Fladen und Urin ... Aber Vorsicht. Ich sehe ein, daß die Anbetung von Tieren den Humanismus bedrohen kann. Ich vergesse nicht das Tierschutzgesetz der Nazis, das unumwunden den Tieren in den Eisenbahnwaggons einen besseren Platz zugestand als den Juden; Luc Ferry hat es in einem tollen Buch

5. Anspielung auf Corneilles Tragödie *Cinna ou la clèmence d'Auguste*. (A. d. Ü.)

sehr gut dargestellt. Siehe Brigitte Bardot in Frankreich: alles für das Tier, aber nichts für ihren Sohn, nichts für die Einwanderer. Der Tierschutz und sein unbewußter reformistischer Sadismus gibt direkt dem Menschengeschlecht die Schuld. Wo ist die Großzügigkeit der Muttermilch hin? Ins Wasser gefallen. Die Kuh!

Trotz allem Küßchen ...

Catherine

Paris, 22. Januar 1997

Liebe Catherine,

ich erzähle Dir von atheistischem Kommunismus, von religiösem Atheismus, der allerhand schluckt, und Du antwortest mir: »Die Kuh.« Alle Achtung! Der Beweis ist erbracht, daß ein Briefwechsel ebenso wie die automatische Niederschrift der Surrealisten oder das »freie Assoziieren« des Patienten auf der Couch, Funken sprühen lassen kann, die über den Körper und die Mutter der Protagonisten viel mehr sagen als ganze Berge von umständlichen Erläuterungen. In Blitzen kennst Du Dich aus, ich wußte es, aber da – die Botschaft ist bei mir angekommen. Das heizt ein, und das ist um so besser! Suche die Frau, suche die Kuh – die heilige Nährmutter, aber auch die unerbittliche Mistbäuerin und vielleicht immer beides zugleich.

Ich beginne von neuem mit der Demut und dem Unsagbaren. Nein, weder möchte ich, daß die Frauen bescheiden im Haus bleiben noch in den Vorzimmern der politischen Parteien; ich glaube sogar – immer avantgardistisch! –, daß wir das Recht auf »Gleichstellung« in der Nationalversammlung, in der Regierung und in allem haben, was man sich als nationale, internationale und andere politische Macht vorstellen kann. Und der Gedanke liegt mir fern, zu verstehen zu geben, daß sich die Frauen in ihrer »Stellung« passiver Subjekte, wenn nicht in derjenigen schmerzerfüllter Märtyrerinnen der Religionen, wohl fühlen.

Zum Beispiel scheint es so, daß die Ekstasen der heiligen Teresa von Avila (1515–1582) nicht von der harten Hand einer Führerin zu trennen waren, und daß ihr *Weg zur Vollkommenheit* wie auch ihre *Innere Burg* sie nicht hinderten – im Gegenteil –, sich als die Gründerin von etwa fünfzehn Klöstern reformierter Karmeliterinnen in ganz Spanien auszuzeichnen. Enkelin eines jüdischen Händlers aus Toledo, der zum Christentum konvertierte, gut. Daß sie von der eifrigen und wirksamen Unterstützung des heiligen Pedro de Alcánthara profitiert hat, zugegeben. Und vor allem von derjenigen des heiligen Johannes vom Kreuz und von Gracián, versteht sich. Aber es ist durchaus sie, sie allein, die bei ihren Schwestern ihre Macht durchsetzte, sie, sie allein nahm die Gefahr auf sich, sich der Inquisition auszusetzen, bevor Gregor XIII. die Autonomie der Karmeliter sanktionierte; sie, nur sie nannten ihre Töchter »allerheiligste Mutter, unsere Patronin und Herrscherin« (und nicht nur *il padrecito*, wie Du erwähnst und wodurch sie nett karikiert wird). Wenn ich unter ihrer Feder die Demutsempfehlungen lese, die unerläßlich wären, um in die Stimmung zum Gebet zu kommen (»Nun, es gibt keine Frau wie die Demut, die die göttliche Majestät zwingt, sich zu ergeben«), glaube ich nicht, daß es sich um eine schlichte Übereinstimmung mit dem christlichen Gehorsam oder mit den alten Listen des Weiblichen handelt. Auch glaube ich nicht, daß sie eine Neigung zur irrationalen Passivität zur Schau stellt: denn sie kann genauso gut ihre Töchter ermahnen, sich nicht damit zu begnügen, »mündlich zu beten«, sondern zu »meditieren« – da ja durch die »Sammlung« in der »Meditation«, empfiehlt Teresa, ihre Töchter dem »Herrn nahe sein« können und müssen.

Dieses Erlernen der Konzentration, der meditativen Meisterschaft, der inneren Sammlung mit der Macht des Denkens scheint ihr keineswegs eine männliche Tugend zu sein, sondern im Gegenteil ein Zustand, der den Frauen gänzlich zugänglich ist. Dennoch, und insbesondere wenn sie in *Die innere Burg* die Seele als einen Diamanten beschreibt, warnt uns Teresa: »Und wahrlich, unsere Einsicht und unser Verstand – so scharfsinnig sie sein mögen – *reichen schwerlich aus, sie zu begreifen,* genausowenig wie sie Gott sich *auszudenken* vermögen ... Ist dies wirklich so – und es ist so –, dann brauchen wir uns nicht abzumühen in dem Verlangen, die Schönheit dieser Burg zu erfassen.« Trotzdem berichtigt sich Teresa: dermaßen an »höchst Geheimnisvollem« festzuhalten – sollte das nicht »Unsinn« sein? fürchtet sie. Bevor sie mutig versucht, in diesen undurchdringlichen Diamanten einzudringen – indem sie ganz unten anfängt, begleitet von »Gewürm«, wenn es sein muß ... Und so weiter, immer von der Liebe geleitet und in dem Bewußtsein, daß die Reise möglich ist, daß aber das »Begreifen« oder das »Sich-Ausdenken« für immer unvollkommen bleiben. Ich bin der Überzeugung, daß sie mit diesem undurchdringlichen und dennoch zu erkennenden Diamant eine *Reserve* in der Hand hält, die ihr Geschmeidigkeit und Energie verleiht. Eine subtile Eroberin ist sie, weil sie *ihre Grenzen* spürt und zu verstehen gibt. Grenzen dessen, was wir das »Unbewußte« nennen? Grenzen einer anderen Logik? Oder überhaupt keiner Logik? Reise ans Ende der Nacht, Skandieren des unergründbaren Unbekannten, das Freud auf reizende Weise einen »Nabel der Träume« nennt? Teresas Diamant ist ihr Innerstes Sein: so liebenswert oder begehrenswert wie glänzend und unerreichbar.

Das Mittelalter war noch besser geeignet für jenes Geständnis unausdenkbarer Erfahrungen. Hildegard von Bingen, Angela di Foligno, um heute nur von diesen zu sprechen, sagen nichts anderes: unsere Leben glühen vor *Sinn*, aber dieser Brand hat keine direkte *Bedeutung* und ist nicht direkt mitteilbar. Dann erschaffen sie Dichtungen, sie überschwemmen uns mit Metaphern, Bildern, bildhaften Worten, sie malen und sticken direkt in die Materie Wörter. Sie wissen nicht, daß sie »Autorinnen« sind, sie horchen einfach ab, was man nicht so ohne weiteres sagt. »Der Stil ist eine Vision«, wird Marcel Proust sehr viel später schreiben.

Wie jene Beghinen, die Du erwähnst und von denen ich vor ein paar Jahren eine Ausstellung in Brüssel bewundert und mit einem Vorwort begleitet habe: diesmal handelt es sich nicht um geschriebene Werke, sondern vor allem – und das fesselt mich, während ich Dir schreibe – um gewebte und gestickte Werke, Montagen aus Steinen, Puppen, Blumen, Baumrinden, Gräsern: »Installationen«, wie man heute sagen würde, in denen diese Frauen ihr Vibrieren mit ... dem Herz zelebrierten. In dieser Ausstellung gab es Herzen in jeder möglichen Machart: gemalte, modellierte, genähte, gestrickte Herzen ... Herzen der Liebe und des Schmerzes, Herzen Christi, natürlich – das erhabene und unmögliche Kind, der Vater genauso erhaben und genauso unmöglich, den die Beghinen dennoch im Schweigen ihrer Werke erreichten und von dem sie sich einredeten, daß sie ihn in ihren eigenen Herzen und Körpern sich einverleibten. Zweifellos Bisexualität. Phantasmatische Mütterlichkeit von ewigen Töchtern, die in den Vater verliebt sind, das springt ins Auge. Und trotz allem etwas Komplexeres, das jede schöpferische Erfahrung stützt, das mit der Erfahrung der Liebe gemeinsame Interessen hat. Es geht darum, das Nichts seiner selbst wie auch das Nichts der Sprache zu durchqueren, um einen Strauß von Spuren und Tönen zu erreichen, der die intellektuelle Erkenntnis herausfordert zugunsten dessen, was sie das »Liebesparadies« nennen. Dieser hochtrabende Ausdruck scheint mir ein Fitmachen des sensiblen, köstlichen Fleisches zu bezeichnen, das stets von neuem begonnen wurde. Das aber tatsächlich eine gewisse Nichtung seiner selbst und des Selbstbewußtseins erfordert.

»Alsdann erschien in der Brust der zuvor erwähnten Gestalt, die ich inmitten der südlichen Luft erblickt hatte, ein Rad von wunderbarem Aussehen. In seinen Einzelheiten glich es etwa jenem Bildzeugnis, das ich vor achtundzwanzig Jahren in der bezeichnenden Form eines Eies sah ...« So schrieb die heilige Hildegard (1098-1179), eine dynamische Äbtissin, die sich von der männlichen Gemeinschaft von Disibodenberg trennen und an den Ufern des Rheins, nahe der Stadt Bingen, ein vorbildhaftes Kloster gründen konnte. Diese extravaganten »Visionen«, in denen es nicht an Wolfs-, Leoparden-, Bärenköpfen und anderen Löwen mangelt, hindern die Nachwelt nicht daran, in ihr eine der tatkräftigsten Persönlichkeiten des Mittelalters zu sehen.

Von ihren schönsten Visionen habe ich noch ihre genießerischen und hellsichtigen Schilderungen der Eingeweide und Gemütsarten vor Augen. Wie mit einer Kamera ausgestattet, steigt Hildegard von Bingen in die Falten und Höhlungen des Körpers hinab, ohne das Blut und das Gehirn auszulassen, und kann einen genauen Eindruck dieses Wimmelns gewinnen, das in ihr wohnt: niemals beruhigt, stets von vorne zu beginnen, wirklich unbenennbar – und gerade deshalb muß es ständig benannt werden. »Die Gefäße von Hirn, Herz, Lunge und Leber wie auch der übrigen Organe verleihen den Nieren ihre Kraft, die Gefäße der Nieren aber steigen nunmehr hinunter zu den Waden und kräftigen diese ...«[6]

Hildegard ist dabei, den Blutkreislauf zu erschauen, sie erfindet ihn vor unseren Augen! Man möchte meinen, daß sie auch die Hormonausschüttungen ahnt. Höre Dir dies an: »Wenn das Phlegma in einem solchen Menschen noch trokken und giftig wird und alles das zum Gehirn emporsteigt, dann führt das zu Kopfschmerz und Augenleiden. Das Mark der Knochen eines solchen Kranken dörrt aus, so daß ihn bisweilen die Fallsucht treffen kann, sofern der Mond im Schwinden ist. (...) Denn wenn sich die Gedanken im Menschen verbohren und verhärten und so auf eitle Abwege geraten (...), verwandeln [sie] das Gewissen (...) durch die Verzweiflung gleichsam in eine Fallsucht, weil das Licht der Wahrheit, das ihm leuchtete, nun geschwächt wird. Auch die Feuchte im Nabel wird durch diese Säfte vertrieben und verhärtet sich ...« Etc. Wir befinden uns in dem Zeitalter, da die ersten Kreuzzüge Jerusalem ansteuern, als Hildegard ihren mikroskopischen Kreuzzug beginnt, um das Grab des leidenden Körpers zu erlösen, indem sie ihn benennt. Sie wird eine Vorläuferin der modernen Medizin und der verschiedenen »Psycho«-Techniken, ihre Erfahrung des Sakralen ist ein Kampf gegen das Unsichtbare und das Unsagbare. Außergewöhnlich diese Äußerung über die Epilepsie, eine sakrale

6. Julia Kristeva zitiert hier und im folgenden aus dem Kapitel »Die Welt des Menschen«, 3. Schau: ›Von der Natur des Menschen‹ aus den *Zehn Visionen vom Wirken Gottes in Welt und Mensch*. Meine Zitate folgen der Übersetzung Heinrich Schippenbergers: H. v. Bingen, *Welt und Mensch*. Das Buch ›De Operatione Dei‹, Salzburg 1965 (A. d. Ü.)

Krankheit, wie Du weißt, die Hildegard mit einem »zur Verzweiflung getriebenem« Wissen vergleicht, »das Licht des Denkens war geschwächt«! Ja, sie hält sich auf dem »Dach« der Wörter, aber oberhalb eines Meeres von leidenden Schleimhäuten und konvulsivischen Gemütsstimmungen.

Angela di Foligno (1248-1309), die melancholischer war, gesteht aufrichtig jenen Sturz, jenen Abstand, jenes *Nichts* ein, das das Pulsieren ihrer Wünsche oder ihrer Ängste von einem eventuellen und stets unvollkommenen Ergreifen trennt. »Der Körper ist eingeschlafen, die Zunge gelähmt«, schreibt sie im *Buch der Visionen*. »Kein Lachen auf den Lippen, fühle ich weder Andacht noch Inbrunst, noch inbrünstige Liebe. Körper oder Seele erbeben nicht, die Seele bleibt gelähmt.« Negativ und vernichtend schildert sich Angela als »zur Nicht-Liebe gemacht«.

Das Göttliche (das für die eine eine diamantene Burg war, für die andere ein Herz oder zuckende Schleimhäute), ist für Angela di Foligno ein »Abgrund«, »*etwas, das keinen Namen hat* ... und der Begierde trotzt, mehr als das zu verlangen«. Da »kann man nicht einmal mehr stammeln ... *Menschliches Wort, halte dich fern*«.

Ich behaupte, daß dieses Sakrale, dieses »namenlose Etwas« womöglich, über das depressive Schweigen unserer Mystikerin hinausgehend, ein Quentchen Unglauben erkennen läßt. Denn wenn es keinen Namen hat, gibt es das Göttliche wirklich? Man kann daran glauben, man kann auch daran zweifeln. Die Latenz eines mystischen Atheismus (vielleicht der einzige, der nichts mit der atheistischen Religion der sogenannten materialistischen Intellektuellen etwas zu tun hat, von denen ich Dir beim letzten Mal erzählte) und, wie ich glaube, eines subtilen, den Frauen eigenen Atheismus wurzelt, so scheint es mir, in jenem Argwohn, der der Macht des Wortes entgegengebracht wird, in jenem Rückzug in den Tiefseekontinent, dem fühlbaren Körper entzogen. »Kuh-Körper«, sagte ... der heilige Bernhard. Auch er! Aber richtig: es geht weder darum, zu behaupten, daß es diesen Körper nicht gibt noch daß er mit dem Wort identisch ist. Sondern sich ihm in seiner Differenz, in seinem Widerstand zu nähern. Andernfalls: Vorsicht vor der Religion der Atheisten, sie »schlucken« immer noch »Kröten« und andere Widerlichkeiten …

Bis zu den modernen Zeiten hat diese Vertrautheit der Frauen mit ihrem intensiven und flüchtigen Körper aus ihrer religiösen Erfahrung eine Konfrontation gerade mit der *Erniedrigung* und mit dem *Nichts* gemacht. Die spektakulärste, vielleicht die pathologischste dieser Erforscherinnen des Nichts ist zweifellos Louise du Néant [L. vom Nichts]: denn so ließ sich im 17. Jahrhundert Mlle. de Bellière du Tronchay nennen. Indem sie ihren glänzenden »Namen des Vaters« aufgibt, um sich zu annullieren, womit sie gleichzeitig die väterliche Autorität annulliert, wird dieses Fräulein aus dem Anjou, aus reiner Liebe zu einem widerlichen Jesus Christus, eine »Krankenhausschlampe«. Sie identifiziert sich mit der Erniedrigung Christi, läßt sich 1677 in der Salpêtrière einsperren – lange vor Pinels Verrückten und Charcots Hysterikerinnen –, wo sich jedermann einen Spaß daraus macht und eine Pflicht, die Gestalt des Nichts angucken zu gehen. Maßlose Leiden, Theater der Grausamkeit, erlitten und gespielt zugleich, das unweigerlich an Artaud erinnert. In ihrer Lebensmitte ändert Louise ihr Pseudonym: sie läßt sich schließlich Louise-die-Arme, Louise-Dienerin-der-Armen nennen und nimmt eine nicht mehr nihilistische, sondern kindliche Haltung ein, um ruhig in Loudun zu sterben.

Nun, sollte dieses unbenennbare Geheimnis/Sakrale einfach der übererregte Körper der Hysterikerin sein? Welches Aufhebens um eine Kleinigkeit! Die Psychiatrie, grob vielleicht, aber wirksam, wird damit fertig! würden sich die einen gratulieren. Und die Psychoanalyse, mit Handschuhen, *idem*! würden die anderen flüstern. Ich weiß, daß Du mit diesen Leuten, die es eilig haben, nicht übereinstimmst. Ich habe Dein Buch *La Folle et le Saint* (Die Verrückte und der Heilige), das Du mit Sudhir Kakar geschrieben hast, gelesen, und ich mag die Art und Weise, in der Du zeigst, daß man das Begehren nicht vermeidet, indem man es in der Pathologie einsperrt. Gerade deshalb verstehen wir uns alles in allem und versuchen, dieses Stückchen Weges gemeinsam zu gehen.

Denn die unsagbare Wollust wird von anderen – von »meinem Nächsten« und von der Sprache – in mir *hervorgerufen*, ist aber gleichzeitig *nicht* auf deren Transparenz *reduzierbar*. Die unbezähmbare Erregbarkeit des hysterischen Körpers bezeugt dieses Paradox, und das Sakrale war der Raum, in dem die Frau jener Erniedrigung wie auch jener Lust, ihrem Nichts wie auch ihrem Glanz freien Lauf lassen konnte. Das soll nicht heißen, daß die sakrale Erfahrung gänzlich in die (psychiatrische) Pathologie oder ins (psychoanalytische) Symptom abgleiten kann. Was bleibt, ist die *Dynamik der Zweiteilung* selbst, die aus meinem Sein ein unversöhntes Sein, ein Sein des Begehrens macht. Die Psychoanalyse, wie ich sie verstehe, versucht, diese Freiheit offen zu lassen – die Freiheit des »Nabels der Träume«; sie versucht, der *Illusion* wieder zu ihrem Recht zu verhelfen – das man wirklich heilsam nennen muß. Winnicott gründet, nachdrücklicher als Freud (man beschuldigt ihn ein wenig vorschnell des »Rationalismus«, während er – was für ein Wissenschaftler er auch immer gewesen sein mag – unseren »Illusionen« eine gute »Zukunft« prophezeite, was eher seine Hellsichtigkeit denn seine szientistische Voreingenommenheit beweist), die Fähigkeit zur Kreativität auf den »Übergangsraum«, der noch nichts anderes ist als der Raum der Träumereien oder Illusionen, den die Mutter ihrem Kleinkind offen gelassen hat …

Während ich in meinen alten Büchern blätterte, um für Dich ein paar Sätze zu wiederholen, die ich bei meinen einstigen Lektüren unterstrichen hatte – denn ich muß sagen, daß ich seit langem diese Archäologien des Glaubens, zu denen mich einst die Liebe zu meinem Vater getrieben hatte (aber das ist eine andere Geschichte, für ein anderes Mal), nicht mehr zu Rate gezogen habe –, geriet mir zufällig ein Katalogbuch von Georgia O'Keefe (1887-1986) in die Hände, das mir wie gerufen zu kommen schien. Ich bewundere diese nüchterne und sinnliche Malerin, ihre fleischigen Blumen, ihre Visionen von Eiern (sie auch!), feuchten Knochen und

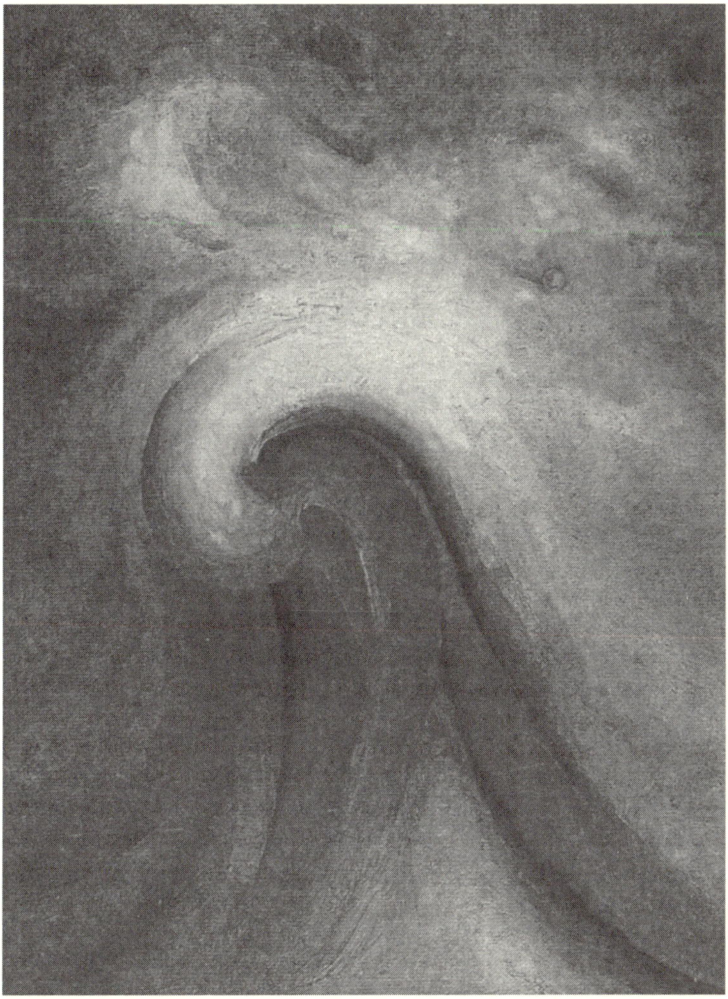

Georgia O'Keeffe, *Serie I, Nr. 1*, 1918

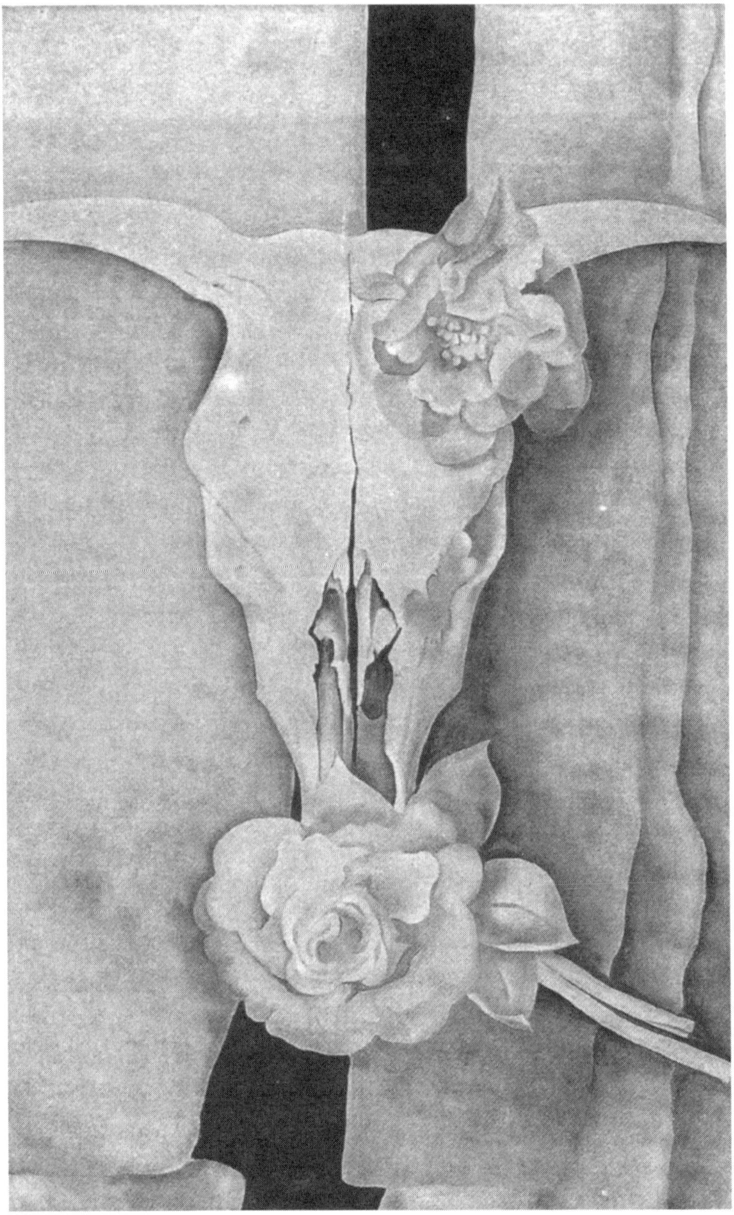

Georgia O'Keeffe, *Kuhschädel mit Rosen*, 1931

sauberen Schädeln. Noch eine bescheidene Ergründerin des Unbenennbaren, die ich gern zu der Liste ihrer wunderbaren Vorfahren hinzufügen möchte, von denen ich gerade für Dich ein paar Brocken abgeschrieben habe. Sie verzichtet nicht darauf, die Geheimnisse zu zeichnen, aber von was? Die ihres Körpers, eines Blumen-Geschlechts, die des Lebens, des Todes, des Kosmos, des Seins? Heimlich, bescheiden bewegt sie sich – sie benennt nicht, sondern schweigt. Und zeichnet. Sie zeichnet nicht, was sie zeichnet, sondern etwas anderes in der Sache selbst; etwas Unbedeutendes, fast nichts, Gott weiß was, das aber alles ist oder vielmehr ein »Dach«, von dem aus ich das sehe und spüre, was man weder sieht noch deutet; was mich verführt. Ich versuche, etwas darüber zu sagen, ich kann es nicht, man müßte ein Gedicht, einen Roman schreiben … Bis dahin mache ich Dir zwei Fotokopien, die Dir hoffentlich gefallen: »Folge I, Nummer 1« (ein Titel der nichts besagt, aber die schrille Farbe dieses obszönen Knopfes läßt den Blick und das Fleisch vibrieren); und »Kuhschädel mit Kalilkorosen« (da sind wir wieder, eine Station weiter, die auch noch so schön ist, bei den unendlichen Metamorphosen der *Kuh*).

Schließlich eine recht prosaische Frage: wie soll man all das – diese Inbrunst und diesen Zweifel, diese Intensität und dieses Nichts, diesen Enthusiasmus und dieses »Gott weiß was« … zu den Akten »Gleichstellung« nehmen? Ausgeschlossen? Nicht wünschenswert? Vielleicht. Dennoch, wenn die besagte Gleichstellung im sogenannten politischen Leben einen Hauch von all dem »es« wehen ließe … Aber ich träume, natürlich, notwendigerweise mit diesen verflixten Frauen …

Julia

Oxford, Dienstag, den 4. Februar 1997

Liebe Catherine,

ich habe Deinen Brief noch nicht erhalten, ich denke mir, daß Du auf Reisen bist und außerdem zwingt uns nichts dazu, diesen Briefwechsel im Rhythmus von Hin und Zurück, Fragen-Antworten, Reiz-Reaktion zu führen … Über Oxford bricht die Nacht herein, ein typisch englischer Regen überflutet den Rasen unter meinen Fenstern und ich habe keine Lust zu schlafen. Das ist oft so nach einem Vortrag, vor allem nach einem »gelungenen« Vortrag, wie man so sagt: ein großer Zulauf, eine heterogene und aufmerksame Zuhörerschaft von Studenten und Professoren, eine bruchlose Stille – welche Eitelkeit käme da nicht auf ihre Kosten? Natürlich keine Diskussion – das Ritual dieser berühmten »*Zaharoff lectures*« ist dafür zu zeremoniell, *the wines* dagegen löst die Zungen und bringt luzide und herzliche Hörer, starke, treue, unverhoffte Freunde an den Tag. Das Abendessen schließlich, von einer halb religiösen, halb gelehrten Eleganz, köstlich und reichlich begossen … wie soll man danach schlafen? Um so mehr, als ich nicht weiß, wer den perfiden Einfall hatte, mich in der »Maison française« einzuquartieren – gewiß ein gastlicher, aber dermaßen häßlicher Ort! so deprimierend! eine Art schäbiges Stadtrandmotel, das mich diese alten Gemäuer im Stil der Gotik oder der Renaissance, die ich soeben verlassen habe, furchtbar vermissen läßt, die Pracht der *Bodleian Library*, den prunkvollen *guest room* des *New College*, in dem ich bei meinem letzten Aufenthalt hier wohnte, und diesen »Voltaire«-Saal, in dem ich gerade meine Rede gehalten habe, eskortiert, wie es sich gehört, von dem, was sie den *bedot* nennen und mit der unerläßlichen, erhabenen Genehmigung, wie es sich ebenfalls gehört, des *vice-chancellor*: beide, Du ahnst es, in Talaren der Zeit …

Da sind wir, nicht wahr, mitten in einer anderen Form des »Sakralen«. Ich mag dieses universitäre Ritual der Engländer, ich mag es jetzt sehr, denn vor ein paar Jahren kam es mir unheimlich lächerlich vor. Ich erinnere mich an meine ersten Aufenthalte in Cambridge, vor und nach Mai 1968: daß der große Sinologe Joseph Needham, Gegenstand meiner Bewunderung und Motiv meiner Reise, im Kirchenchor zu singen vermochte, erschien mir als die ausgefallenste Schrulle. Und ich lachte laut los, als ich eingeladen wurde, vor dem Abendessen dieser Herren, den Gebetszug anzuführen, während meine Schuhe mit Keilabsätzen, wie sie damals Mode waren, furchtbar auf dem alten gewachsten Parkett widerhallten und meine Freundin Marian Hobson, die einzige Frau in dieser hochgelehrten Versammlung, deshalb errötete – vor Scham oder vor Freude, ich weiß es nicht. Wegen uns beiden und wegen dem berühmten »Sakralen« ... Seitdem habe ich schon ganz anderes erlebt und weiß mich zu benehmen. Vor noch nicht so langer Zeit mußte ich in Kanada persönlich den violetten Talar des Erzbischofs anlegen, und zwar an der Universität von Western Ontario, wo man mich zum »Doctor honoris causa« ernannt hatte. Während das Orchester und alle Anwesenden – mehr als tausend Promovierte mit ihren Familien waren da – zu meiner Ehre (und zu ihrer Ehre, seien wir gerecht!) *God save the Queen* anstimmten, na ja, da hatte ich feuchte Augen, während ich an meine Eltern dachte. An sie und nur an sie, versteht sich. Sie wären so stolz gewesen! Welch verflixte Schuld doch die Schuld gegenüber den Eltern ist, deren verflixte Dividende man endlos zahlt.

Und bei meiner Rückkehr in Paris kam ich zu der Überzeugung, daß die scheußliche Armseligkeit von Jussieu[7] nicht wirklich obligatorisch war, um die Projekte der Wissenschaft und den Einsatz für die Trennung von Kirche und Staat zum Erfolg zu führen. Ich habe sogar unseren Präsidenten zu überzeugen versucht, daß unsere Universität zwar Geld braucht,

7. Gemeint ist die Universität von Paris (VI und VII). [A. d. Ü.]

um sich weiter zu entwickeln und an Ansehen zu gewinnen, daß es aber vielleicht notwendig ist, ihr auch ihre symbolischen Werte wiederzugeben, ihre Feste, ihre Riten, ihre Zeremonien – aus dem Mittelalter, der Renaissance, dem Zeitalter der Enzyklopädisten, warum nicht? Diderot verpflichtet, da er doch von nun an unser Namenspatron ist! Man sah mich an, als ob ich mich für die Jeanne d'Arc einer inner- oder unterakademischen spirituellen neuen Blüte hielte, und das Thema kam nicht mehr zur Sprache.

Kurzum! Diese Engländer gehen mir mit ihrer altmodischen Förmlichkeit ein bißchen auf die Nerven, aber sie machen mich stutzig. Einverstanden, sie drängen sich nicht gerade, Frauen den Zugang zur Universität zu ermöglichen, und viele meiner englischen Freundinnen scharren auf untergeordneten Posten ungeduldig mit den Füßen. Das Königreich hat wohl eine Königin an seiner Spitze, aber ihr anmutiger gekrönter Kopf kann so wenig wie die eiserne Faust der Frau Thatcher den misogynen Wald verbergen: die Anglikaner und Protestanten haben die Ehe der Pastoren erlaubt, sie haben sogar Diakonissinnen und weibliche Priester, aber die Ablehnung der Frauen im geistigen Bereich hält an und nichts verhindert, daß sie von den höchsten Posten ausgeschlossen werden. Darüber habe ich meine eigene Idee: wenn es wegen des Vergessens … der Jungfrau Maria wäre? die nicht die Sklavin ihres Sohnes war, wie es Simone de Beauvoir annahm. Hat sie nicht den Frauen erlaubt, den Kopf hoch zu tragen? Mir scheint, ihr Fehlen wird dumpf und sogar grausam spürbar im Machismo und seinen geschlossenen Pubs auf der anderen Seite des Ärmelkanals. Das ist eine Frage, die es verdient, daß man sie sich stellt, aber ich erzähle Dir ein anderes Mal wieder von dieser teuren Jungfrau Maria, über die übrigens eine Engländerin, Marina Warner, 1976 das schönste und vollständigste Buch geschrieben hat: *Alone of all her sex. The Myth and Cult of the Virgin Mary* (Die Einzige unter den Frauen, Mythos und Kultus der Jungfrau Maria) …

Was mich heute abend beeindruckt, ist das Zeremoniell: ich hatte das körperliche Gefühl, daß, wenn alles zusammenbricht, ihre antiquierten Ballette den armseligen Körpern, die wir sind, eine gewisse Würde verleihen und unsere Reden in die Höhe befördern. In welche? Das ist weder offensichtlich noch recht klar, aber ist es so nicht besser, im Halbdunkel einer *high church* oder eines mehr oder weniger gotischen Saals? Vorhin war es eine Kreuzung des mittelalterlichen Ritus mit ... dem Gedenken Voltaires. Wie Du weißt, sind dank Besterman die Archive Voltaires ausgerechnet in Oxford gelandet ... und nicht in einem der Tempel unserer republikanischen Universität. Und der »Voltaire«-Saal, in dem ich meines Amtes waltete, ist ein exklusiver Ort, der jeden aufnimmt, der in diesen Zeiten irgendwo in der Welt denkt oder von dem man vermutet, daß er es tut.

Glücklicherweise ist das gewöhnliche Motel der »Maison française« immerhin mit einer prachtvollen Ausgabe der gesammelten Werke ... Voltaires ausgestattet, Du hattest es geahnt, in zweiundvierzig Bänden von 1829, die sich M. Dupont, Verleger und Buchhändler in Paris, verdanken. Ach was! ein ganzes Regal voll in dieser schlaflosen Nacht, und ich denke an Dich, an uns. Ich suche direkt unter den Stichworten »Sakrales« und »Frauen«. Nichts über das »Sakrale« im *Dictionnaire philosophique*, aber dennoch ein paar Gehässigkeiten über die »Frauen«, die dieser große Freund Émilies schriftlich niederlegen mußte – Humor verpflichtet, der Humor ist die edle Seite des Hasses, dank dessen wir (Männer und Frauen) uns von unseren Müttern trennen und das werden, was man »wir selbst« nennt. Ich werde Dir einige liefern. Der Art:

»Es ist nicht erstaunlich, daß sich in jedem Land der Mann zum Herrn der Frau gemacht hat, da sich ja alles auf die Kraft gründet. Gewöhnlich besitzt er durch die des Körpers und sogar die des Geistes mehr Überlegenheit.

Man hat sehr kluge Frauen erlebt, wie es die Kriegerinnen waren; aber niemals hat es Erfinderinnen gegeben.«

Trotzdem erkennt er das Recht der Frauen auf die Liebe an – indem er ein paar spitze Bemerkungen zu den »griechischen« Lastern seines teuren Montesquieu macht –, und geht so weit zu behaupten, daß das »Göttliche« nichts anderes ist als die »Liebe der Frauen«. Das ist ein Thema für uns, das wir wieder aufgreifen müssen!

»Während er verspricht, über die Lage der Frauen in den verschiedenen Regierungsformen zu sprechen, bringt Montesquieu in seinem *Esprit des Lois* vor, daß ›bei den Griechen die Frauen nicht als würdig erachtet wurden, an der wahren Liebe teilzuhaben und daß die Liebe bei ihnen nur eine Gestalt hatte, die man nicht auszusprechen wagt‹.« Als seinen Bürgen zitiert er Plutarch.

»Es ist dies eine Mißachtung, die höchstens einem Geist wie Montesquieu zu verzeihen ist, der stets von der Geschwindigkeit seiner oft unzusammenhängenden Ideen mitgerissen wird.«

Und päng!

»In sein Kapitel ›Über die Liebe‹ nimmt Plutarch etliche Gesprächspartner auf; er selbst, unter dem Namen Daphneus, widerlegt mit allergrößter Kraft die Reden, die Protogenes zugunsten der Ausschweifungen von Knaben hält.

In dem nämlichen Dialog geht er so weit zu behaupten, in der Liebe der Frauen liege etwas Göttliches; er vergleicht diese Liebe mit der Sonne, die die Natur beseelt, das größte Glück schreibt er der ehelichen Liebe zu und er schließt mit der großartigen Lobrede auf die Tugend Eponines[8]. […]

Ich bewundere diesen Mann, der bereits vor zwei Jahrhunderten über den »Glauben« folgendes schreiben konnte. Papst Alexander VI., ein wollüstiger und inzestuöser Mann, der nicht weiß, ob das Neugeborene seiner Tochter Lucrezia sein eigenes Kind ist, das seines Sohnes oder vielleicht das seines Schwiegersohns, der für impotent angesehen wird, wendet sich an Pico della Mirandola, um diese Antwort zu erhalten:

8. Gallische Heldin, die ihren Mann, Julius Sabinus, der sich versteckt halten mußte, neun Jahre lang mit Essen versorgte. Bei ihrer Entdeckung im Jahre 79 n. Chr. wurden beide von den Römern exekutiert. (A. d. Ü.)

»›Ich glaube, euer Schwiegersohn ist der Vater‹, antwortete Pico.– ›Ach! wie kannst du denn diese Dummheit glauben?‹ – ›Meiner Treu, ich glaube sie.‹ – ›Aber weißt du denn nicht genau, daß ein Impotenter keine Kinder zeugt?‹ – ›Der Glaube besteht darin‹, hob Pico wieder an, ›die Dinge zu glauben, weil sie unmöglich sind; und außerdem verlangt die Ehre eures Hauses, daß der Sohn Lucrezias nicht als die Frucht eines Inzests angesehen wird. Ihr laßt mich an Mysterien glauben, die noch unbegreiflicher sind. Muß ich nicht davon überzeugt sein, daß eine Schlange gesprochen hat, daß alle Menschen seitdem verdammt waren, daß Balaams Esel ebenso überzeugend gesprochen hatte und daß die Mauern von Jericho beim Klang der Trompeten zusammenbrachen?‹ [Auf dieses Gespött entgegnet der Papst:]

›Sag mir, welches Verdienst darin liegen kann, Gott zu sagen, daß man von Dingen überzeugt sei, von denen man tatsächlich nicht überzeugt sein kann? Unter uns gesagt: behaupten, daß man glaube, was man unmöglich glauben kann, heißt lügen.‹

Pico della Mirandola bekreuzigte sich. ›Ach! väterlicher Gott‹, rief er aus, ›möge eure Heiligkeit mir verzeihen, aber ihr seid kein Christ.‹ – ›Aber nein‹, antwortete der Papst. – ›Ich vermutete es‹, sagte Pico della Mirandola.«

Und dies über die »Sekten«:

»Jede Sekte, von welcher Art sie auch sein möge, ist der Sammelpunkt des Zweifels und der des Irrtums. Scotisten, Thomisten, Realisten, Nominalisten, Papisten, Calvinisten, Molinisten, Jansenisten sind nur Decknamen.

In der Geometrie gibt es keine Sekte; man sagt nicht ein Euklideaner, ein Archimedeaner.

Wenn die Wahrheit offensichtlich ist, kann sie sich unmöglich aus den Parteien und Gruppierungen heraus erheben. Noch nie hat man diskutiert, ob es am Mittag hell ist. [...]

Sie sind Mohammedaner, also gibt es Leute, die es nicht sind, also könnten sie sehr wohl Unrecht haben.

Was wäre die wahre Religion, wenn es das Christentum nicht gäbe? es ist diejenige, in der es keine Sekten gibt;

diejenige, in der alle Geister notwendigerweise harmonieren.[…]

Was meine Sekte lehrt, ist dunkel, muß ich eingestehen, sagt ein Fanatiker; und auf Grund dieser Dunkelheit muß man ihr Glauben schenken; denn sie sagt selbst, daß sie voller Dunkelheiten steckt. Meine Sekte ist etwas Ausgefallenes, also ist sie göttlich; denn wie könnten sich dem, was so närrisch wirkt, so viele Völker zugewandt haben, wenn nichts Göttliches darin steckte? […]

Nun, wer wird über diesen Streit befinden? […] Der vernünftige, unparteiische Mensch, der wissend ist dank einer Wissenschaft, die nicht diejenige der Worte ist, der Mensch, der frei von Vorurteilen ist und die Wahrheit und Gerechtigkeit liebt; der Mensch schließlich, der kein Tier ist und der nicht glaubt, ein Engel zu sein.«

Nicht allein dank Besterman haben sich die Archive Voltaires, übrigens zusammen mit jenen Montesquieus, in Oxford eingefunden. Der Ritualismus der Engländer verleiht womöglich auch ihrer Art und Weise, das Sakrale zu leben – es wird ewig in Szene gesetzt –, eine Leichtigkeit, die es bis in die Gestaltung des profanen Lebens und des sozialen Raums hinein freisetzt. Und die es so widerspenstigen Geistern wie Voltaire erlaubt, bei ihnen ins Exil zu gehen, um sich mit und vor ihnen zu äußern und den Unglauben, fast den Atheismus zu erreichen. Ist das außer in diesem englischen kulturellen Kontext möglich, wo das »Sakrale« (und folglich die Ernsthaftigkeit und das Gewicht des »Opfers«) in der Geste, dem Brauch, dem Beispiel zugleich verwirklicht wird und verblaßt?

Dieser sarkastische, stärkende, vor Ungehorsam erschütternde Voltaire hallt in meiner regnerischen Nacht wider, während ich Dir seine Sätze abschreibe, als ob er ein Außerirdischer wäre, als ob er nicht unserer Welt angehörte. In der Tat, wir haben uns so sehr daran gewöhnt, Idole, Ideale oder einfach »Unterschiede« zu verehren, daß sein Gelächter, das die Frommen zum besten hat, vielen als ein Sakrileg erscheint. Weil ich zutiefst mit seinen Sarkasmen übereinstimme – wenn ich auch außerstande bin, sie auszustoßen –, habe ich Dir dieses Buch über das Sakrale vorgeschlagen. Religiöse Menschen werden das für paradox halten: Du nicht. Tatsächlich, erst wenn man »nicht dazugehört«, kann man, so scheint es mir, zugleich die Kraft und die Sackgassen einer Zugehörigkeit einschätzen. Trotzdem verspüre ich nicht das voltairische Bedürfnis, das »Infame« zu geißeln. Die Zeiten sind andere. Die Religionskriege, immer noch fundamental und unbarmherzig, haben ein anderes Gesicht bekommen. Wir müssen noch herausbekommen, warum sie Männer wie Frauen verführen.

Lange bevor ich die heilsamen Texte des Weisen aus Ferney las, hatte ich mich gottesuntauglich gefühlt. Macht das die Gesellschaft Voltaires? Heute nacht fallen mir plötzlich Augenblicke aus meiner Kindheit und Jugend wieder ein, die ich mir bis heute nie ganz genau vergegenwärtigt habe.

Unter einer Ikone, die mein Homonym, die heilige Juliana darstellte, die mein Vater über meinem Bett an die Wand geheftet hatte und an die ich mich nicht genau erinnere, so sehr hatte mich einst die Erzählung von ihren Prüfungen erschreckt, – versuchte ich eines Nachts, erinnere ich mich, den Glauben zu *empfinden*, dessen Gebete zu sprechen mir meine Familie gelernt hatte. Die kommunistische Schule mißbilligte diesen, und ich schwankte zwischen dem Wunsch, meinen Eltern zu gefallen und diesen Glauben zu teilen, der der ihre war, und der Revolte, die mich dazu brachte, ihnen zu mißfallen und mich den Vorschriften der Schule anzupassen – Ödipus verpflichtet. Ich hatte das Alter erreicht, wo ich das Bedürfnis verspürte, zu entdecken, was ich glaubte, ich allein, aufrichtig und persönlich. Eine Freundin hatte mir anvertraut, sie wäre des Todes wegen gläubig geworden, denn nur Gott, sagte sie, ist imstande, uns die Unsterblichkeit zu verleihen, *ergo*... Ich strengte mich an, an meinen Tod zu denken – in der Hoffnung, Ihm näherzukommen. Wie überrascht war ich, als ich feststellte, daß mir diese Eventualität ehrlich gesagt unvorstellbar war! Wenn ich versuche, die Bestandteile dieses »Flashs« wiederherzustellen, so erinnere ich mich, daß mich der Gedanke an meinen Körper, den ich mir als leblos vorzustellen bemühte, in Schrecken versetzte, denn ich stellte ihn mir weniger ohne Wärme oder Begehren als ganz und gar ohne Denken vor. War ich schon eine »Intellektuelle«? Vielleicht; in einem Land, in dem das Denken der einzig mögliche Widerstand gegen das Böse und gegen das Elend war ... Ich setzte also das Denken mit dem gleich, was das Leben und seine Reize an Freiestem bargen, und ich war wie erstarrt vor Entsetzen, eines Tages des Denkens beraubt zu sein. Aber diese Erstarrung war nicht von Dauer. Ich hatte das körperliche Gefühl, daß das Denken keineswegs mir gehörte, daß es im Gegenteil über mich hinausging oder mich transzendierte und unzerstörbar war. Nicht »mein« Denken, nein, eine Apperzeption vom diskontinuierlichen Denken des Menschengeschlechts hatte mich überwältigt – wenn ich die Einbeziehung des Endlichen ins Unendliche so formulieren kann. Die Ewigkeit war ganz einfach diese unendliche Diskontinuität, jenseits des individuellen Todes, des Denkens der Gattung – solange es Menschen geben wird –, das der Grenze eines jeden Körpers/Denkens von einem selbst trotzte. Die Vorstellung, daß jemand oder etwas behaupten könnte, den Platz dieser Unendlichkeit des Denkens im Takt des unausdenkbaren Todes einzunehmen, und mehr noch: zu behaupten, seiner Unwahrscheinlichkeit, seiner unausdenkbaren Auslöschung abzuhelfen – diese Vorstellung, von der mir meine Freundin erzählte, kam mir unlogisch, sinnlos, zusammenhanglos vor. Warum das Bedürfnis, der Wunsch nach einem solchen höchsten Wesen, da es doch die Dauer des Denkens ohne mich gab?

Dieser Zustand machte mich plötzlich gelassen, eine unheimliche Ruhe kam über mich, deren Stille ich noch heute vernehme. Es hatte nichts mit einem Überschwang der Art »Allmacht des Denkens, das die Todesangst verneint«, zu tun. Im Gegenteil, angesichts der Schrankenlosigkeit des Denkens *außerhalb meiner selbst* war ich mit der Grenze meines Geistes, der vom Fleisch abhängig ist, konfrontiert. Es schien mir natürlich, daß beide vergänglich sind, auf logische Weise natürlich und bedauerlich, aber keineswegs war es erschrekkend, daß es sich so verhielt. Ich hatte in der Verwirrung dieses Gedankengangs das Gefühl einer seltsamen Demut empfunden, eine Version von dem, was man gelehrt »Kastration« nennt: ich hatte nur mein Denken, es war begrenzt, und ohne es und jenseits davon gab es nichts. Nur die unzerstörbare Diskontinuität begrenzter Gedanken, ins Unendliche. Es war ein Gefühl von Armseligkeit vermischt mit Stolz, dessen ich mich schämte. Ich wollte die Angst, die Angst vor dem Tod wieder erwecken, Hilfe rufen, wie es meine Freundin getan hatte, aber ich hatte keine Angst. Ich war ganz einfach mit meinem begrenzten Denken allein, furchtlos, umgeben vom Schweigen der denkenden Spezies. Gewiß mußte man ein pubertierendes Mädchen, eine Frau sein, um auf diese Weise die Nachfolge der Generationen, auf die mich jenes Geschlecht vorbereitete, in das unbeständige Schicksal eines gegebenen denkenden Körpers zu übertragen. Und um sich das Denken als ein Leben jenseits des eigenen Lebens vorzustellen, wie auch das Leben als ein Denken, das stärker war als der Tod oder ein persönliches Schicksal.

Jahre danach, als ich mich während der Sommerferien um eine Kindergruppe kümmerte, machte ich eine weitere Entdeckung. Diese Kinder bereiteten mir viel Kummer: ich wollte, daß sie besser wären, als sie es waren, ich selbst wollte die beste Betreuerin sein: Du erkennst die Teenagerneurose, die Angst vor dem Wettbewerb und den phallischen Ehrgeiz wieder, alle naselang die Welt zu verbessern? Ich weinte vor Wut, vor Ohnmacht und über mein Scheitern. Bis zu jenem ganz klaren und reinen Augenblick während eines heißen Nachmittags, den ich heute vor mir sehe. Anstatt Mittagsschlaf zu halten, machten die Kinder einen Höllenlärm, und vermutlich war ich angehalten, sie zur Ordnung zu mahnen. Plötzlich hatte ich die Gewißheit, daß nichts zu machen war. Weder bei ihnen noch in einem anderen Fall: *es gab nichts.* Sicher, man mußte etwas »tun« und ich tat es und werde es weiterhin tun. Aber gerade weil absolut nichts zu machen war, machte man sehr gut, was man konnte. Andernfalls –

wenn es etwas Absolutes gäbe und nicht nichts – wäre es der Gang in die Märtyrerschaft, in den Krieg gewesen. Aber ich mochte beides nicht, mein jugendlicher Körper erwachte eben gerade zu anderen Freuden.

Diese beiden Augenblicke schieben sich heute ineinander: das Fehlen von Todesangst, unter meinem Federbett, vor der Ikone der heiligen Juliana; und die Überzeugung, daß nichts zu machen war, im Pionierlager … Aber erst heute fasse ich die Konturen in Worte: Demut und Dauer des Denkens, außerhalb deren es nichts gab – dermaßen, daß sogar der Tod auf natürliche Weise ins Unausdenkbare und ins Nichts zurückweicht. Das ist noch nicht alles. Ich bin der Überzeugung, daß jene Verbindung zwischen dem Denken und dem Nichts wie ein »Sakrales« zelebriert werden kann, wie etwas »Sakrales« zelebriert werden sollte. Aber keineswegs Anlaß geben könnte zu einem Glauben wie jenen, den Voltaire verspottet und der potentiell fanatisch ist.

Später habe ich dies bei Dostojewski gelesen, der meine augenblicklichen Erleuchtungen zusammenfassen könnte: »Jeder erkennt dann, daß er völlig sterblich ist, ohne Auferstehung, und nimmt den Tod stolz und ruhig wie ein Gott auf sich.« Ich könnte diesen Satz zum Motto wählen: wenn er nicht vom Teufel geäußert würde und Iwan Karamasow gilt, sondern auf positive Weise von einem klaren Kopf – was bedeuten würde, daß der in dem Satz enthaltene Stolz des Wortes »Gott« nicht bedürfte, um sich Gehör zu verschaffen.

Womöglich findest Du diese Version meines Atheismus zu nüchtern, wenig anziehend, farblos. Vielleicht habe ich mich von der Zurückhaltung des anglikanischen Sakralen, von der Banalität des Oxforder Rasens, den ein winterlicher Regen durchtränkt hat, und von meiner Kindheit beeinflussen lassen, die, komme, was da wolle, darauf beharrte, dem kommunistischen Enthusiasmus und dem orthodoxen Anti-Enthusiasmus Widerstand zu leisten? Jedenfalls suche ich noch immer Varianten dieser Verbindung zwischen der Macht des Denkens und dem Nichts... Du, die Du alle Religionen kennst: ist Dir eine bekannt, die mein eigenes schlichtes Sakrales zelebrieren würde und das ich mir als den Torf vorstelle, aus dem der spritzige Voltaire seine lodernde Glut schlagen konnte? Zumindest keine Religion, auf die ich mich dort – unter der Ikone der heiligen Juliana oder in der Neurose der roten Pfadfinder – stützte. Sondern ganz einfach so etwas wie die Literatur. Ich habe Dir noch nicht gesagt, daß ich heute abend über Proust sprach, und zwar in dem Saal, der nach »Voltaire«, diesem Ironiker, diesem Gotteslästerer, benannt ist.

Julia

20. Februar 1997

Liebe Julia,

ich komme von Dreharbeiten in Indien zurück; in der städtischen Landschaft fehlen beim Appell meine heiligen Kühe nicht. Aber auch an indischen Frauen hinterm Steuer und an Passantinnen mit Handy ist kein Mangel. Dagegen hat sich in den Dörfern und auf den Landstraßen, wo sie auf Baustellen Steine klopfen, nichts verändert. Die ruhige Selbstsicherheit der amerikanischen schwarzen Frauen, der Du in den Straßen New Yorks begegnet bist, fehlt ihnen zwar nicht, aber ihrer elenden Lage hat die sogenannte »Kaffeemaschinen«-Theorie noch keinen Abbruch getan: daß die *middle class* sich bereichert und der Reichtum bis zu den Armen »durchsickert«... Schön wär's!

Dort wie sonst überall in diesen Zeiten der beschleunigten Modernisierung gibt es immer mehr Tempel. Einmal zu Reichtum gekommen, stellt die *middle class* auf elektronische Datenverarbeitung um und zieht sich auf die hinduistische Identität zurück. Und sie wählt die Gottheiten aus. Man entfernt Shiva, den großen Bisexuellen, aus dem alten Pantheon. Man entscheidet sich lieber für niedliche Götter mit dem Gesicht von dicken Puppen oder von Affen – treue Diener ihrer Herren. Bereicherung, Klimaanlage, Fernseher, Computer, Gehorsam und Gören ... Das Sakrale verliert zugunsten des Familialismus an Boden. Plötzlich wird das Durchgehenlassen der Bisexualität seltener.

Sprechen wir also noch einmal von jener Bisexualität, die wir von einem Brief zum anderen hinter uns herschleppen. Denn was mich in Deinem letzten Brief erstaunt, ist die seltsame Kraft der Heiligen, die Du beschreibst. Sie handeln nur nach ihrem Kopf, sind zutiefst rebellisch, sind unverbesserliche Begründerinnen religiöser Orden oder von inneren

Methoden mystischer Anatomie. Eine komische Tat, die Schwester Louise dazu treibt, den väterlichen Namen zugunsten des Nichts zu annullieren. »Ich bin ungezeugt« – eine andere Art und Weise, »Ich bin Gott« zu sagen: denn Du erinnerst Dich, daß es im Islam kein größeres Sakrileg gibt, als sich mit dem Ungezeugten zu identifizieren. Wie Al Hallag schreitet Schwester Louise zur Absolutheitserklärung: außer vor Liebe zu sterben, gibt es nichts Stärkeres.

Sind diese Heiligen weiblich oder männlich? Die Antwort erfordert einen Umweg, der uns zu dem Engländer Winnicott zurückkommen läßt. Ja, er hat als einziger den Bereich der Schöpfung, ja sogar der Freiheit aufgedeckt, den er als »Übergang« bezeichnet, jenen Raum gewaltiger Möglichkeiten, der zwischen dem Säugling und der Mutter in dem Augenblick entsteht, wo sie sich von dem Kind entfernt. Bis dahin hat das Kind keinen eigenen Körper. Es kommt der bestimmte Augenblick, wo sich der Körper der Mutter von dem seinen trennt. Das Kind ist nicht mehr »sie«, es wird ein bißchen »es selbst«. Dann hascht es mangels Brust mit den Fingern nach einem Stück von irgend etwas, wenn »es« nur sanft und weich ist, wenn man nur leicht daran saugen und es nach Belieben kneten kann. Dieses Objekt, das sämtlichen zerstörerischen Aggressionen des Säuglings ausgesetzt ist, nennt Winnicott das »Übergangsobjekt«. Dennoch verschwindet das Objekt nicht. Ramponiert, der Augen beraubt, zerrissen, attackiert – bleibt das Objekt unzerstörbar. Teddys, Stoffetzen, Fussel oder Strumpfhose der Mutter: das besagte Objekt gestattet es, den Spielraum einzunehmen, der sich plötzlich zwischen dem Körper der Mutter und dem des Säuglings, der noch nicht die Erfahrung seines eigenen Hautsacks erworben hat, eröffnet. Er wird sie mit dem ersten Objekt, dem »Nicht-Ich«, dem Keim des künftigen »Ichs« erwerben.

Man vergißt es in einer Ecke. Man wirft es nicht weg. Man denkt nicht mehr daran, aber es ist da. Mein eigenes Übergangsobjekt war ein Schneewittchen aus Kautschuk, das ich unter Sirenengeheul, während der Bombardierungen von

Paris, packte. Jedesmal sagte mein Vater zu mir: »Nimm mit, was du auf der Welt am liebsten hast.« Wenn ich irgendein Verhältnis zum Sakralen habe, so liegt seine geheime Quelle in dieser bedrohlichen Erinnerung. Ich habe nicht die Fähigkeit, an einen Gott zu glauben, aber das Sakrale im Alltag fällt mir aus der Zeit des Krieges wieder ein. Eine Lampe, die man anmacht (Signal), die Dämmerung durch das Fenster (die Stunde des Milchmanns oder die der Gestapo), die Abenddämmerung (wird es heute nacht Bomben geben?), die Abreise meiner Familie in einem Zug mit einfacher Hinfahrkarte, ohne Rückfahrkarte, das Ende eines Textes. Abwesenheit und Nichtwiederkommen: in der Psychoanalyse des Kindes ist das banal.

Interessanter: nachdem er das Objekt des Übergangsbereichs beschrieben hat, schickt sich Winnicott an zu erläutern, wie dieser potentielle Raum auch derjenige der Bisexualität ist. Er beginnt damit, jegliche Verwechslung zwischen der Homosexualität und der Bisexualität des Übergangsbereichs auszuschließen. Es handelt sich wirklich um mehr. Jeder Mann trägt in sich ein rein weibliches Prinzip, jede Frau ein rein männliches. Jeder trägt verkapselt das Prinzip des entgegengesetzten Geschlechts in sich. Das läßt sich nicht demonstrieren, entspricht aber zahlreichen Mythologien, mit denen es sich zu beschäftigen gilt. Winnicott ist durchaus imstande, die ältesten Mythen von der Geburt der Menschheit wiedererfunden zu haben …

Ich denke an die afrikanischen Mythen vom Vorkommen von Zwillingen, von denen der Dogon-Mythos der berühmteste ist. Ich fasse ihn grob zusammen. Durch die Schuld eines hinterhältigen Ehrgeizlings, den Schlaufuchs, hat die Menschheit ihre anfängliche Fähigkeit zu Zwillingsgeburten eingebüßt, die sie von einem Gott geerbt hatte, der verraten wurde. Von dem Verräter beschmutzt, verbleibt diese Fähigkeit bei der Gottheit allein: außer einer ungewöhnlichen Geburt gibt es auf der Erde keine Zwillinge mehr. Der Verlust ist für die Menschen etwas Grausames. Aber vom verlorenen Zwillingsbruder und der verschwundenen Zwillingsschwester bleiben dennoch Spuren in jedem von uns zurück: im Teich dort wohnt für den Zwillingsbruder seine geheime Zwillingsschwester, die ihn geleitet; und für die Zwillingsschwester weilt dort ihr im Wasser verborgener Zwillingsbruder. Fügen wir hinzu, daß Gott, der unvollkommene Schöpfer, seine Sache nicht gelingt und es der Menschheit überläßt, den Schaden zu reparieren: die in jedem der beiden Geschlechter verkapselten Prinzipien des reinen Männlichen und des reinen Weiblichen sind die Reparaturen der Schwächen Gottes. Helft euch selbst! Das ist getan, Herr. Wir Menschen haben den Bereich des Spiels erfunden.

Am Rande des von Winnicott definierten Spiels ist das rein Weibliche das Sein selbst: es ist das erste, bis zum Abstillen. Dann, wenn das Kind den Ort der Verschmelzung verläßt, taucht mit den Fingern, die das knetbare Objekt umfassen, die erste wirkliche Handlung des rein männlichen Prinzips auf: das »Tun«. Das weibliche Prinzip untersteht dem Sein im Reinzustand, während das männliche Prinzip die Kontrolle des Tuns – und seine Annahme garantiert. Ich mag die Art, in der Winnicott sein Denken zusammenfaßt: »*After being, doing and being done, but first, being.*« *Being* ist das Weibliche. *Doing and being done* ist das Männliche.

In welchem Zusammenhang steht das mit unseren Überlegungen? Nun, Winnicott charakterisiert sehr gut den Übergangsbereich: er ist sakral. Dies erklärt die bisexuellen Verkleidungen bei den schamanistischen Zeremonien, das durchlässige Flüssigsein eines freien Raums, den noch keine geschlechtlich differenzierte Norm abschließt, erklärt die rein männliche Kraft, die Deine Lieblingsheiligen beseelt und, *last but not least*, ihre phantastischen schöpferischen Fähigkeiten. Nun setzt ihre ekstatische Passivität ein, da ja *doing* und *being done*, handeln und zum Handeln bewegt werden, am selben rein männlichen Prinzip beteiligt sind: sich zunichte machen heißt nicht, zum Sein des Weiblichen zurückkehren, im Gegenteil. Angela di Foligno befindet sich nicht im reinen Sein, wenn sie stumm daliegt: kein Wimmern, kein Schrei, ein aktives Schweigen. Wir befinden uns durchaus in der

Zweiteilung – das Problem ist, daß dies auch für den Mann gilt.

Denn ich sehe keinen Grund, allein den Frauen das Privileg zu überlassen, den Übergangsbereich zu reaktivieren und so zum Sakralen zu gelangen. Wenn man gewissenhaft sein will, ist man zu denken gezwungen, daß der Mann zum Sakralen gelangt, indem er sein weibliches Prinzip, das Sein wiederfindet. Sollte das die philosophische Lösung Heideggers sein? Vielleicht. Seitens der Philosophen stelle ich fest, daß der Höchste-Straßenkehrer-des-Denkens-auf-Achse, ich nannte G. W. Hegel, in der dialektischen Entwicklung die Frau mit einem Stein vergleicht, mit dem Unmittelbaren: sie ist da, und es ist ihre Funktion, da zu sein. Der Mann löst die Tat und die Vermittlung aus. Den Krieg, dann die Verhandlungen. Er initiiert die Familie, das heißt den Vertrag und den Austausch. Das Soziale, dann den Staat. Die Religion, dann die Ekstase. Und während dieser ganzen Zeit des Denkens, das unterwegs war, war die Frau da, sie ist da und wird da gewesen sein.

Von Bisexualität im eigentlichen Sinne ist nicht die Rede. Aber Hegel versäumt es nicht, eine weibliche Person mit männlicher Seele zu analysieren, die liebe Antigone. Als ein Symbol des Widerspruchs zwischen den sakralen Gesetzen und den Gesetzen der Menschen, ist das im Sinne des Philosophen ideale junge Mädchen dasjenige, das es wagt, trotz des Verbotes der Stadt seinen Bruder zu begraben. Gewiß, es gibt eine Tat Antigones. Sie geht in der Nacht hinaus, sie scharrt die Erde auf, sie bedeckt den Leichnam ihres Bruders. Aber in dem Augenblick, als sie entdeckt wird, »ist sie da«, halsstarrig, reglos, versteinert. Als sich die Soldaten Antigone nähern, um sie festzunehmen, flieht sie nicht. Mir scheint, daß sich eine neue Spur eröffnet: die Gesellschaft regiert gemäß dem rein männlichen Prinzip, während das Sakrale gemäß dem rein weiblichen Prinzip Widerstand leistet. Widerstehen wäre das Wort, das zum Sakralen paßt.

Doch Hegel ist nicht gerade beharrlich. Im Höchstfalle geht er in der *Phänomenologie des Geistes* zu dem Passus über, in dem die Frau zur »Ironie des Gemeinwesens« erklärt wird. Er äußert sich nicht weiter, und trotzdem: welch Intuition! Als Unruhestiftendes befindet sich das Weibliche tatsächlich am Rande des Spiels – in dem Sinne, daß zusammengefügte Tischlerarbeiten immer einen Zwischenraum aufweisen, damit das Holz »Spiel hat«. Nicht, daß die Frauen ewige Rebellen, anerkannte Anarchistinnen wären. Die Ironie der Gemeinschaft erfordert kein radikales Engagement, im Gegenteil. Nur, im rechten Augenblick, eine Verschiebung. Einen Schnipser oder ein geistreiches Wort. Niemals das letzte Wort.

Welche weibliche Triebfeder hätte diese geheime Maschinerie? Eine Wahl gibt es kaum. Man muß feststellen, daß der Körper einer Frau, sei sie nun Mutter oder nicht, nicht gänzlich den Normen der Gesellschaft gehorcht. Ihr natürlicher Zyklus stimmt nicht mit den Monaten des Jahres überein; er ist nicht an die Kalender der modernen Stadt angepaßt. Lange Zeit haben mich die feministischen Litaneien über die Menstruation und den Mond wahnsinnig gemacht – als ob es sich darum handelte, einen neuen Artemiskult oder ein neues Hexenwesen amerikanischen Typs zu begründen –, aber man kann nicht verneinen, daß neben der sozialen Zeit die zyklische Zeit der Frauen und ihr Zusammenhang mit dem Mondsystem nicht zu umgehen sind.

Diese Sache mit den Unterschieden zwischen dem kopernikanischen astronomischen System, das sich nach der Sonne richtet, und dem ptolemäischen, das sich nach dem Mond richtet, plagt mich. In Indien werden sämtliche Verpflichtungen des Lebens nach dem Mondsystem geregelt: die Sonne hat nichts damit zu tun. Als Herren des Mondes entscheiden die Astrologen über den Zeitpunkt von Heiraten, Verträgen, Wahlen, Geschäften, Umzügen etc. Niemand hat daran etwas zu beanstanden, so daß der Astrologe die Rolle eines Notars der Zeit spielt. Nun, es hat einen Grund, daß Indien sich auf englisch selbst »Mother India« nennt: der Titel eines berühmten populistischen Films aus den fünfziger Jahren oder der Vorname Indira Gandhis auf einer Wahlveranstaltung –

Mutter Indien wird ständig heraufbeschworen. In Benares findet sich sogar ein »Mother-India«-Tempel, dessen Gottheit die Karte Indiens aus weißem Marmor ist. Nach dem Kehrreim: »In Indien aber«... Kurz, in diesem Kontinent nimmt der Übergangsbereich fast den ganzen Boden ein: man gleitet von einem Gott zum anderen, von einem Geschlecht zum anderen, von einem Leben zum anderen: flüssig, die Zeit ist zyklisch und die Astronomie zwangsläufig eine lunare. Das Sakrale ist – plötzlich – überall. Es scheint bezeugt zu sein, daß Aditi, die erste Gottheit Indiens, weiblich war. Erst dann stellten sich die männlichen Götter ein. Man möchte meinen, daß diese ferne weibliche Erinnerung auf Gedeih – das Flüssigsein – und Verderb – die unglaubliche Gewalttätigkeit der rachsüchtigen Göttinnen – ständig wiederkehrt. Man möchte meinen, daß es der männlichen polytheistischen Welt nicht gelingt, die mütterliche Quelle und deren potentielle Schrecken einzudämmen, es sei denn, sie beschwört die weibliche Energie, Shakti herauf, die ebenfalls zwischen Mann und Frau, zwischen männlichen Göttern und weiblichen Gottheiten geteilt ist: in Ermangelung eines Besseren gibt es wenigstens keine Neider. Jeder birgt in sich sein »Shakti«. Wahrhaftig, die Beziehung zwischen dem Männlichen und dem Sakralen läßt mich aufmerken. Kein Zweifel, daß zwischen dem Mann und Gott eine Beziehung besteht. Aber zwischen dem Mann und dem Sakralen? Und wenn zufällig in anderen Gegenden der Welt, zu der auch die unsere zählt, die Anbetung des einzigen Gottes dem Mann das Sakrale verschlösse?

Vielleicht rede ich Unsinn. Beispiele. Wie groß auch immer der dominierende männliche Zug des hinduistischen Polytheismus sein möge, so erlaubt doch die Gegenwart von göttlichen Gemahlinnen jedem männlichen Individuum, sich leicht mit der »Frau« in dem Götterpaar zu identifizieren. Das macht einer meiner indischen Freunde geltend, der in Ekstase geriet, als er sich mit der schönen Radha, der Geliebten Krischnas, identifizierte ... Dagegen kann ich mir auf seiten des christlichen Monotheismus keinen Heiligen vorstellen, der sich mit welcher weiblichen Gestalt auch immer hat identifizieren können, vor allem nicht mit der Jungfrau. Was den islamischen Monotheismus betrifft, so ist er unerbittlich: kein Pardon. Mit Ausnahme des Augenblicks, da der Ramadan beginnt, ist nicht das kleinste Stückchen Mond am Horizont. Im Koran, das ist klar, ist die Frau schwach, gefährlich, verwirrt, gerade mal zum Dienen brauchbar. Nur wenn sie beim Gebären stirbt: dann ist sie eine Heilige und Märtyrerin.

Bis zum Einsturz des Tempels von Jerusalem gibt der jüdische Monotheismus genauso wenig Pardon. Dann gibt es ein weibliches Double Gottes, das die Juden die Schechina nennen. Doch diese hübsche, klagende Gestalt, die Rahel gleicht, wie sie den Tod ihrer Kinder beweint, tritt nur in Erscheinung, um die Tränen Israels im Exil zu zählen. Dasselbe Spiel im Buddhismus, der in seiner tibetanischen Version eine Zwillingsgottheit des Bodhisattva einführen ließ: Tara, die tibetanische Zwillingsgottheit, stellt nur die Tränen des Bodhisattva dar, das heißt, die Ausscheidungen seines Mitleids. In zahlreichen Gegenden der Welt besteht der Anteil des Weiblichen am Sakralen im Weinen.

Nur jene Männer und Frauen vom mystischen Zweig des Islam, die Sufis, lassen wirklich die weibliche Identifikation, die Bisexualität und »das ganze Zittern« durchgehen. Man versetzt sich hechelnd, zitternd, sich drehend und, wenn nötig, brüllend in Ekstase. Die erste Sufi-Frau, Rabhia, war Iranerin; man kam von weit her, um sie zu verehren. Es ist bekannt, daß die Sufi-Heiligen oft Männer liebten: in der Türkei war der Gründungsmeister der Bruderschaft tanzender Derwische sterblich verliebt in einen gewissen Shams, der verschwand. Die verlorene Liebe des jungen Mannes führte den Verliebten zur Göttlichkeit: während die Homosexualität vom Koran verboten wird, ist sie im muslimischen Sufismus unwesentlich. Denn einzig zählt die »Liebe und nichts sonst«, auf was auch immer sie sich beziehen möge. Als Triumphatoren des Übergangsbereichs bemächtigen sich die Sufis des ersten besten Menschenwesens, um sich in der göttlichen Liebe zu üben. Es kommt vor, daß die Sufis gleichsam zufällig Toleranz in Sachen Religion preisen: alles, was göttlich ist, entspricht einander, Mann oder Frau, Tempel, Kirche, Moschee, Fetisch. Ich erblicke darin einen zusätzlichen Beweis für die Freiheit, die dem sakralen Übergangsbereich eigen ist: er kann amoralisch sein. Ich glaube, daß dies seine Funktion ist.

Ich bemerke, daß ich Dir apropos Gleichstellung nicht geantwortet habe. So, wie sie gepriesen wird, scheint sie mir von der Welt der Geschlechtertrennung – bei Gleichheit – bestimmt und in ihrem Entwurf recht männlich zu sein, aber ich finde mich damit ab wie mit einer Notlösung. Ich fürchte, daß durch die Gleichstellung die Spaltungsmaschine den »Hauch«, von dem Du sprichst, auf einen Pup reduziert. Die Anlagen der Frauen für das Sakrale arrangieren sich mehr mit der reinen Revolte, dem aufständischen Heldentum, der Begeisterung des Augenblicks, kurz, mit den Fluchten aus der sozialen Zeit. Es legal in die parlamentarische Vertretung einbringen, bedeutet zwar einen Umweg, der unerfreulich für das Ideal, aber gut ist. Nötig wäre ein Anflug von öffentlicher Rede, eine Zeit der Beredtheit. Doch die Beredtheit heute, weißt Du … Man rühmt sie, aber wer wendet sie an? Die sozialistische Linke manchmal …

Catherine

Paris, Montag, 17. März 1997

Liebe Catherine,

ich erhielt Deinen Brief, als ich mich darauf vorbereitete, David eines chirurgischen Eingriffs wegen ins Krankenhaus zu begleiten; während ich ihn lese, geht mir ein einziger Gedanke im Kopf herum: »Nichts ist sakraler für eine Frau als das Leben ihres Kindes.« Das ist eine dieser banalen Wahrheiten der Volksweisheit, die sich seit Ewigkeit aufdrängen und die zur Verunglimpfung Anlaß geben könnten: wie schade, nicht wahr, daß die Frauen sich an Kinder halten! Das ist der Beweis, wenn es eines solchen bedürfte, daß ihnen der Bezug zum Sakralen fehlt… Erlaube mir, daß ich mich an diesen Satz halte, der mich wie ein Schmarotzer aussaugt und mich gleichzeitig unterstützt. Die Krankenhaustests ängstigen mich wie jedermann, und da ich nicht schlafen und nichts anderes tun kann, zwingt mich die Tatsache, daß ich Dir schreibe, zum Abwarten und erleichtert mich gewissermaßen. Dieser Briefwechsel wäre also dabei, lebenswichtig zu werden. Natürlich übertreibe ich, ich übertreibe immer, wenn ich geängstigt bin.

Der scharfsinnige große Kinderarzt, der der englische Psychoanalytiker Winnicott war, hat eine komische Idee, die mir gefällt; nämlich daß die entscheidende Bindung zwischen der Mutter und ihrem Kind in den Bereich des »Seins« fällt und sich vom »Tun« unterscheidet, das sich erst später ereignen wird, mit dem Trieb, dem Begehren und den Handlungen. Wie Du habe ich mir gedacht, daß die »Gelassenheit des Seins«, von der Heidegger träumte, vielleicht in diesen Erfahrungsbereichen verwurzelt ist, wenn man die Dinge anthropologisch betrachten will. *Sie ist* ganz einfach *da*, die Mutter mit einem Teil ihrer selbst, der schon ein *anderer* ist. *Da sein mit*: die Morgenröte der Differenz. Frieden, Dankbarkeit,

Hingabe. Nicht, daß sie nichts »täte«, sondern die Gier des Handelns wird in einer erfolgreichen Zärtlichkeit aufgehoben. Verführung, Affekt, Trieb, Begehren – die Trümpfe der Geliebten, die sie vor kaum neun Monaten war, sind nicht zerstört, sondern verschoben, »hinsichtlich des Ziels gehemmt« (sagen meine Psychoanalytiker-Kolleginnen, die ihren Freud gelesen haben). Ich hüte mich vor dieser Hemmungsverdächtigung und ziehe es vor, von Worten zu sprechen. Die Gelassenheit der mütterlichen Liebe ist ein verschobener Eros, ein wartendes Begehren. Indem diese Liebe verschiebt und wartet, erschließt sie die Zeit des Lebens, der Psyche, der Sprache – die Zeit des Unbekannten, über das man auf Gedeih und Verderb weder etwas wissen kann noch will. In der Morgenröte jener Bindung zwischen der Mutter und ihrem Kind vollzieht sich wirklich eine wunderbare Alchimie: das »Objekt« erotischer Befriedigung, das der Vater darstellt (oder diese oder jene Beziehung, dieser oder jener Beruf, diese oder jene Erfüllung ...), geht sanft im geliebten, einzig geliebten »anderen« auf. Die zärtliche Liebe tritt die Nachfolge der erotischen an: das »Objekt« der Befriedigung verwandelt sich in ein »anderes«, das es zu pflegen und aufzuziehen gilt. Pflege, Kultur, Zivilisation. In der menschlichen Erfahrung gibt es außer der Mutterschaft keine Situationen, die uns so radikal und auch so einfach mit diesem Auftauchen des anderen konfrontieren. Der Vater wird, auf seine Weise und weniger direkt, zu derselben Alchimie geleitet; aber um dies zu vollziehen, muß er sich mit dem Weg der Entbindung und der Geburt identifizieren, also mit der mütterlichen Erfahrung und selbst mütterlich und weiblich werden; bevor er dem seinen eigenen Teil an Distanz hinzufügt, die so unerläßlich wie radikal ist. Ich mag den Gedanken, daß es uns in unserem menschlichen Abenteuer gegeben ist, dem »anderen« – manchmal, selten ... – zu begegnen, wenn, und nur dann, wir, Männer und Frauen, zu dieser mütterlichen Erfahrung imstande sind, die die Erotik in Richtung Zärtlichkeit verschiebt und aus einem »Objekt« ein »anderes Ich« macht.

Kannst Du mir folgen? Was ich Dir da sage, ist vielleicht unverschämt anmaßend, skandalös, und dennoch kommt es mir einleuchtend vor – heute abend mehr denn je, sicher wegen meiner Sorgen und wegen allem, was uns mit unseren Kindern verbindet und was bestimmte Umstände auf einmal an den Tag bringen. Wenn die ganze Liebe zu anderen in dieser archaischen und grundlegenden, einzigartigen und allgemeinen Erfahrung der Mutterliebe wurzelt, wenn die Mutterliebe die am wenigsten ambivalente ist (wenn es sich, nach Freud, um den Sohn handelt; und auf jeden Fall, da sie sich im »Sein« befindet, beharrt Winnicott), nun, dann sind die *Karitas* der Christen und die Menschenrechte der Laizisten … auf der mütterlichen Liebe errichtet worden. Noch eine Häresie? Ich übertreibe weiterhin, einverstanden! Ist die Ethik der Liebe jedenfalls nicht immer eine »Härethik«? In meinen *Geschichten von der Liebe* hatte ich meinen Spaß daran, so zu schreiben, genau nach der Geburt Davids …

Trotzdem weiche ich hier leicht vom guten Winnicott ab. Obgleich mich diese Seinsgelassenheit Mutter-Baby verführt, glaube ich nur halb daran. Weiblicher Narzißmus verpflichtet: dieses »andere Ich« des Kindes ist dennoch ein »Ich-Ich«; niemals gebricht es der Mutter an der Neigung, sich den lieben anderen einzuverleiben, sich in ihn zu projizieren, ihn zu beanspruchen, zu beherrschen, zu ersticken. Man kennt die Tragödie der Spiegelspiele und der Abrechnungen, die heimlich die Feen in Hexen verwandeln, die wohltuenden Mütter in tote Mütter oder in furchtbare Rabenmütter … Mehr noch: die Mutter bleibt auch eine Frau, mit ihren Begierden und ihrem erotischen oder beruflichen »Tun«, und diese Spannung des Daseins (diese Bisexualität, wenn Du das vorziehst) mischt sich ständig in die Gelassenheit ihrer Verbindung mit dem Kind ein. Eine heiße, konfliktvolle Bindung, in der der ganze Lärm der Welt steckt. Glücklicherweise! Woher käme ohne diesen pulsierenden, aktiven, phallischen Teil der Mutterliebe die Verlockung der Sprache, der Schwung zur Trennung, diese Erektion (ja, ich spreche das Wort aus und hebe es hervor), die es ihnen, der Mutter und dem Baby, gestatten, sich aufrecht zu halten und sich zu Dritten hin zu transzendieren?

Kurz, die Frau und der Phallus: hier ist wieder der Skandal, den unsere feministischen Freundinnen so sehr gebrandmarkt haben, daß sie den alten Freud unmittelbar danach verwarfen! Seitdem erzählt man uns, ausgehend von der Entdeckung des genetischen Codes, von der weiblichen Natur, die jedem menschlichen Wesen vorausgeht, während das männliche Chromosom erst verspätet auftaucht – es brauchte, kurz gesagt, mehr Zeit, um ein Mann zu werden, was einen der Gefahr aussetzt, ein bißchen Genie abzubekommen … und ein paar Mißbildungen … Von diesem Ausgangspunkt her wollte man über die »Universalität der weiblichen Natur« von jedem und jeder spekulieren etc. und vergaß, daß menschliche Wesen sprechende, psychosomatische Wesen sind, daß die Bisexualität, über die gesprochen wird, über die Du sprichst, sich nach den Bindungen an andere gestaltet, daß sie also eine Bisexualität als letzter psychischer Instanz ist. Was bedeutet, daß, wenn es die psychische Bisexualität gibt, so nicht, weil die Männer zwei Chromosomen, X und Y haben: auf welchem Chromosom beruhte dann die Bisexualität der Frauen, da unser Geschlecht vom Paar XX definiert ist und wir das männliche Merkmal Y nicht haben?

Tatsächlich, wenn es die psychische Bisexualität gibt, so wohl deshalb, weil Frauen wie Männer, aber jeweils anders, den Phallus kennen – das häßliche Wort ist heraus, welch Aufstand! Und weil der Phallus ein grundlegendes Sakrales, vielleicht das Sakrale par excellence ist. viele Kulte bestätigen es, vom griechischen Dionysos bis zum Lingam der Hindus. Oft waren die Verhüllung und die Enthüllung der Mysterien – wenn nicht gar zuerst – ein Enthüllen und Verhüllen des Phallus, insbesondere bei den Römern, und dieser Ritus ist zählebig, damit mußte man rechnen. Unlängst, in Neapel, konnte ich feststellen, daß an denselben Orten in Pompeji das Mysterium des verhüllten Phallus mit Heliogabal zelebriert wurde und, siebzehn Jahrhunderte später, der Kultus des … verhüllten Christus in Gestalt einer barocken Marmorstatue in der San Severo-Kirche. Vom Organ zum ganzen Körper: die Phallus-Leidenschaft reizt noch immer. Warum bietet sich das männliche Organ zu dieser beunruhigenden Zeremonie des Versteckspiels an? Weil es sichtbar ist, der scheinbare Beweis der Wollust und der Fruchtbarkeit? ohne Zweifel. Aber auch deshalb, weil es sich abhebt, das kann man wohl sagen. Fähig, sich abzuheben, ist es imstande, zu erscheinen/verschwinden, gegenwärtig/abwesend zu sein; und deshalb direkt in den Körper den Gegensatz einzuschreiben, der die Minimalvoraussetzung des Sinns ist: ja/nein, eins/null, Sein/Nicht-Sein. Man könnte sagen, das männliche Organ »inkarniert« logische Möglichkeiten, die aus ihm … unseren körperlichen Computer machen: die Zusammenfassung jenes 0/1– Binarismus, der am Anfang sämtlicher Sinnsysteme steht (von der Sprache bis zu den … Computern). Welche außergewöhnliche Begegnung zwischen Sexualität und Denken ist doch diese phallische Erfahrung, wo die Physiologie sich mit der Symbolisierung vereint. Denn was man einen Phallus nennt, ist genau jene Kopräsenz von Sexualität/Denken, die unsere conditio humana spezifiziert – wir sind weder reiner Körper, biologisch oder tierisch, noch reiner Geist, sondern die Verbindung von Trieben und Sinn, ihrer wechselseitigen Spannung: verflixte Spannung!

Das kleine Mädchen, das seinen Vater liebt und sich mit seinem Bruder vergleicht, entgeht dieser phallischen Begegnung nicht. Es stellt sie fest bei der Konfrontation mit dem Körper des Mannes, des Vaters oder Bruders, und seinem eigenen, aber mit ihrer Klitoris, als dem einzigen Äquivalent des Penis; diese ist zugleich benachteiligt, weil kleiner, und geheimnisvoll intim, da unsichtbar. Die phallische Phase ist also für beide Geschlechter strukturierend, aber für das Mädchen und den Jungen vollzieht sie sich unterschiedlich. Jeder wird mit der (phallischen) Macht und dem (väterlichen, von der spürbaren Bindung an die Mutter distanzierten) Sinn konfrontiert, einer Macht und einem Sinn, die zugleich erotisch und symbolisch sind; aber der Junge probiert diese Konfrontation mit der Überzeugung aus, daß er »dazugehört« und das Mädchen mit dem Eindruck einer *Fremdheit*. Da es seine Fähigkeit zu sprechen erwerben und festigen wird, seine Fähigkeit, sich mit dem Gesetz der anderen zu messen, seine Fähigkeit, die Ordnung (des Denkens und der Gesellschaft) zu betreten, wird das Mädchen der phallischen Ordnung angehören. Aber da es dort fremd bleiben wird, wird es ein Gefühl der Unterlegenheit, des Ausgeschlossenseins oder bestenfalls der Ironie bewahren: »Ich gehöre dazu, aber nicht richtig, ich spiele mit, ich tue so, als ob ...«

In seiner Studie *Über die weibliche Sexualität* (1931) bemerkt Freud diese Fremdheit, als er behauptet, die Bisexualität sei bei der Frau ausgeprägter als beim Mann. Er versteht darunter vor allem die Tatsache, daß sich die Tochter der Osmose mit der Mutter entziehen muß, um den Vater – und den Phallus – als erotisches Objekt zu wählen, das sie ewig darum bitten wird, ihr ein Kind zu machen, um zu versuchen (ohne es jemals zu schaffen), dem Neid auf den fehlenden Penis Genüge zu tun. Diese Osmose mit der Urmutter, die Freud mit der minoisch-mykenischen Zivilisation am Beginn des antiken Griechenlands vergleicht, wäre der Ursprung einer Zweiteilung bei der Frau. Ich erblicke darin auch den Grund für ein stärkeres Haften der Frauen am Fühlbaren, am Vorsprachlichen, an den »duftenden Paradiesen« – ausnahmslos Imponderabilien, die den Frauen diesen Ausdruck verleihen, ein bißchen abwesend zu sein, in der phallischen Ordnung nicht wirklich zu Hause zu sein und sich in deren hölzernen Sprache nicht wohl zu fühlen ... In dieser Fremdheit gibt es in Wirklichkeit nichts Beruhigendes. Denn dieses Gefühl, der Paria des phallischen Sakralen zu sein, kann sowohl zur Depression (»ich bin nichts, ich schaffe das nie«) wie zum erbitterten Wettkampf des phallischen Mannweibs führen, das die wohlbekannten Rollen der nörglerischen Hochnäsigen, der männlichen Lesbe oder der Leiterin eines Ferienlagers spielt... Aber es ist auch jenes Gefühl der Fremdheit, das gewissen Frauen diesen Ausdruck von enttäuschter und wohlwollender Reife, von heiterer Gelöstheit verleiht, die mir die wirkliche Bedeutung dessen zu sein scheint, was Hegel so rätselhaft die »ewige Ironie des Gemeinwesens« nennt. Ja, die Frauen bleiben nicht jenseits der phallischen Macht stehen, sondern sie erreichen sie, damit sie um deren Allmacht besser herumgehen können. Diese *Losgelöstheit*, die das Merkmal der Weiblichkeit selbst ist, rührt von unserem Eintauchen in das Sein und das fühlbare Außerzeitliche her. Was mancher von uns (den meisten? den Besten?) die Chance gibt, dieses asoziale Soziale zu verwirklichen, das die Welt als Innigkeit oder Zärtlichkeit empfängt. Sicher, das Kind ist eine *reale Gegenwart*, die kein Phallus der Welt ersetzen kann. Aber auch das Kind ist nicht »es«, nichts ist »es«. »Das ist es nicht«: das drückt im wesentlichen die Ironie der Frau aus, der der Phallus ewig fremd bleibt, an dem sie jedoch teilhat. Und wenn diese Distanz, dieser enttäuschte Rückzug das einzige Geländer wäre, das gerade verhindert, daß das Sakrale sich in Fanatismus verwandelt?

Wagen wir uns einen Schritt weiter vor. Ich behaupte, daß diese Distanz, diese Ironie, dieses In-Zweifel-Ziehen des Phallus/Wortes durch die minoisch-mykenische Vertrautheit mit dem Spürbaren der wahre Weg des ... Atheismus ist. Ich rede nicht vom Laizismus, der als ein Kampf gegen die Religion aufgefaßt wird, sondern vom Atheismus als einem Aufnehmen des Sakralen in die Zärtlichkeit der Bindung an den anderen. Und daß dieser Atheismus durch das Mütterliche verläuft. Du wirst mir entgegnen, daß dies nicht offensichtlich sei. Einerseits füllen die Frauen die Kirchen, andererseits hat der Feminismus hier und da eiserne Ladies hervorgebracht, die keineswegs zärtlich sind. Aber glauben sie denn daran? Gewiß, aber wie? Immer innen und außen, Sein und Nichts, weder das eine noch das andere, beides, Schmerz und Verzückung.

Erkennt sich der weibliche Glaube nicht eher im Schmelztiegel der Mystik wieder als in einem Dogma, welches es auch sein möge? Es ist der offene Weg zum Zweifel – zum Skeptizismus –, zum Pragmatismus: stets am Rand dieser Bindung

– der wesentlichsten unter allen – zwischen der Mutter und ihrem anderen. Und dies stromabwärts, auf unsere Kinder zu, wenn wir welche haben; und stromaufwärts, auf unsere Mutter zu, deren Schatten wir in all unsere weiblichen Beziehungen hineintragen …

Seit zweitausend Jahren schon strahlt die Gestalt Marias auf die Christenheit und die übrige Welt, die stets erstaunt ist, jene Mischung aus Macht und Schmerz, aus Souveränität und etwas Unbenennbarem aus. Ich sagte es bereits: ich habe nie Simone de Beauvoir verstanden, die sich gegen das empört, was sie für die Demütigung der Jungfrau vor ihrem Sohn hält: die kniende Maria wäre die passive Dienerin einer männlichen Macht. Ich kann noch so lange Die Geburt Christi von Piero della Francesca betrachten, auf die sich die Philosophin bezieht: Maria wirkt begeistert und vertrauensvoll, keineswegs besiegt in ihrer Sanftheit. Es besteht kein Zweifel daran, daß das Christentum, indem es den weiblichen Körper und dessen Sexualität zugunsten des Ohrs und der Jungfräulichkeit auslöscht, auf gefährliche Weise die weibliche Fruchtbarkeit zensiert, das Heidentum und seine Muttergottheiten bekämpft und gegen die Sünderin Eva eine reine Maria als Priesterin der Askese durchsetzt. Dennoch, wenn die Frauen jenseits dieser Herabwürdigung Anerkennung fanden, so deshalb, weil Maria jenen »aufgeschobenen Affekten« der Mutterschaft zuwinkt, von denen ich weiter oben sprach, und die in der Wollust der Frau wesentlich sind. Mehr noch: die *Mater dolorosa* ist nicht nur eine Ermutigung zum weiblichen Masochismus; die *Pieta* anerkennt die Teilhabe der Fremden am Unheimlichen ihres Sohnes, am Mann als »Schmerzensmann«, an seiner Kastration, an seiner Sterblichkeit – ein von seiner »Macht« untrennbares Unterfutter. Maria, die Mutter Gottes (*théotokos*) und schließlich ganz einfach Maria, die Königin (*regina*) spiegeln überdies allen Frauen ein recht schmeichelhaftes Bild ihres phallischen Wesens wider. Diese Marien bestätigen unsere Teilnahme an der Ordnung der Mächtigen und ermutigen unsere latenten Paranoien. Wer wollte darauf verzichten?

Man betont nicht genug, daß die Evangelien in Wirklichkeit über Maria sehr verschwiegen sind. Die Geschichte ihrer eigenen wunderbaren, als »unbefleckt« bezeichneten Empfängnis durch Anna und Joachim, nach einer langen unfruchtbaren Ehe, ebenso ihre Biographie eines frommen Mädchens tauchen erst am Ende des 1. Jahrhunderts in apokryphen Quellen auf. Im Buch Jakob und im Evangelium nach Pseudomatthäus: diese »Daten« werden von Clemens von Alexandria und von Origenes zitiert, aber nicht offiziell anerkannt, und obgleich sie die Ostkirche mühelos duldet, werden sie erst im 16. Jahrhundert ins Lateinische übersetzt. Dennoch hat das Abendland seinerseits nicht gezögert, sie auf seine Weise zu verherrlichen, indem es sich stets von den Orthodoxen inspirieren ließ: die erste lateinische »Marien«-Dichtung über die Geburt Marias verdankt sich, wie Du weißt, der Nonne Roswitha von Gandersheim, einer Dramatikerin und Dichterin, gestorben vor 1002. Wie viele logische Debatten über die Ursächlichkeit und die Zeitlichkeit – beispielsweise um den Gott Christus und den Menschen Christus miteinander zu versöhnen – suchen sich nicht als bevorzugtes Gebiet den Körper und die Biographie Marias aus! Ein wahrer geistiger Leckerbissen, und es kommt vor, daß ich diese Texte noch einmal lese, die ich beim Schreiben meines Buches über die Geschichte des Liebesgefühls entdeckt hatte. Niemand liest sie heute, das ist wirklich schade, Du solltest sie in Augenschein nehmen, wenn Du es nicht schon getan hast: ein Leckerbissen, das garantiere ich Dir. Nach dem heiligen Johannes Chrysostomos und dem heiligen Augustinus ragen der heilige Bernhard und Duns Scotus hervor. Man müßte nebenbei und ganz besonders den Künstlern, den Malern und Musikern eine Ehrbezeugung machen, die, um das Mütterliche zu feiern, nicht warteten, bis der Vatikan grünes Licht gab: vielleicht weil sie insgeheim deren Mehrdeutigkeit teilten. *Vergine Madre, figlia de tuo figlio*, ruft Dante aus, der in der *Göttlichen Komödie* die drei weiblichen Funktionen (Tochter – Gattin – Mutter) zusammenfaßt. Monteverdi preist sie in seiner *Vesper* für die Allerseligste Jungfrau Maria, eine wahrhaft sakrale Oper, Du kennst sie besser als irgendwer. Aber die Gegenreform der Jesuiten bekam, was sie wollte; von da an verehren die Katholiken Maria um ihrer selbst willen. Und nun fingen alle Kirchen an, sich mit ihrer bildhaften Schönheit zu schmücken und von ihren orchestrierten Ekstasen widerzuhallen. Ich gestehe meine Schwäche für das *Stabat Mater* ein, das uns mit dem Jacopone da Todi zugeschriebenen Text heute als Musik berauscht, von Palestrina bis Pergolese, Haydn und Rossini. *Eia mater, fons amoris* [Gegrüßet seist du Mutter, Quelle der Liebe]. Ich kenne nichts Sakraleres als dies, und keine Liebe entgeht dem.

Was das Weibliche des Mannes angeht ... ein umfangreiches Programm. Wenn Du schreibst, der Monotheismus verschließe den Zugang zum Sakralen, aufgefaßt als »Übergangsraum« oder »Bisexualität«, so stimme ich Dir nicht zu. Unbestreitbar stellt er ihn viel weniger zur Schau als der hinduistische Polytheismus. Trotzdem, sogar von Jahve heißt es, daß er »Gedärme« habe, und das Hohelied beschreibt den Gläubigen als die »Braut« seines Gottes, den »Bräutigam«. Mehr noch: die zentrale Stellung Marias – nicht nur als Anerkennung der Frauen, sondern als Einladung an den Mann, sich in seinem Glauben mit der marianischen Erfahrung zu identifizieren, da ja durch sie Christus menschlich ist – ist eine Einladung, die der Weiblichkeit des Mannes offensteht. Christus selbst, in seiner Passion und dem Opfer seines Körpers, wurde oft, insbesondere ausgehend von der Ikonographie, die seine Sensibilität und sein Fleisch maßlos verschönert oder verhäßlicht, als jemand interpretiert, der die Bisexualität des Menschen zur Schau stellt. Die Mystik hat ihrerseits den Topos vervollständigt. Du sagst, Du kenntest keinen christlichen Heiligen, der sich mit welcher weiblichen Gestalt auch immer identifiziert hätte. Ich weiß nicht viel darüber, kenne aber wenigstens einen: den heiligen Bernhard von Clairvaux (1091-1153). In seinem Kommentar zum Hohelied beharrt er weitschweifig auf der Zweideutigkeit des Passus, der die Brüste der Braut, die dem göttlichen Bräutigam dargeboten werden, schildert, und er zögert nicht zu behaupten, der Bräutigam besitze selber Brüste: »Deine Brüste sind lieblicher denn Wein, und der Geruch deiner Salben übertrifft alle Würze.« Diese Worte hätte die Braut an den Bräutigam gerichtet ... was annehmen läßt, daß der Gläubige (wenn er die Braut ist) und Gott (wenn er der Bräutigam ist) gleichermaßen...Brüste hätten, also mütterlich wären? Infolgedessen Gott persönlich, der Bischof, der Priester und Bernhard selbst tatsächlich Brüste hätten! Die nichts anderes darstellen – die analogische Bedeutung verpflichtet – als die »Milde« und die »Geduld«. Gott sei Dank! wir sind gerade noch mit einem blauen Auge davongekommen. Die Maler machen nicht so viele Umstände: in der Ikonographie sind reichlich Darstellungen Bernhards vorhanden, der mit seinen Lippen die Milch der Madonna empfängt; andere zeigen diese »Milchstraße«, wie sie ohne die Vermittlung ihrer Brüste aus ihr entspringt ... Im Grunde genommen ist das nicht erstaunlich, da ja dieser heilige Mann, der ein Krieger des Kreuzzugs, aber auch ein Schwerkranker war, von seinem Körper, ich erzählte es Dir, als von einer Kuh sprach – ich komme darauf zurück, um Dir eine Freude zu machen, da Du ja die indischen heiligen Kühe verehrst: »Unser Leib steht so zwischen dem Geist, dem er dienen soll, einerseits und den fleischlichen Begierden, die wider die Seele streiten, oder den Mächten der Finsternis andererseits, etwa wie eine Kuh zwischen einem Räuber und einem Bauern steht.« Brüste-Körper oder Kuh-Körper? Für den heiligen Bernhard ist das ein und dasselbe.

Ich weiß sehr wohl, daß derselbe Bernhard kritisiert wurde, weil er von den Frauen als »Säcke voller Unrat« sprach! Wirklich! Das setzt mich nicht über ihn in Erstaunen, selbst wenn seine Verteidiger behaupten, das Bild ginge auf eine mittelalterliche Rhetorik lange vor Bernhard zurück, und es sei vielmehr sein Bruder André gewesen, der so ihre ... Schwester, Hombéline, bezeichnet hätte, eine unheilvolle Dame von Welt, bei der die Botschaft jedoch angekommen wäre, worauf sie unverzüglich die Stadt verließ ... Wie dem auch sein mag: der Körper-Sack voller Unrat ist sowohl der männliche als auch der weibliche Körper, bevor er durch

Christus … sagen die Theologen, zum glorreichen Körper wird. Zu Urkund dessen …

All das bleibt verdächtig, darin stimmen wir überein.

Was mich angeht, so nehme ich die Behauptungen Guizots und einiger andrer sehr ernst, die als Kirchenfeinde, versteht sich, aber immerhin uns daran erinnern, daß die Kirche vor noch nicht so langer Zeit der Ansicht war, die Frauen hätten keine Seele. In Wirklichkeit würde es sich um eine fälschliche Auslegung Gregor von Tours' handeln, der in seiner *Historia Francorum* berichtet, daß auf dem Konzil von Mâcon ein »Bischof behauptete, die Frau könne nicht Mensch genannt werden …« Jene, die die Kirche von aller Misogynie zu entlasten streben, behaupten, daß der arme Bischof ganz einfach kein beschlagener Lateiner war und sich zwischen *homo/vir/femina/mulier* verheddert habe: er hätte nicht gewußt, daß es im Lateinischen einen Gattungsbegriff, homo, gibt, der alle menschlichen Individuen ohne Rücksicht auf das Geschlecht benennt. Laß mich Dir eine rasante Zusammenfassung dieser undurchsichtigen Affäre machen: obwohl *homo*, hat die *femina*, da sie kein *vir* ist, keine Seele. Was bedeuten sollte, daß die Seele männlich ist, während wir dank Freud, Jung und ein paar anderen wissen, aber wahrlich nach dem Konzil von Mâcon, das gestehe ich Dir zu, daß es (wenigstens) zwei Seelen gibt, also eine psychische Bisexualität. Ich werde mich sehr hüten, das Konzil von Mâcon oder Guizot zu kritisieren, aber wir sitzen an der Quelle, um festzustellen, mit oder ohne Seele, daß in der Kirche wie andernorts die Frau verdammt abgewertet wird, trotz der sanften Bemühungen Marias …

Dennoch erinnern die Verteidiger der Frauen innerhalb der Kirche daran, daß Gott, als er den Menschen schuf, ihn als männlich *und* weiblich schuf und ihnen den Namen Adam gab (Genesis V, 2). Andere dagegen stellen ihren Argwohn heraus und zitieren schulmeisterlich das Wort des Johannes (II, 4): »Weib, was habe ich mit dir zu schaffen?« Und dergleichen mehr. Die Frage ist alles andere als entschieden, das ist das mindeste, was man sagen kann, da psychologische Gewagtheiten (das Weibliche des Mannes, das Männliche der Frau und weitere Finessen des mütterlichen Mysteriums anerkennen) und institutionelle Ausschließungen (die väterliche Macht festigen) mit hineinspielen. Als Minderheit werden die christlichen Frauen jedoch beschützt, insbesondere durch die Ehe, bis diese ihrerseits zu einer neuen Unterdrückung wird. Abgesehen davon, daß es nicht offensichtlich ist, daß beiden Geschlechtern eine politische (oder religiöse) *Gleichheit* gewährt wird, wahrt man ihre psychologischen *Unterschiede* und den Beitrag, den diese der Institution leisten können. Ich persönlich begreife nicht, was die Frauen damit gewinnen könnten, Priester zu sein, wie die Priester zu werden, treue und anerkannte Offizianten des Kultus von Vater und Sohn. Welches Interesse besteht an dieser Bestätigung durch Männer? Es sei denn, sie wollen in diesen väterlichen Kultus ihre Fremdheit, ihre Ironie, ihren latenten Atheismus einbringen? Aber warum dann in der Kirche, was erwarten sie von der Kirche? Daß die Kirche sich verwandeln, überwältigen, reformieren läßt? Warum sollte sie? Sollten diese bewegten Frauen nicht vielmehr einen anderen sakralen Raum begründen, andere Räume der Infragestellung des Sakralen, was weiß ich? Sollten sie nicht die Kirche verlassen, da diese ihre eigene Logik pflegt und sich nicht verändern kann, ohne sich zu zerstören?

Sicher kommen wir ein anderes Mal auf die institutionelle Frage wieder zurück, die mich, offen gesagt, nicht in erster Linie interessiert. Ich muß hier schließen, denn ich muß noch den Koffer für den Krankenhausaufenthalt packen und werde allmählich recht müde... Glaube nur nicht, daß mich das Schreiben an Dich ermüdet. Es ist dieses Gefühl ohnmächtiger Liebe, das mich überkommt, wenn ich mit meinem Sohn – mehr noch als wenn es um mich allein geht – der Ärzteschaft ausgeliefert bin. Und weil ich weiß, daß, desto mehr ich ihn liebe, desto weniger kann ich etwas tun, und je machtloser ich bin, desto mehr hänge ich an ihm. Ich habe Leben geschenkt, wie es heißt... Oder genauer: das Leben ist durch mich hindurchgegangen und ich kann nichts dafür, weder biologisch noch physiologisch. Außer daß ich mich ewig hingebe, für den Rest der Zeit und während der uns verbleibenden Zeit, was enorm ist und mich im Grunde genommen am Leben erhält.

Julia

Dakar, den 12. März 1997

Liebe Julia,

was für ein seltsamer Brief! Julia im erzbischöflichen Violett und die Ironie Voltaires im Herzen angesichts eines tradierten Rituals, Julia in einer Männerwelt, die sie anerkennt, ohne daß man, wenn man Deine Zeilen liest, wüßte, ob diese sie als Frau integrieren... Und schließlich forderst Du mich noch auf, eine Religion für Dich allein ausfindig zu machen, die imstande ist, das Denken und das Nichts miteinander in Einklang zu bringen?

Es gibt sie. Ich bin mir nicht sicher, ob sie Dir gefallen wird: es ist der Buddhismus. Da offenbar das »Nichts« Deiner Wünsche nicht das Nichts bedeutet, entsprechen die von Buddha formulierten »edlen Wahrheiten« Deinem Ideal. Aber Du mußt an die erste von ihnen glauben: alles ist Leiden. Wenn Du es zugestehst, gehe zur zweiten Stufe über. Die Ursache allen Leidens ist die Unbeständigkeit; nichts dauert. Anweisungen: um das Leiden an der Unbeständigkeit zu vermeiden, sich der Illusionen des Ichs entledigen, die Erscheinungen verlassen, sich jenseits von Dauer und Zeit stellen, genau auf die Verbindung zwischen dem Denken und dem Nichts. Jeden Standpunkt mit einem radikalen »Weder-Noch« widerlegen: weder Freude noch Leiden, weder Glück noch Unglück, weder Strenge noch Ausschweifung, weder dies noch das. Dabei den Weg der Mitte entdecken. Das heißt: das Denken in einen Zustand der Zurückhaltung versetzen.

Eine bewundernswerte, aber völlig atheistische Methode, da Gott nicht dazugehört. An seine Stelle tritt die Gesamtheit der Bewußtseinsformen der Welt, woraus sich die gleiche Würde eines jeden Lebewesens ergibt. Deshalb ließ sich Lévi-Strauss, als ihn die Nationalversammlung 1977 einlud, eine neue Formulierung der Menschenrechte zu geben, von den drei großen, wirklich kosmopolitischen Denkweisen leiten, die in der chronologischen Ordnung ihres historischen Erscheinens die wilden Denkweisen, der Buddhismus und der Stoizismus heißen. Die wilden Denkweisen sind mit der Ordnung der Natur verknüpft, die Tiere und Pflanzen schützt, die Garanten ihres materiellen Überlebens; denn um zu essen, muß man jagen, aber nicht zu viel. Der Stoizismus ist ein kosmisches Denken, das eine zyklische Ordnung definiert, in der das menschliche Subjekt nur über die Dinge, die von ihm abhängen, über sein Wollen und Begehren Macht hat. Offenbar drehen sich Denken, Buddhismus und Stoizismus nicht um den Menschen, sondern um das Lebende.

Anstatt die »Menschenrechte« zu loben, anstatt die Welt der Rechte nur auf die menschliche Gattung (nebst der furchtbaren Zweideutigkeit des Weiblichen, die in dem Begriff »Mensch«[9] steckt) zu beschränken, integrieren diese Denkweisen, sagt Lévi-Strauss vor dem parlamentarischen Ausschuß, unterschiedslos sämtliche Lebewesen, zu denen auch der Mensch gehört. Die neuen Menschenrechte erforderten also von diesem strikte Gewaltlosigkeit gegenüber der ganzen Welt, angefangen bei der Achtung vor der lebenden pflanzlichen, tierischen UND menschlichen Gattung. Philosophisch und juristisch ausgedrückt, bemüht sich Lévi-Strauss' Vorstoß, die perversen Auswirkungen der Rechte aus der Zeit der Französischen Revolution zu reduzieren und deren spontanen Ethnozentrismus zu annullieren.

Dagegen ist nichts zu sagen, außer daß Dir damit nicht gedient ist. Denn diese drei vom kosmischen Sakralen bestimmten Denkformen befreien die Individuen von Schmerzen, und nur von diesen. Die Erlösung vom Leiden, dieser Gleichgewichtszustand der Barke mitten im Fluß und dies geniale »Weder-Noch« haben einen Preis: den der Gleichgültigkeit. Im eigentlichen Sinne ist die Gleich-Gültigkeit nicht das, was man annimmt: sie besteht darin, sämtliche Unterschiede zu verwerfen – weder dies noch das. Das sind Gedanken, die das

9. Im Französischen ist der *Mensch* ein Mann, *homme*. (A. d. Ü.)

Abendland anders gestalten konnte. Leibniz zum Beispiel suchte die Un-ruhe, das Gegenteil der Ruhe, zu verringern; aber zunächst erhielt er sich das sanfte Beben der Unruhe, eine verfeinerte Wahrnehmung, eine Art Wachsamkeit hinsichtlich der Welt.

Das Beste der buddhistischen Gleichgültigkeit kommt im Lächeln Buddhas zum Ausdruck. Ein Wunder an Glückseligkeit, an Zustimmung, Pracht der Leere, ein leuchtendes Kleinod ... Gut. Ich habe mich oft nach Bhutan begeben, einem zwischen Nepal und Tibet eingezwängten buddhistischen Königreich, ebenso wie nach Sikkim, dem einstigen Königreich mit tibetanischer Religion, aus dem der Staat Indien geworden ist. Die buddhistischen Tempel dort strahlen wirklich eine einzigartige Heiterkeit aus. Die Idole lächeln, der Schlichtheit wohnt etwas Friedliches inne und die Holzfußböden sind sanft zu den bloßen Füßen. Am Schluß der *Traurigen Tropen* findet Lévi-Strauss den richtigen Ton, um die Gefühle zum Ausdruck zu bringen, die der abendländische Mensch in einem buddhistischen Tempel empfindet. »Der Fußboden aus dickem, gespaltenem und geflochtenem Bambus, der vom Scheuern der nackten Füße glänzte, war unter unseren Schritten weicher als ein Teppich. Dieser einfache geräumige Saal, der ein ausgebauter Heuschober zu sein schien, die Höflichkeit der beiden Bonzen, die bei ihren auf Bettgestelle gelegten Strohsäcken standen, der rührende Fleiß, welcher bei der Zusammenstellung oder der Herstellung des Zubehörs des Kultus geherrscht hatte: alles trug dazu bei, mich mehr denn je der Vorstellung näherzubringen, die ich mir von einem Sanktuarium machen konnte.« Dennoch hat er auch »die sanfte und gleichsam vom Geschlechterkonflikt befreite Weiblichkeit« bemerkt, »welche die Bonzen der Tempel heraufbeschwören, die sich durch ihren rasierten Schädel mit den Nonnen in einer Art drittem Geschlecht vermischen, halb Schmarotzer und halb Gefangener.«

Nachdem ich mich von der Sanftheit der Örtlichkeiten gewinnen ließ, empfand ich dasselbe süßliche Unbehagen. In dieser Welt von Gongs und Glöckchen schwebt eine undefinierbare Ungewißheit. Ich begreife wohl, daß die Un-gewißheit das angestrebte Ziel ist. Deswegen machte sie mich ratlos. Was störte mich? Weder die Gesänge noch die Gebete. War es das Lächeln? Nein. Es war der Geruch. In den Tempeln des Himalaja werden die Altarverzierungen aus Butter geschnitzt. Der vorherrschende Geruch ist von fettiger Schärfe, all des primären, noch undifferenzierten Mütterlichen wegen widerlich – etwas Fötales liegt darin. Und die Mönche und Nonnen unterscheiden sich nicht voneinander. Jener Preis des kahlen Schädels ist eines der Gebiete des Buddhismus: denn wenn die Gleichgültigkeit das zu erreichende Ziel darstellt, dann ist der Unterschied zwischen Mann und Frau zur Beseitigung verurteilt. Das Weibliche verschwindet in der Gleichförmigkeit; man muß die Gleichgültigkeit ernst nehmen, sie bringt das Undifferenzierte hervor. Und da nichts dauert, wird die Revolte im Keim erstickt.

Ich weiß, daß man sich nicht mit persönlichen Empfindungen aufhalten soll. Daß die buddhistische Metaphysik eine grandiose Konstruktion ist, altruistisch durch ständige Gleichgültigkeit. Daß der ursprüngliche Buddhismus, indem er die Gleichheit aller Lebewesen rühmte, zu seiner Zeit die Ungleichheit des Kastensystems im Hinduismus sprengte. Daß der Buddhismus durch heitere Gelassenheit die Herzen erobert. Und trotzdem stolperte Lévi-Strauss schon 1947 über die »lähmende Alternative« der buddhistischen Moral: sei es der Rückzug in ein Kloster, sei es die Ausübung einer egoistischen Tugend.

Nun, stell Dir vor, daß sich vorher der junge Ethnologe in einer bizarren Träumerei über den Buddhismus, das »Abendland« und den Islam einem komischen Gedanken hingibt. Auf Grund seiner historischen Konfrontationen mit einem Islam, der strikt die Geschlechter trennt, wäre das Abendland, schreibt er, »nicht geeignet« für eine allmähliche Osmose mit dem Buddhismus. Dieser hätte uns noch mehr christianisiert, sogar über das Christentum hinausgehend. Dann folgt ein außergewöhnlicher Satz: »Damals hat das Abendland seine Chance eingebüßt, eine Frau zu bleiben.« Welch Trugbild!

Kein Wort über das Judentum, während Lévi-Strauss' Großvater Rabbiner von Versailles war und sein Enkel während des Krieges sein Heil nur der Flucht verdankte … Es stimmt, daß 1957, als die *Traurigen Tropen* erschienen, es die üblich gewordene Bezeichnung Holocaust noch nicht gab; es bedurfte fast zwanzig Jahre, um die Spitze des Eisbergs zu sehen. Und den buddhistischen Tempel von Chittagong besuchte er im Jahre 1947. Ich verstehe, daß an diesen Stätten, zwei Jahre nach Kriegsende, ein überlebender Jude vom Aufhören der Konflikte träumte, und seien es jene zwischen den Geschlechtern. Dann, nach der Katastrophe, kann man den Traum von diesem tiefen Frieden teilen, der das Element »Frau« in der Welt wäre.

Aber ist der Buddhismus die geeignete Art und Weise, eine »Frau zu bleiben«? Diese Religion, die das Denken und das Nichts miteinander verbindet, treibt zum »Weder-Noch« der Geschlechter. Ist das wirklich Deine Vorstellung? Das würde mich erstaunen. Dagegen glaube ich, daß es nicht ausgeschlossen ist, daß diese »Asexualisierung« die abendländischen Gläubigen, die zum Buddhismus konvertiert sind, anzieht. Endlich von der großen Sache des Geschlechts befreit! dann kann man tatsächlich lächeln. Einer meiner französischen Freunde, der mit einer Kambodschanerin verheiratet ist, sagte zu mir – anläßlich der zwanzig Toten in der Familie seiner Frau – unter Tränen, daß er mit den roten Khmer das berühmte Lächeln Kambodschas begriffen hätte. Dieses Lächeln, sagte er, ist ein gleichgültiges. Das war furchtbar.

Warum ist die Gleichgültigkeit so zwingend? Warum müssen sämtliche Köpfe gleichgemacht werden, derselbe für Männer und Frauen? Und außerdem: warum muß man sich an den Haaren vergreifen? Es gibt so viele Beispiele … Geheiligt die Haare der Jungfrauen; geheiligt die Haare des Hindu-Säuglings, die vorschriftsmäßig in den Fluß geworfen werden; die der katholischen Nonnen, die sie abschneiden, wenn sie Gott heiraten; geheiligt die *nazirs* Gottes im Judentum, Samson, die Jungfrau Maria, die sie sich dagegen während der Zeit des Gelübdes nicht schneiden dürfen. Geheiligt die einzige Locke des Brahmanen. Man möchte meinen, die Haare verbinden Himmel und Erde. Man behält seine Haare, um sie Gott zu weihen, oder aber rasiert sie ab, um sich ihm zu nähern. Entweder man spinnt den Faden zwischen dem Himmel und uns oder aber man löst die Bindung, um Tabula rasa zu machen. Der mönchische Buddhismus wählt die Tabula rasa. Eine bewundernswerte Verdrängung. Welch Torfgrube! Glut verboten; bitte die Begierde löschen. Dem Innersten des Hinduismus entstammend, beseitigt der Buddhismus dessen Widersprüche, dessen Kämpfe, das Bluten, die heftigen Leidenschaften, das hervorspritzende Sperma der Asketen und die weibliche Lust, die so sehr in den heiligen Texten Indiens besungen wird. Du siehst es, trotz seiner unendlichen Größe begeistert mich der Buddhismus nicht gerade. Sagen wir mal, daß Dich eine Art »spontaner Buddhismus« ergriffen hatte, vergleichbar der »spontanen Philosophie« der Gelehrten, über die sich Louis Althusser lustig machte. Und gehen wir nicht weiter. Denn schließlich sprichst Du vom Zurückweichen des Todes ins »Nichts«, eben! Der asexuellen Versuchung nachgeben, zur reinen Abstraktion überwechseln?

Im Grunde: wer weiß schon? Mit seinem Denken allein sein, ja wirklich, wer weiß? Ich habe ein geistiges Schuldgefühl. Und wenn das möglich wäre?

Das ist mir vielleicht noch nie passiert. Hier und da las ich, die Frauen hätten keinen direkten Zugang zum Symbolischen, hätten Schwierigkeiten mit dem Denken. Meinetwegen, und dann? Ich verspüre weder Armseligkeit noch Stolz, weder Demütigung noch Enttäuschung. Keine Entbehrung. Mein einziges Kriterium in Sachen Denken ist die Erregung. Nichts ist den Prinzipien des Buddhismus entgegengesetzter! Es ist das Durchgehen des Geistes, Verkettungen, die so schnell sind, daß eine Ellipse sie springen läßt, die Elektrizität eines Stroms flüchtiger Lust und, um darauf zurückzukommen, der Kurzschluß, der die Funken sprühen läßt. Sicher ist das nicht das Denken, von dem Du sprichst, aber das ist mir egal. In Sachen Denken bin ich Hedonistin.

Wie meinst du das? Ich erinnere mich an meine Lektüre von *Sémiotikè*, das glänzende Buch, das Du in den sechziger Jahren veröffentlicht hast: geblufft sagte ich mir, daß *Du* ein Denken hättest, ein wirkliches. Das hatte mich lange geplagt. Und dann, die Couch tat ein übriges, machte es mir nichts mehr aus. Ich bin bereit, mein fehlendes Denken über die Welt zu beichten. Ich glaube, auch in diesem Punkt bin ich wirklich atheistisch.

Ich werde Dir sagen, was *mein* Sakrales ist. Das Gedächtnis der Nachkommenschaft, »das Haupt meiner Kinder« (auf das man einen Eid leistet), die Liebes- und Freundschaftsbündnisse, die Achtung der Toten, die jüdische Lampe vor dem Foto meiner Mutter in ihrem Trauerjahr, die Riten der Vorfahren. Bin ich Konfuzianerin? Nein, ich bin wirklich jüdischen Glaubens. Der Rabbiner, der im vergangenen Juni meine Mutter beerdigte, sagte, daß für die Juden der einzige Glaube ans Jenseits sich auf das Weiterleben Israels von einer Generation zur anderen bezöge: das Jenseits ist das Gedächtnis selbst. Das ist mein Sakrales; es ist definitionsgemäß treu.

Was ist im englischen Universitätsritual sakral? Die Treue zum Ritus. Ich stimme mit Dir überein: das heutige Frankreich hat bewußt seine Übergangsriten zerstört. Das Ergebnis ist lehrreich: keine Institution »zieht«. Ein Ritus ist eine Art Mayonnaise. Es genügt nicht, die Bestandteile zu vermischen, man muß sie »schlagen«. Ein Ritus ist eine Emulsion, und damit diese gelingt, muß man sich darauf verstehen, sie zu schlagen. Ein bißchen, nicht zuviel, vor allem nicht zu lange, eine Frage des Rhythmus, der Dauer und der Temperatur. Man lernt es bei der Arbeit. Wenn der Ritus an sich sakral ist, so deshalb, weil er auf diese Art von Gedächtnis verweist. Eine Eigenart der Frauen? Ganz sicher nicht. Aber es ist nicht schwer, zu verstehen, warum die Frauen mehr Leichtigkeit an den Tag legen können als die Männer: indem sie Lebende das Licht der Welt erblicken lassen, verknüpfen sie die Generationen miteinander.

Wie der Ritus macht sich auch die Verknüpfung der Generationen aus dem Staub. Die römische Regel des *pater incertus, mater certissima* verlangte die Anerkennung durch den Vater, was nicht selbstverständlich war. Die der Mutter war sicher. Nun, damit ist Schluß. Angesichts von Geburten unter Unbekannt auf der einen Seite und der genetischen Arbeiten auf der anderen, weicht diese Regel allmählich. Man kann keine Mutter haben, aber heutzutage keinen Vater zu haben wird sehr schwierig. Was bedeutet dieses biologische und soziale Kreuzworträtsel? Was sucht ein Kind in der Genetik seines Vaters? Seine Chromosomenidentität? Es ist das ihm Eigentümliche ... Wird man die Abstammung über das Blut bestimmen, wie zu Zeiten der Nazis und der Inquisition? Noch schlimmer: die künstliche Befruchtung läßt die Generationenfolge den Bach runtergehen – die Großmütter gebären zur gleichen Zeit wie ihre Enkelinnen. Und da jeder den Anfang eines Sakrilegs ahnt, versucht man, die Folgen zu beschränken. Doch stellen wir die Frage: worin besteht eigentlich das Sakrileg, die Generationen umzustoßen?

Schließlich bereiteten die kindermordenden großen griechischen Heldinnen auf grausame Weise den Generationen ein Ende. Medéa erwürgte ihre beiden Söhne, die Bakchantin Agaué zerriß in ihrer dionysischen Raserei ihren Sohn mit bloßen Händen. Ich berufe mich auf sie, weil mir die Gefahr der gleichen Art zu sein scheint wie die heutigen Verletzungen. Nehmen wir das Beispiel Agaués. Als Königin und Mutter und bakchantische Priesterin des Gottes Dionysos, verärgert sie ihren Sohn, den König Penthéus, ein guter traditioneller Grieche, der sehr gegen die orientalischen Kulte ist. Aus Kleinasien eingeführt, gehört der Dionysoskult dazu. Da Penthéus ein besonnener Herrscher ist, verbietet er diesen in seinem Reich. Aber der beleidigte Gott beschließt, sich zu rächen und lockt ihn hinterlistig mitten in den nächtlichen Kultus, um ihm aus der Nähe zu zeigen, worum es sich dreht. Trunken vor Ekstase, verfällt die Königin Agaué, seine Mutter, in Raserei. Angespornt von dem Gott, hält sie ihren Sohn für einen Löwen und greift ihn an. Tod des Penthéus. Es wird Tag. Die Königin sieht schließlich, was sie in ihren Händen hält, den blutigen Kopf ihres Sohnes. Indem sie wieder zur verlorengegangenen Vernunft kommt, »findet« Agaué »die Reinheit des Himmels wieder, den sie beschmutzt hat«.

Dionysos ist ein Gott im Kleid, in erster Linie ein Gott für die Frauen; außerdem kommt er aus dem Osten, wie die heutigen Hare-Krishna-Anhänger. Mutter gegen Sohn, Orient gegen Okzident, Raserei gegen Vernunft, Frau gegen Mann; indem er die übermenschliche Macht der sakralen Raserei in Gang setzt, verwandelt der Gott die Frau nachts in eine Mörderin. Nacht gegen Tag. Aber da ist noch etwas anderes, das ich das »Fremde« nennen werde. Die Königin Agaué nimmt einen Gott an, der nicht aus ihrer Heimat stammt, und die andere Kindermörderin, Medéa, tötet ihre Kinder aus Empörung: sie ist eine von ihrem Mann Iason verlassene Fremde. Als »Barbarin« rächt sich Medéa an den Kindern, die sie ihrem griechischen Gatten geschenkt hatte. Diese mythische Meldung aus dem Polizeibericht appelliert an die Gefahren, die man bei der Fremden vermutet – wie es die Natur der Fremden Isolde bezeugt, einer isländischen Prinzessin, aber auch einer Hexe, die mit dem Liebestrank ihren Neffen Tristan, den Bretonen, vergiftet.

O weh! Ich weiß, worauf du hinauswillst. Du bist ja von Geburt her eine Fremde! Aber jene Fremden kamen über die Meere … Auf einem Schiff bringt Tristan Prinzessin Isolde mit, auf einem Schiff, das vom Goldenen Vlies, entführt Iason Prinzessin Medéa. In den Zeiten des Mythos und der Tragödie stellt das Durchqueren des Meeres die Gefahr einer Reise ohne Wiederkehr dar. Die abgeschnittenen Wurzeln lassen Medéa außer sich geraten; während sie sich mit Iason einschifft, hat sie die Brücken abgebrochen, es ist aus und vorbei. Und »es« kehrt wieder. Jener Kindermord, den sie wie eine sakrale Opferung vollzieht, ist ein furchtbares Sich-Wiedererinnern an die Heimat. In den schönen Zeiten des beginnenden Feminismus haben wir den diffusen Widerhall dieser rachsüchtigen Erinnerungen kennengelernt. Wir haben Slogans über die Wiederkehr der Hexen, des Mondes, der Gezeiten, des Matriarchats, des Primären gehört. Eine

Atmosphäre von Mord und Totschlag. So verhält es sich auch bei den technischen Neuerungen in den Verwandtschaftssystemen.

Wer hat denn geschrieben: »Die Welt gehört den Frauen, das heißt dem Tod«? Dem Leben oder dem Tod? Beiden, General Sollers. Dem Leben und dem Tod. Man versteht: wer das Leben gibt, gibt auch den Tod.

Zum Abschluß eine Frage. Sie betrifft die Jungfrau Maria: ich begreife nicht, wieso sie dazu beitragen kann, daß die Frauen innerhalb des Katholizismus den Kopf hoch tragen. Da Du Dich ja so gut in der Mariologie auskennst, erkläre es mir. Als Gegenleistung werde ich Dir von den sakralen Tänzerinnen Indiens erzählen: sie durften sich die Haare weder schneiden noch waschen, sie waren für die Götter der Prostitution preisgegeben; es gibt Fotos von einer der letzten von ihnen, die in den sechziger Jahren gestorben ist. Haare und Prostitution: das eröffnet eine seltsame Differenz im Sakralen.

Catherine

Ars-en-Ré, 18. April 1997

Meine liebe Catherine,

als leidenschaftliche Frau, die Du bist, verbirgst Du mir nicht Deine schlechte Laune – Dein letzter Brief vom 12. März, den ich am 20. erhalten habe (im Augenblick kreuzen sich unsere Briefe, aber das macht nichts) – überzeugt mich davon, falls dies nötig wäre. Die Jungfrau geht Dir auf die Nerven, idem das Denken und die Rituale der britischen Universitäten. Du ziehst die Erregung und den Buddhismus vor. Ich konnte es mir denken.

Ich werde mich für die englischen Zeremonien nicht schlagen. In dieser Hinsicht – wie groß auch immer meine Achtung vor der Gastfreundschaft sein mag, die die britischen Kreise den Werken Voltaires gewährt haben – teile ich bewußt das Empfinden James Bonds. Du weißt: wenn er von seinen gefährlichen Abenteuern überall in der Welt unversehrt zurückkommt, schlägt ihm sein Chef immer als äußerste Belohnung eine Einladung zum Dinner in seinem Pub vor – einem jener Pubs, von dem Du annimmst, daß mich der männliche Charme in Bann geschlagen hätte, völlig rituell und unerreichbar. Nun, unser Agent 007 antwortet auf unfehlbare Weise, daß er fürchtet ablehnen zu müssen, denn eine persönliche Verpflichtung hält ihn genau an diesem Abend bei einer reizenden Person auf... Rituell, zur Hälfte rituell: James Bond ist die Vernunft in Person, ich spüre, daß ich auf seiner Seite stehe – wie alle Fernsehzuschauer der Welt.

Schreien wir zunächst nicht zu rasch unsere sexuellen Fachkenntnisse angesichts der dummen »Jungfräulichkeit« heraus! Das Adjektiv »jungfräulich«, um Maria zu charakterisieren, wäre ein Übersetzungsfehler: man hätte den semitischen Ausdruck, der den gesellschaftlich-rechtlichen Status eines unverheirateten Mädchens bezeichnet, durch den griechischen Ausdruck *parthenos* ersetzt, der eine physiologische und psychologische Situation genau benennt. Diskriminierender Schrecken, Ausschluß der Frauen von der Sexualität, bestrafende Keuschheit? Sicher, sicher, wir sind dagegen, entschieden gegen diese Art von Macho-Manipulationen, das versteht sich von selbst!

Trotzdem stelle ich mir gerne vor, daß menschliche Wesen sich einen ... Anfang vor dem Anfang hätten »ausdenken« können. Ich möchte gern in ihren Hirngespinsten über die Jungfräulichkeit einen Ur-Raum, ein Außerzeitliches vernehmen, dort, wo es war, bevor es das Wort gab. Dem Beginn vorhergehend: ein Nicht-Abdruck, ein Nicht-Ort, dem Einfluß der ursprünglichen tekhnê und der uranfänglichen Furche entzogen? »Dieser Bereich, aus dem mein Schlaf und meine leisesten Regungen kommen«, träumt Rimbaud. Wenn Meister Eckhart Gott bittet, ihn »Gottes quitt zu machen« (sollte ich »rein von Gott« sagen?), faßt er dann nicht auch diesen Nicht-Ort, dieses undenkbare Außen ins Auge? Ich stelle mir gerne vor, daß die Jungfrau uns einlädt, nicht es zu denken, sondern es zu träumen, es zu besingen, es zu malen. Eine radikale »Transzendenz«, die sich jedoch jenen erschließt und für sie immanent wird, die wie Rimbaud einwilligen, so weit zu gehen: bis vor die Zeit, vor das Subjekt, vor den Anfang. Daß dieser Nicht-Ort vor dem Anfang als weiblich oder mütterlich bezeichnet wird, mißfällt mir nicht und läßt mich das »Weibliche« völlig anders begreifen denn ein symmetrisches Double des Männlichen: sagte Freud nicht in einer dieser maßlosen Intuitionen, das Weibliche sei für beide Geschlechter das Unzugänglichste? Am unzugänglichsten, weil »vor dem Anfang« und in diesem Sinne »jungfräulich«? Wer von uns ist noch bereit, auf diese »Jungfräulichkeit« an sich – auf diese undenkbare Seite der Weiblichkeit zu hören?

Dagegen bin ich bereit, mich für meine Jungfrau zu schlagen. Ich sage wirklich »meine Jungfrau«, denn jeder hat die seine, und ich habe gleichsam den Eindruck, daß die meine nicht gänzlich dem Kanon der Kirche entspricht. Du wirst mir zugestehen, daß mir die Fallen, die seit zweitausend Jahren von dieser heiligen Frau unserer Weiblichkeit gestellt werden, durchaus bekannt sind: der Körper auf das Ohr und die Tränen reduziert; verhüllt mir diese Sexualität, die ich nicht sehen kann, unter allen möglichen und vorstellbaren Drapierungen der besten und der anderen Maler; Heiligung von Leiden und Schmerz, und danach erst die Anerkennung einer unerreichten Macht: unsere Himmelskönigin beherrscht vielleicht die mystischen Abgründe, aber man sieht sie nicht gerade in den Gängen der kirchlichen Macht ... etc. Ich sitze an der Quelle, um hinzuzufügen, daß in meiner Tradition, der des orthodoxen Christentums, die Rolle der Jungfrau als fürsprechende Kraft zwischen dem Sohn und dem Vater intensiv hervorgehoben wird. Man geht sogar so weit, ihre Unsterblichkeit nahezulegen, da sie in der evangelischen Saga die einzige ist, die nicht stirbt, sondern sich damit begnügt, durch die Vermittlung der »Dormitio« vom Leben zum Tod überzugehen – Du kennst die herrliche Ikone Theophanes des Griechen aus dem 14. Jahrhundert in der Tretjakow-Galerie, die den bekannten Meisterwerken Andrej Rubljows hinzugefügt werden muß. All das ist jedoch nur um den Preis einer *Wallfahrt der Mutter Gottes zu den Qualen* möglich – ein apokrypher Text aus dem 12. oder 13. Jahrhundert, in dem erzählt wird, wie sich Maria keine Qual der armen Sünder, die wir sind – »die Kinder meines Sohnes« –, in der eingestandenen Absicht erspart, unsere Sache besser vor Gott zu vertreten, aber mehr noch: sich zur Verteidigerin des Sohnes selbst bei einem Vater zu machen, dessen Mitleid recht schwierig zu erlangen zu sein scheint ... Diese marianische Rolle ist wahrlich eine beneidenswerte, aber sie erfordert eine schrankenlose Versenkung in das Leiden; boshafte Geister wie Du und ich würden sagen, Maria bezeugt eine außergewöhnliche masochistische Veranlagung.

Unmittelbar danach gehen moderne Denker wie Wladimir Solowjew und Sergej Bulgakow so weit, daß sie in die orthodoxe Theologie den Kult der Sophia, der göttlichen Weisheit, mit sehr weiblichen, oft zweideutigen Konnotationen einführen. Die Experten stellen indes fest, daß es diesem scheinbaren Aufstieg des Weiblichen unter der Ägide der Jungfrau in der Ostkirche sehr an ... heiligen Frauen gebricht. Mit Ausnahme einiger Prinzessinnen und der recht mütterlichen Juliana von Lazarewskoije, meiner Namenspatronin, sind in der Orthodoxie die weiblichen Heiligen selten. Der orthodoxe Marienkult hat die Männer verweiblicht, er hat womöglich die Frauen vermännlicht, scheint aber nicht dazu beigetragen zu haben, daß man anerkennt, was eine Frau Besonderes fühlt und denkt ... Da dem so ist und da zahlreiche erhabene Konstruktionen derselben Kritik unterzogen werden könnten, beharre ich weiterhin auf der Ungeheuerlichkeit, die die Inthronisierung Marias innerhalb dieser griechisch-jüdischen Synthese, die das Christentum ist, darstellte.

Noch sehr unaufdringlich in den Evangelien, wird im Laufe der Jahrhunderte die Gegenwart Marias ständig größer, und zwar unter dem Druck des volkstümlichen Heidentums, das begierig war, die Rolle einer Mutter-Gottheit im siegreichen Monotheismus zu festigen. Aber auch dank der Maler – dafür bekannt, daß sie für das Mütterliche und das Weibliche empfänglich sind –, die darauf brennen, besagtes »Mütterliche« zu sublimieren. Die Theologen und Philosophen sind mit von der Partie: sie erblicken in Maria einen Vorwand für logische und dogmatische Debatten und Raffinessen. Da die Geburt Jesu bar der Sünde ist, sollte dann die Geburt seiner Mutter gewissermaßen nicht auch derselben Sünde entzogen sein? Der logische Zusammenhang verpflichtet. Der heilige Bernhard sträubt sich noch, die Empfängnis Marias durch die heilige Anna und den heiligen Joachim zu rühmen und versucht auf diese Weise, die Gleichstellung Marias mit Christus zu verhindern. Aber Duns Scotus (1266-1308) – ein scharfsinniger Logiker – erfindet eine *praeredemptio* als Argument für die Übereinstimmung: wenn Christus uns durch seine Erlösung rettet, »muß« die Jungfrau dagegen, die mit ihm schwanger ist, seit ihrer eigenen Empfängnis in dem enthalten sein, was diese Erlösung ermöglicht, anders gesagt, sie trägt eine »Vorerlösung«, daher ... eine »Unbefleckte Empfängnis«, die sogar noch die Erbsünde aufhebt! Daran hattest Du nicht gedacht und Du hattest Unrecht, denn nichts ist zusammenhängender als das katholische Dogma, und jeder weiß, daß es ohne Zusammenhang weder eine Wissenschaft noch eine Herrschaft über die Gesellschaft gibt. Hallo, Du weißt jetzt Bescheid!

All diese Spitzfindigkeiten, denen der Körper Marias unterzogen sein wird, setzen sich dennoch sehr langsam als Dogma durch, das heißt als Gesetz für die Gläubigen. Der Beweis: das Dogma der Unbefleckten Empfängnis datiert erst von 1854, das der Himmelfahrt der Jungfrau ... von 1950 (na ja, das hindert Tizian und so viele andere nicht, sie während der Himmelfahrt zu malen, aber trotzdem, es gehörte nicht zum Dogma: Du wußtest es nicht, ich auch nicht!); gleichfalls teile ich Dir mit Vergnügen mit, daß Maria, die in der Malerei seit Jahrhunderten, ohne eine Miene zu verziehen, ihre Königskrone trägt, erst 1954 von Pius XII. zur Königin erklärt wurde und daß sie erst ab 1964 Mutter der Kirche ist. Eine Art und Weise, die Frauen zu vereinnahmen, indem man das Bild der Jungfrau besonders herausstreicht, so wie man versucht, die Juden zu verführen, indem man eine berühmte konvertierte Israelitin heilig spricht? Im Grunde geht es darum, vermittels des offiziellen Codes das einzuholen oder zu schaffen, was außerhalb der offiziellen Instanzen entstanden ist oder sich sogar durchgesetzt hat, und was in den Augen dieser Instanzen sehr nützlich zu sein scheint. Nun, warum also erscheint ihnen die Anerkennung Marias als so nützlich?

Die Vorstellung, anstelle der Autoritäten zu antworten, es sei denn indirekt, liegt mir fern, versteht sich. Beispielsweise legt man oft nahe, daß der Erfolg des Feminismus in den protestantischen Ländern sich unter anderem dem größeren Unternehmungsgeist verdanke, den die Reformierten den Frauen auf ritueller und gesellschaftlicher Ebene gewähren. Außerdem darf man sich fragen, ob jene militante und etwas verkrampfte Verbreitung des angelsächsischen Feminismus nicht das Ergebnis eines Mangels, innerhalb des protestantischen religiösen Gebäudes, am Ort der Mütterlichkeit ist? Jenes Mütterliche, das die Katholiken dagegen mit sämtlichen möglichen Zweideutigkeiten ausgearbeitet haben, das man immer noch genau erforscht und das den Katholizismus schwer zu analysieren macht, wie Lacan sagen würde. Nun, je schwieriger es ist, desto angenehmer ist es offenbar, unendlich zu analysieren …

Wirklich eine seltsame Frau, diese erhabene Maria. Die Frauen und Männer, die von ihr verlangen, die Geheimnisse der weiblichen Sexualität zu unterstützen, kommen nicht auf ihre Kosten und laufen Gefahr, enttäuscht abzuziehen. Wie Du. Aber was stellt sie dann dar? In ihrem schönen Buch zitiert Marina Warner Verse von Caelius Sedulius, die wunderbar die Einmaligkeit dieser wirklich mysteriösen Gestalt zusammenfassen: »Sie […] hat nicht ihresgleichen / noch an der ersten noch an irgendeiner anderen Frau / die kommen sollte, doch als einzige ihres Geschlechts / hat sie Gott gefallen.« Ist Maria eine Frau? Das ist gar nicht so sicher. Eher die »einzige ihres Geschlechts«. Eine geschickte Konstruktion, die schließlich die soziale Unruhe hinsichtlich der Geburten besänftigt; ein männliches Wesen, das die Weiblichkeit beunruhigt, zufriedenstellt und auch eine Frau, die die Weiblichkeit nicht minder beunruhigt, befriedigt. So daß eine gewisse Gemeinschaft zwischen den Geschlechtern entstehen kann, jenseits ihrer ins Auge fallenden Unerträglichkeit und ihres ständigen Krieges und trotz dieser. Und wenn es dies wäre, eine Version des Sakralen, die Version des Sakralen, die die Frauen offensichtlich besitzen: nämlich die Möglichkeit eines Zusammenlebens zwischen den beiden Geschlechtern – was hat das schon zu sagen! Man nennt das das »Sakrament der Ehe«, man verleiht der Familie sakralen Charakter, und nicht wenige ärgern sich über einen solchen Konformismus. Aber ist es, aus der Nähe betrachtet, nicht furchtbar schwierig, Mann und Frau dauerhaft zu vereinen? Einschließlich und jenseits des Konflikts der selten zusammenlaufenden, sondern vielmehr unvereinbaren Wünsche. Ist das nicht immer seltener, vielleicht unmöglich?

Frage: was in der marianischen Alchimie erlaubt oder erleichtert wenigstens »eine gewisse Eintracht« zwischen den Geschlechtern? Seien wir nicht kleinlich: im Judentum und im Christentum konnte sich die Idee des Paares, die der Gleichstellung des Menschen und insbesondere die der Frau entwickeln, sei sie auch noch so unvollkommen im Hinblick auf unsere modernen Forderungen ... Gewiß kann man es besser machen, womöglich ist das in einigen begünstigten Kreisen im Gange, die von der Demokratie, der ökonomischen Unabhängigkeit beider Partner, der sexuellen Freiheit von Mann und Frau profitieren und zugleich in den Genuß der Achtung des anderen kommen – was weiß ich? Wir wollen alles haben und nichts verlieren, und manchen gelingt es vielleicht, aber das bleibt, geben wir es zu, ein mehr oder weniger frustrierter Wunsch. Jedenfalls bezaubert die Jungfrau nur noch in Lateinamerika und in Afrika.

Ich schreibe Dir von der Île de Ré, vor meinem Fenster ragt in der Ferne der Kirchturm von Ars in die Höhe – herb und schneidend, schwarz und weiß –, der den Himmel zerschneidet: ein idealer Ort, das Thema zu behandeln. Um es schnell zu machen, wage ich mich an ein drei Punkte umfassendes Plädoyer für Maria.

Primo: von der Geburt Christi bis zur Pieta über die Mater Dolorosa wie auch die Regina Cæli hat die Jungfrau nichts von einer Geliebten; sie ist ausschließlich die hingebungsvolle Mutter. Die »gute Mutter«, würde Melanie Klein sagen, die sich mit Leib und Seele ihrem Sohn hingibt, sogar so sehr, daß ohne sie der teure Sohn keinen Leib hätte: da dieser Gott eben nur allein durch die Gnade, daß er den Leib Marias »voller Gnade« passiert hat, ein Mensch ist. Diese Gnade ist eine außergewöhnliche Apologie der hingebungsvollen Mütterlichkeit, an der Grenze zum primären Narzißmus: der Ursprung der Liebe, deren jedes Menschenwesen bedarf, um weiterzukommen. Und deren Fehlen die unheilvolle Quelle einer jeglichen Depression, wenn nicht gar der Psychose ist. Maria rehabilitiert, kurz gesagt, jenen primären Sockel unserer Identitäten, den die modernen Analytiker eine

»Mutter-Säugling-Koexzitation« nennen und den Winnicott mit der Gelassenheit des »Seins« gleichsetzt – im Gegensatz zum triebhaften und phallischen Tun, das sich später entwickeln und die Entfaltung des sprechenden Subjekts prägen wird.

Apropos »Sein«: die Seiten Heideggers über seinen Besuch des modernen Griechenlands haben mich immer überrascht, zeigt er sich doch enttäuscht, dort nicht die Reste des der antiken Zivilisation innewohnenden Seins anzutreffen, sondern glaubt, dennoch einige Spuren in...einem orthodoxen Kloster zusammenzutragen. Da ich die Popen ein wenig kenne, fällt es mir schwer, sie mit der Heideggerschen Lichtung des Seins in Einklang zu bringen. Doch wenn sich der Eindruck des Philosophen als gerechtfertigt erweisen könnte, so nur Marias wegen. Sie ist es, im orthodoxen Christentum stärker präsent als im Abendland, die diese ausgeglichene Tonart durchsetzt, diese Seins-*Stimmung*, diesen »Brioche-Geschmack«, wie jene sagen, die die russisch-byzantinische Sinnlichkeit genießen und diese den Katholiken und der protestantischen Strenge vorziehen. Die Kommunion mit der unbenennbaren mütterlichen Verzauberung, die Morgendämmerung der Vor-Sprache setzen sich in den orthodoxen mystischen Übungen wie dem »Gebet des Herzens« oder dem »Hesychasmus« fort – jener Sammlung im Gebet, die es gestattet, die Vereinigung mit der Gottheit wiederherzustellen und Mensch und Natur zu verklären. Als »Bindung«, »Umgebung«, »Zwischenraum« – und noch nicht als eine »andere« – ist Maria die wichtigste Kraft für diese Verständigung zwischen innen und außen, für diese narzißtische Wiederherstellung. In ihrer Koexzitation, sei sie auch ruhig und ausgeglichen, bleibt der Wunsch nach Verschlingung und Mord dennoch bei jedem Säugling und bei jeder Mutter latent bestehen: um das zu wissen, muß man kein Psychoanalytiker sein. Trotzdem wird durch eine starke Besetzung der Brust – aha, die heilige Brust der Jungfrau! – und durch die Aufwertung des Schmerzes – aha, das Schluchzen unserer Königin! – die jener archaischen Bindung innewohnende Aggressivität beseitigt und wir sind allein vom

Wesen der Ausgeglichenheit gesättigt. Das uns so sehr fehlt, nicht wahr – unauslöschliches Phantasma!

Überdies erlaubt diese präödipale Symbiose des Sohnes mit der Mutter – das heißt, sie ist nicht wünschenswert, sondern hingebungsvoll –, weibliche Züge des Mannes zu sublimieren. Einst demonstrierte ich gern, wie ein Madonnenmaler, der großartige Giovanni Bellini, sich an die Stelle seiner Mutter versetzte (die tatsächlich in seiner Biographie abwesend war: tot? ledige Mutter? noch ein Mysterium), um sich selbst in der marianischen Sanftmut und Melancholie zu malen ... Was die ledige Mutter angeht, deren Fall von der christlichen Familie nicht vorgesehen ist, so findet auch sie etwas – durch die Identifikation mit den beiden Bestandteilen des Duos (mit der Mutter und mit dem Sohn) –, wodurch sie ihre latente Homosexualität (»ich« bin das leidende männliche Kind dieser Mutter, die nur mich allein liebt) und ihr Bedürfnis, sich dem anderen hinzugeben, befriedigen kann...

Secundo: um diese archaische Bindung des Kindes an seine Mutter herum entfaltet sich der ganze Kontinent, der sich diesseits und jenseits der Sprache erstreckt: jenes christliche Wort, das den griechischen Logos in christliche und göttliche Rede verwandelt. Das Wort, in dem sich einerseits der Weg des Sohnes zu seinem Vater entwickeln wird, andererseits die Rationalität des Christentums, die es ihm gestatten wird, Aristoteles wiederzufinden und sich im *cogito* Descartes' reinzuwaschen, bevor es den Weg zur modernen Philosophie eröffnet; nun, das Wort dreht sich tatsächlich um Maria. »Das Loch der Jungfrau«, sagt Sollers, worunter er versteht – ich vereinfache, aber anders geht es nicht –, daß sich die Trinität von Vater, Sohn und heiligem Geist um eine Leerstelle dreht, die man Maria überlassen hat. Loch, einverstanden, verstehe, aber die Künstler haben in und um sie herum unablässig etwas hinzugedichtet. Denn Maria verschmilzt in diesem feierlichen Abenteuer des Wortes die *außersprachlichen Gestalten*: Schweigen, Musik und Malerei. Sie ruft musikalische und malerische Darstellungen hervor, die Künstler widmen ihr ihre Experimente. Die Jungfrau: gleichzeitig Auftraggeberin und bevorzugter Gegenstand der Kunst. Gegen das 13. Jahrhundert, mit dem heiligen Franz von Assisi (1182-1226), wird die Tendenz erkennbar, Maria irdisch, menschlich, sehr menschlich und folglich arm-bescheiden-und-demütig darzustellen: hiermit wurde die humanistische Empfindsamkeit und gleichzeitig die glorreiche Darstellung des Alltäglichen sowie der Natur – Vögel, Tiere, Körper jeglicher Art – bestärkt. Es ging nicht nur darum, der Darstellung des kosmischen Elends oder dem weiblichen Masochismus grünes Licht zu geben. Das alltäglich Erlebte, das natürliche Leben werden Gegenstand einer Darstellung, die vom byzantinischen Kanon nicht mehr behindert werden ... Mit der Gegenreformation werden die Jesuiten, mit der Hilfe Marias, einmal mehr den Prunk der Darstellung wiederaufleben lassen, diesmal barock: nach Tizian und Tintoretto, Bernini, Rubens, Monteverdi ...

Sagen wir es ungeschminkter: die Zensur der Sexualität Marias (da ist eine Mama, die kein Begehren, keine Erotik außerhalb ihres Sohnes hat) schützt den Künstler vor der Angst, die dem ödipalen Drama eigen ist, und erlaubt es ihm, diese geleugnete Wollust aufzunehmen, indem er sie in die Flut der Formen verlegt ... die *er selbst* hervorbringt. Formen, die zugleich eine Unter- und eine Übersprache sind, einschließlich dann, wenn sie sich in der Wortkunst durchsetzen: ist der literarische »Stil« nicht eine Vision, eine Melodie und auch ein Schweigen, die in die Alltagssprache Eingang gefunden haben? Formen, deren einziger Schöpfer von jetzt an der Autor ist: Subjekt und Objekt in einem. Die Krönung Marias ist die innerpsychische Bedingung, die die Entfaltung der abendländischen Kunst begünstigt. Sicher, in sämtlichen Zivilisationen stützen sich ästhetische Experimente unbewußt auf die narzißtische Bindung und sie erfordern den Mutterkult – wie auch den Muttermord –, um die banalisierten Zeichen des sozialen Austauschs zu neuen, verführerischen und erneuernden Zeichen zu modulieren. Aber da sie auf vorbewußte, wenn nicht gar bewußte Weise diese Abhängigkeit ausgedrückt hat, wird die christliche Person freier in dieser archaischen Bindung, spielerischer, frecher ... Kurz, künstlerischer.

Tertio: Maria erfreut sich einer zugleich anerkannten und geleugneten Macht, die den Frauen einen Spiegel vorhält, der ein Gefühl der Sicherheit gibt. Als Mutter Gottes ist die Jungfrau verwöhnter als der Sohn, da sie nicht den Kalvarienberg durchmacht, sondern die sehr schmeichelhafte Dormitio und Himmelfahrt durchläuft, bevor sie als Monarchin des Himmels und der Kirche inthronisiert wird. Ein prachtvolles Bild Piero della Francescas stellt sie in aller Würde dar, wie sie unter ihren Röcken die Könige und Bischöfe ausbrütet, die die laufenden Geschäfte führen, während sie sich mit dem Herrschen begnügt! Welch Schicksal! Welch geschickte Konstellation, nicht wahr? Einerseits tut sie den weiblichen Machtbestrebungen Genüge: ich sagte es Dir schon, sie schmeichelt unseren latenten Paranoien – jede Frau, die sich in der Jungfrau spiegelt, ist implizit für denselben Ruhm ausersehen ... Aber gleichzeitig und andererseits bremst sie sie, wenn sie sie nicht gar drangsaliert: auf die Knie, meine Damen, ihr seid nur ein Durchgangsort, nehmt euch der Kinder und Kranken an, nicht dem Geschlecht und nicht der Politik, das Ohr und das Verständnis sind mehr wert als ein geschlechtlicher Körper, ich kann es euch nicht oft genug sagen.

Ab dem 13. Jahrhundert tat die Verwurzelung des asketischen Christentums ein übriges – vor allem ab 1328, unmittelbar nach dem Salischen Gesetz, das Töchter von der Erbfolge ausschloß und so die Geliebte sehr verwundbar machte –, daß die Liebe zu einer Frau sämtliche Farben des Unmöglichen annahm. Das Ergebnis war, daß die marianische Strömung über die Minne siegte. Um Blanche de Castille (1252 verstorben) herum wird die Jungfrau eindeutig zum Mittelpunkt der höfischen Liebe: die Eigenschaften der begehrten Frau werden mit derjenigen der heiligen Mutter verschmolzen. Um hiermit das Ideal der christlichen Frau zu konstruieren: das jede Frau leiden und jeden Mann schwärmen läßt. Wenigstens sieben Jahrhunderte lang herrscht ein gewisser Zusammenhalt in den Ehen: man kann den Krieg der Geschlechter vergesssen und Städte, Industrien, Schulen errichten ...

Nun, obwohl sie möglich ist, wird die Identifizierung mit Maria bei weitem nicht ermutigt: Maria, meine Damen, ist einzigartig. Soll das heißen, daß jede Frau einzigartig ist, daß es nicht der Mühe lohnt, sich mit den anderen zu vergleichen, nach Ähnlichkeiten und Rivalitäten mit den anderen zu suchen? Jedenfalls eine Art und Weise, dem Streben nach homosexueller Komplizenschaft, nach Geheimgesellschaften unter Frauen, zu dem das Leben unter Nonnen hätte verleiten können, einen Riegel vorzuschieben; doch die Einzigartigkeit Marias achtet darauf, diese Bestrebungen einzuschränken und zu beseitigen.

Ich werde hier aufhören: wie Du siehst, macht mich die Jungfrau weitschweifig. Der Glockenturm der Kirche von Ars-en-Ré, der sich jetzt in der tiefblauen Nacht abhebt, beleuchtet von einem inneren Widerschein, verleitet mich trotzdem dazu, fortzufahren. Man hat recht, Denkmäler zu beleuchten. In diesen Zeiten ohne Werte bleiben die Denkmäler sicher Werte, die Tag und Nacht sichtbar gemacht werden müssen, vorzüglich nachts, am dringlichsten nachts ... Sei unbesorgt, ich bin müde und werde Dir die möglichen Fortsetzungen meiner Apologie ersparen. Wie ich Dir schon am Telefon sagte, ist Davids Operation gut verlaufen, trotz der vorhersehbaren Schwierigkeiten infolge der Narkose, und wir sind in die Osterferien zur Insel aufgebrochen. Vorhin rief mich Élisabeth an, eine Frau, die ich seit kurzer Zeit kenne: »Erholst du dich gut?« fragte sie mich. Diese Banalität hat mich plötzlich gerührt: wie lange hat man mir diese Frage nicht gestellt ... die ich mir, auch ich nicht, niemals stelle? Kein Zusammenhang mit der Jungfrau; es scheint mir ganz einfach offensichtlich zu sein, daß ohne Arbeit nichts zu machen ist – wie es ein verdammter Schriftsteller sagt, und die Lust, die uns bis zum Äußersten unserer selbst gehen läßt, gefällt mir. Angesichts dieser Tatsache gebe ich gerne zu, daß mich Maria so antreibt, da sie letztlich ein Sinnbild von vielen – aber dieses ist gelungen! – für die weibliche Ausdauer ist, für unseren altüberlieferten Mut, der dem Kampf um das Leben und um die Zeit Antrieb gibt.

Der Anruf Élisabeths hat mich ihrer aufmerksamen und taktvollen Nähe wegen gerührt – ich spreche nicht einmal von Freundschaft, geschweige denn von Liebe, das hat damit nichts zu tun. Das führt mich direkt zu dem, was Du über Dein Verhältnis zum Judentum sagst: Sinn für die Gemeinschaft, den Clan, die Familie. Ich ertrage die vornehme pariserische Mode derjenigen nicht, die, mit Wurzeln, Kreisen und Verbindungen aller Art übersättigt, nur davon träumen, sich in die Einsamkeit des Individuums zu flüchten, das jegliche Bindung abgeworfen hat. Du kennst wohl diese Freiheitskämpfer, ich muß nicht ausführlicher werden. Nomaden wie Du und ich dagegen teilen ein anderes Schicksal. In unserem auseinandergerissenen Gedächtnis bleibt uns der Wunsch nach taktvollen und zuverlässigen Bindungen – wie dieser Anruf: »Meinst du, daß du dich erholst?« Minimal, familiär vielleicht, mütterlich, wenn man so will, wesentlich. Es heißt, es gebe heute keine Sicherheit verleihende Ganzheit (Nation, Religion, Zivilisation), die sich nicht in einer Krise befände. Daß aber »Netze« übrig bleiben oder geschaffen werden. Der Anruf dieser Freundin ist ein Embryo meines eigenen Netzes: ich habe Lust, es zugänglicher zu machen, es zu pflegen. Eine Variante jenes bescheidenen Sakralen, von dem ich Dir unlängst erzählte.

Ich lasse mich über dieses unbedeutende Ereignis lang und breit aus, um Dir vor allem zu sagen, daß ich zu verstehen glaube, was Du im Judentum findest: die Verbindung von Liebe und Freundschaft. Und trotzdem, trotzdem bin ich nicht Deiner Meinung, wenn Du das Sakrale mit »dem Gedächtnis der Nachkommenschaft«, dem »Haupt meiner Kinder« etc. gleichsetzt. Der biblische Text, der die erotischen, die verliebten und konfliktvollen Bindungen zwischen Männern und Frauen ins Gedächtnis ruft, preist tatsächlich die Vermehrung des Lebenden und die optimalen Bedingungen seiner Weitergabe durch die Generationen: Genesis, viertes

Buch Mose etc. Aber bestand der Geniestreich nicht genau darin, diese genetische und familiale, »mütterliche« Bindung, wenn Du so willst, in die höchste Symbolik einzuschreiben? Diejenige, die das Überleben Israels in einem universellen Gedächtnis transzendiert, einem Jenseits, das für alle gilt? Dies insbesondere wegen einer bestimmten Stellung des Weiblichen in Jahve selbst, im Volk Jahve gegenüber und bis hin zum Kernpunkt des bewegten Schicksals der biblischen Frauen selbst! Ich habe Lust, jetzt zur Apologie der Braut des Hohelieds, zu der von unter anderem Ruth und Sara zu schreiten, aber keine Sorge, ich spare mir das für den nächsten Brief auf. Soll man die Botschaft der Bibel nur mit der Geschlechterfolge gleichsetzen? Gewiß nicht. Andere haben es getan, aus dem Inneren des Judentums heraus wie auch in der fanatischsten Gegnerschaft. *Du* verknüpfst die Verpflichtung, die darin besteht, das Weiterleben der Generationen zu sichern, mit dem Gedächtnis. Darin kann ich Dir folgen: am *Verbindungsglied* des Genetischen und des Geistes entfaltet sich die jüdische Auserwähltheit, und deshalb auch interessiert sie, wie mir scheint, die Frauen stark …

Ein Wort nur bezüglich Buddhismus, zu dem Du mich konvertieren willst: Gleichgültigkeit und »Nichts«. In Wirklichkeit steht das »Nichts«, von dem ich Dir erzählte, in Zusammenhang mit dem Sinn des Lebens – als dessen Beruhigung und Grenze, und nicht als dessen Annullierung. Es hat nichts zu tun mit dem modernen Nihilismus, diesem Beseitigen der Differenzen (insbesondere der sexuellen) und dem Hinterfragen (insbesondere das der Revolte), die man im Abendland für einen »Modern-style«-Buddhismus hält. Die Zähmung des Todes, das Annehmen der Krankheit im Gegensatz zu einer Ideologie der Gesundheit um jeden Preis, das Bemühen, für Kranke im Endstadium die Euthanasie zuzulassen – all dies hindert mich nicht, eine glühende Anhängerin des Lebens zu sein. Ein jüdisch-christlicher Wert, habe ich mir sagen lassen. Na und? Ich akzeptiere nicht diese zeitgemäße Dritte-Welt-Schwärmerei, die die Form eines Kampfes gegen das Jüdisch-Christliche annimmt und, unter dem Vorwand, den der technischen Gesellschaft eigenen militanten und merkantilen Vitalismus aus dem Gleichgewicht zu bringen, den Wunsch zu leben diskreditiert und in Wirklichkeit den Weg zu einer Apologie des Todes eröffnet. Zu einer Todeskultur, die sich heimtückisch in dieses Jahrtausendende einschleicht und deren Opfer sich wie zufällig als die Schwächsten, die am meisten Benachteiligten erweisen: man kann es an der Leichtigkeit ablesen, mit der wir das Leben der Bevölkerung der dritten Welt opfern, aber auch an den armen Schichten in den Vereinigten Staaten, und manchmal sogar bei uns – unter dem Vorwand beispielsweise, daß das finanzielle »Loch« der Sozialversicherungen keine ausreichend häufigen Vorsorgeuntersuchungen dieser oder jener Krankheit gestattet ... Ich finde es schade, daß der Papst die einzige moderne Persönlichkeit ist, die den Wunsch zu leben und das Recht auf das Leben verteidigt. Nicht, weil es das »ewige Leben« nicht gibt, hat das Leben keinen Sinn. Es ist im Gegenteil die Erfahrung des »Nichts«, die dem Sinn des Lebens, dem allerbeliebigsten Lebenskampf Reiz verleiht.

Der Nordwind nimmt zu heute abend, vor meiner Veranda beginnt das Wasser zu zischen und nur der beleuchtete Glockenturm gegenüber hält stand. Ich nicht, es wird Zeit, ins Bett zu gehen, aber Du wirst bald von mir hören ...

Julia

22. April 1997

Liebe Julia,

Davids Operation liegt nun hinter Dir. Beinahe hätte ich »hinter uns« geschrieben, so sehr hat mich Dein letzter Brief bewegt. Er ließ Erinnerungen in mir aufsteigen. Eines Tages fand die Polizei meinen Sohn, der auf dem Weg zur Schule war, auf dem Trottoir liegend vor, wo er sich unter einer akuten Blinddarmentzündung vor Schmerz krümmte ... Und vor Angst krampfte sich mir ebenfalls der Magen zusammen. Ich weiß nicht, ob man dieses Fusel-Gefühl »sakral« nennen soll, aber ganz gewiß zermalmt es alles, was ihm in den Weg kommt. Allmacht, schriebst Du mir neulich. Und noch dazu ist er übernatürlich, dieser »Mutterliebe« genannte Trieb im Komplex der Gefühle, dessen Vorhandensein so mächtig und dessen Benennung so schwach ist. Verzeihung, aber ich bin über den Mißbrauch des Wortes »Liebe« sehr verärgert. In diesem ganz bestimmten Fall ziehe ich »Anhänglichkeit« als den treffenden Ausdruck vor.

Es traf sich, daß ich in dem Augenblick, als David operiert werden sollte, auf die Entbindung meiner Tochter wartete. Ich war überrascht, daß ich mich mehr auf sie konzentrierte als auf das zu gebärende Kind – ist das normal, Doktor? Jedenfalls ließ der liebe Kleine vier Tage lang auf sich warten, während deren ich eine Angst ausstand, die sich mit keiner anderen vergleichen läßt. Das Muttertier in mir hat also ordentlich psychisch gelitten vor der Erlösung durch die Geburt. Dann habe ich dieses Kind gesehen, »das Fleisch meines Fleisches«, ein unvergleichbares Gefühl. Unvergleichbar, keinem anderen ähnlich, inkommensurabel, aber womit nicht? Mit der menschlichen Spezies? Er war vierzehn Tage alt, als ich nach Dakar zurückgekehrt bin, und wenn ich ihn wiedersehen werde, wird er eine Augenfarbe haben, die ihm ganz eigen ist. Sollte das Allgemeine beim Neugeborenen im Grunde das Nachtblau des Blicks bei der Geburt sein?

Es gibt eine Allmacht der Mutterbindung, na schön, aber es gibt den Kindesmord. Es gibt ihn sogar so sehr, daß er in den vermischten Nachrichten begierig verfolgt wird. Ein Kindesmord! Die Affäre Villemin hat uns in dieser Sache Klarheit verschafft; das liegt nicht weit zurück. Jemand hatte ein gefesseltes Kind ertränkt, und wen klagte man einstimmig – der Richter eingeschlossen – an? Die Mutter. Marguerite Duras stellte ihre persönlichen Untersuchungen an und schrieb in *Libération*, den Geruch Medéas witternd, apropos Christine Villemin: »Bewunderungswürdig, notwendigerweise bewunderungswürdig.« Toll! Jedermann applaudierte der Künstlerin. Groß wie die Antike, diese Schreibgeste. Ich weiß, man macht keine große Kunst mit schönen Gefühlen etc. Der Frosch Duras hatte sich zum Opferstier aufgeblasen und alles war aufs beste eingerichtet in der besten aller phantasmatischen Welten.

Pech gehabt, die Mutter ist unschuldig. Man dämpft den Ton, gibt keine langen Kommentare ab. Die Justiz, die für »Schadenersatz« sorgen muß, berechnet in Francs die Verheerungen durch das gesellschaftliche Imaginäre. Der berühmte Duras-Satz macht nicht mehr länger wie ein Chanson-Text die Runde. Aber welche psychischen Kräfte unterstützten damals den geteilten Wunsch nach einer Ermordung des Sohnes durch seine Mutter? Eine perverse Anwandlung des von Freud erfundenen Ödipus? Nein danke. Gleich der Liebe ist Ödipus abgewertet. Was dann?

Nehmen wir das Urteil Salomons. Infolge familiärer Verwicklungen beanspruchen zwei Frauen die Mutterschaft ein und desselben Kindes. Man muß die wahre Mutter identifizieren. Der König Israels schlägt vor, das Kind in zwei Stücke zu schneiden und es unter den mutmaßlichen Müttern zu teilen. Ein Geniestreich. Die falsche Mutter ist einverstanden, aber die wahre fleht, daß es am Leben bleiben möge! Das Kind überläßt sie der anderen … König Salomon ist der größte aller Richter. Er kann eine Mutter an dem übernatürlichen Trieb erkennen, der sie angesichts der Gefahr in wilde Glut versetzt. Weil er nicht wunderbar ist, erscheint mir dieser Trieb als »sakral«. Um ihn aus dieser Nische hervorzulocken, um ihn zum Kindesmord schreiten zu lassen, bedarf es eines recht großen Neids. Die Eifersucht, die den Kindesmord verherrlicht, ist unerbittlich.

Denn um die Vaterschaft zu erlangen, bedürfen die Väter einer sakralen »Vereinnahmung«. Keine Gesellschaft, in der es nicht feierliche Momente gibt, in dem das Kind dem väterlichen Gesetz unterstellt wird. Initiationsriten aller Art, Beschneidung, Ausschneidung, Abgeschiedenheit im Wald, körperliche Opferungen... In Indien heißt die brahmanische Zeremonie ganz klar und deutlich »zweite Geburt«: die erste war natürlich, die zweite ist religiös. Die Mutter gibt das Leben, aber der Vater den Sinn. Andernorts leitet er die Markierung des Körpers, und wenn er nicht selbst die Schere handhabt, so entscheidet er über den Augenblick, in dem man schneidet. Fern den Einschnitten ins Fleisch, ist der schönste der väterlichen Riten derjenige der Römer: die Mutter legt das Neugeborene auf den Boden, und wenn der Mann, zu dessen Füßen sich das Kind befindet, es aufhebt, dann wird er dessen Vater. Ein bißchen davon hat sich bei den Geburten von heute erhalten, wenn der Vater zustimmt, dabei zu sein, denn dann wird er alsbald das Kind in seinen Armen halten. Dem Vater kommt folglich das Recht zu, es anzuerkennen, was bis zur Genetik nicht selbstverständlich war.

Die Lage ist schwierig. In ihrer Unsicherheit (*pater incertus*) erfordert die Vaterschaft eine ziemlich große Gewißheit. Wie soll man die Eifersucht vermeiden? Die Mutter ist sich so sicher ... Das ist verständlich. Bis zum Tötungswunsch des Kindes seitens der Mutter ist es ein Sprung, den nur das Tragische darstellt. Man muß annehmen, daß der Wunsch nach Tragischem stets genauso heftig ist! Na gut, wenn man den männlichen Neid auf die Mutterschaft zum Ausdruck bringen muß, von dem Duras – der ich absichtlich ihr »Madame«

und ihr »Marguerite« wegnehme – ein paradoxes Beispiel darstellt, so bevorzuge ich den Ritus des »Ausbrütens«. Daß die Männer sich hinlegen, um die Niederkunft nachzuahmen, daß sie die Schmerzen der Mutter simulieren und man sich um sie kümmert, das stört mich weniger als diese gewaltsamen Aneignungen, diese kompensatorischen »zweiten Geburten«. Hinsichtlich der brutalen Aneignung denke ich zum Beispiel an das Erziehungssystem der Kinder in Indien: bis zu seinem siebten Lebensjahr lebt das Kind mit der Mutter, und knack! Übergang zum Vater, das Kind ist der Mutter beraubt. Das Resultat ist katastrophal: Männer, die für immer ihrer Mutter vertrauen und vor der Gestalt des Vaters vor Angst erstarren. Wie soll man sich nach dem Verlust der mütterlichen Intimität der frühen Kindheit vor diesem unbekannten Gesetzgeber schützen? So entsteht das Verlangen nach jenen großen Göttinnen, von denen ich Dir erzählte, jenen Idolen mit dem mütterlichen Doppelgesicht, lächelnd oder Entsetzen erregend. Von ihrer realen Mutter getrennt, erfinden die Söhne sie neu, indem sie sie verdoppeln. Nah und fern. Zärtlich und mörderisch, tränenlos. Die Verehrung ist garantiert, der Fanatismus sicher.

Bei uns kommt die väterliche Allmacht nur Gott zu. Daß Du in Bulgarien geboren bist und ich in Frankreich, ändert nichts an der Tatsache, daß unser jüdisch-christliches Erbe uns zwingt, uns Gott als den Allmächtigen Vater vorzustellen. Die Allmacht läßt dem Absoluten der mütterlichen Anhänglichkeit keinen Platz. Es gibt sie, aber ohne ausschlaggebend zu sein. Die Mutter wird geehrt und respektiert, aber sie hat kein Stimmrecht im Kapitel. Jene, die die Juden im Exil auserwählt haben, ist Rahel. Rahel, die Geliebte Jakobs, Rahel, auf die er so lange gewartet hat, Rahel, die er gewonnen hat, nachdem er gezwungenermaßen Lea, die Schwester, die er nicht liebte, geheiratet hatte. Jakob und Rahel oder die aufgeschobene Liebe. Jakob und Rahel, die verfolgte Liebe. Aber Jakob und Rahel beschreiben zwei Gestalten Gottes. Nach dem Kampf mit dem Engel empfängt Jakob den heiligen Namen Israel; doch nach dem Exil erhält Rahel denjenigen der »Schechina«,

Gottes Schlagschatten. Wenn man im Ghetto klagt, dann erscheint die schwarz verschleierte Rahel. Im Unglück bedarf Israel der Tränen Rahels. Abermals Tränen.

Was nun? Das Göttliche an der Macht, das Sakrale in Not? Das Göttliche für die Väter, das Sakrale für die Mütter? Das Göttliche für die Männer, das Sakrale für die Frauen? Das Göttliche für die Phallokratie, das Sakrale für die Unterdrückten? Wie leicht das doch wäre! Aber nein. Da stimmt etwas nicht.

Ich kehre zum Ghetto zurück. An diesen Stätten des Elends, wo man die dunklen Schleier der Schechina sah, entstand im 18. Jahrhundert der Chassidismus der »Gerechten«, jener überspannten Rabbiner. Gleichfalls entstanden die Regeln, die – heute noch – ihre Frauen dazu nötigen, sich den Kopf kahlzuscheren und eine Perücke zu tragen. Weder singen noch tanzen sie, nur die Männer haben das Recht dazu. Es genügt, die Legenden des Chassidismus zu lesen, um zu begreifen, daß die Rolle der Frauen darauf beschränkt ist, Wein auszuschenken.

Man weiß, daß die Väter des Chassidismus an der Lektüre des Talmud keinen Gefallen fanden, die innerhalb der Tradition obligat war, mit der sie jedoch brachen. Dem Talmud zogen die Chassidim den ekstatischen Tanz und die Musik vor. Wie die Sufis im Islam vereinnahmten die Chassidim den weiblichen Teil der Frömmigkeit: denn in der Bibel tanzt Mirjam, die Schwester Mose, nach dem Durchzug durch das Rote Meer, als erste vor der Bundeslade. Die befreite Mirjam tanzt, der befreite Moses tanzt nicht. Umgekehrt tanzt der Chassid seine Freiheit, seine Frau nicht. Entweder tanzt die eine und der andere nicht, entweder tanzt der Rabbiner, aber, auf einmal, seine Frau nicht … Im Exil hat sich das Männliche die Befreiung durch den Tanz angeeignet. Vom Teilen mit den Frauen kann keine Rede sein.

Warum gibt es so viel Trennung? Warum dieses Hin und Her zwischen dem Sakralen und dem Göttlichen? Daß zu Ehren Gottes der Mann *mit* der Frau tanzt, scheint völlig unmöglich zu sein, als ob das Sakrale ständig die Trennung zwischen Mutterschaft und Vaterschaft wiederholen würde. Was macht ihm beim Tanzen der Gottheit ähnlich? Zweifellos die Bisexualität. Mußte man, um sich nicht mit Gott zu verwechseln, trennen, was Gott vereint hatte? Nichts ist ausgeschlossen. Dieses Phänomen ist nicht für das Judentum charakteristisch. Sakrale Tänze finden beinahe überall getrennt statt; die Frauen tanzen, die Männer nicht oder umgekehrt. Der Koran verschärft diese Geschlechtertrennung: als Adam und Eva aus dem Paradies vertrieben werden, gerät Adam nach Indien, Eva in den Jemen. Geographisch, politisch, moralisch und sexuell ist die Trennung im Koran eine vollkommene. Ich gebe zu, daß die Jungfrau Maria den Schuß ein wenig korrigiert.

Nur ein wenig. Wann schreitet Maria ein? Als sie vierzehn ist, im Augenblick der Verkündigung; darauf während der Schwangerschaft und der frühen Kindheit. Als Jesus zwölf ist, verschwindet Maria. Nach der Darbietung Jesu im Tempel *geht* Maria *ab*, bis zur Marter am Kreuz. Welch Abwesenheit! Was wird zweiundzwanzig Jahre lang aus Maria? Ein Rätsel. Ihr Körper hat fast keine Geschichte oder vielmehr hat er nur zwei Geschichten: die Schwangerschaft ohne männliche Zeugung und die letzte *dormitio*. Gewiß bin ich zu heidnisch, um einen Körper anzuerkennen, der sich inkarniert, indem er dem Geschlecht und dem Tod entflieht.

Was das »Heidentum« angeht, so hatte ich Dir die sakralen Tänzerinnen in Indien angekündigt. Heute leben die ehemals sakralen Tänzerinnen in der laizistischen Welt eines embryonären Showbusiness, mit spärlichen Gagen für ihre Leistungen. Doch bis zur Unabhängigkeit Indiens im Jahre 1947 tanzten sie in den Tempeln vor der Statue des Gottes. Sehr schön. Wer sorgte für Kost und Logis? Früher die Brahmanen und später die reichen Händler: in beiden Fällen – da Brahmanen und Händler höheren Kasten angehören – handelt es sich um »zweimal Geborene«. Die Tänzerinnen dienten also den ehrenwerten zahlenden Mitgliedern als Sexualobjekt. Das Wesen der »sakralen Prostitution« ist deutlich zu erkennen: ein toleriertes Bordell für die oberen Klassen. Dagegen liegt viel Sakrales in der Angelegenheit: denn eine Tempeltänzerin durfte sich nicht die Haare waschen. Niemals.

Hast Du schon einmal solche Haare gesehen? Auf den Straßen Indiens sieht man sie noch häufig. Jene, die beschlossen haben, die Welt zu verlassen, waschen sich nie mehr den Kopf. Sie sind »Verzichtende«, »Entsagende«. Ihre Haare besitzen nichts Menschliches mehr. Man möchte meinen, es ist Flachs. Nach ein paar Jahren hat diese pflanzliche Materie nichts mehr mit der Vorstellung von Haaren gemeinsam. Aber das gerade ist das Ziel der Übung: es handelt sich darum, das verzichtende Individuum an den »Wald« zu binden, den Raum der Meditation, im Gegensatz zum »Dorf«, dem sozialen Raum der Stadt. Das Haar des Verzichtenden kehrt zur Natürlichkeit des Baumes zurück; es wird pflanzlich und nicht mehr gewaschen.

Dennoch haftet diesen dreckigen Locken nichts Unreines an. Gemäß der Tradition ist den »zweimal geborenen« Tänzerinnen-Konsumenten Unreinheit verboten, und wenn man zur höheren Kaste gehört, versteht man *in puncto* körperlicher Waschungen keinen Spaß. Die pflanzliche Masse ungewaschener Haare ist also nicht für den Mann bestimmt, sondern für Gott, für ihn allein. Das Vorbild gibt es in der indischen Mythologie: als sich das Mädchen namens Parvati furchtbar in den Gott Shiva verliebt, unterzieht sie sich aller Arten von Sittsamkeit, um ihn zu verführen. Sie stellt sich mit gefalteten Händen auf ein Bein und verharrt so tausend Jahre. Lianen hüllen sie ein, sie wird pflanzlich. Erst dann, als sie auf eine hübsche Pflanze reduziert ist, läßt sich Shiva dazu herab, sie zu betrachten und heiratet sie. Indem er im Tempel mit der Tänzerin mit den ungewaschenen Haaren schläft, identifiziert sich der »zweimal Geborene« mit Gott. Schade nur wegen des Geruchs.

Diese Pflanzengeschichte erinnert mich an die spannende Analyse Claude Lévi-Strauss' des Mythos von Ödipus. Am Ende einer gewissenhaften Vergleichsmethode der Genealogien der Ahnenreihe des Ödipus kommt Lévi-Strauss zu dem Schluß, daß der Ödipus-Mythos ein Zögern zwischen zwei

Hypothesen über die Geburt des Menschengeschlechts zum Ausdruck bringt. Entweder der Mensch ist aus der Erde entstanden, gemäß der alten griechischen Vorstellung – gleich dem Gemüse –, oder er ist aus zwei Elternteilen entstanden, eine rätselhafte Angelegenheit. Trotz der Dunkelheit seiner Geburt ist Ödipus ein Mensch mit zwei Elternteilen. Er hat sogar Adoptiveltern, bevor er entdeckt, daß er seinen Vater getötet und seine Mutter geheiratet hat. Aus zwei Elternteilen zu entstehen, kommt dem Helden des Mythos bekanntlich teuer zu stehen. Aber die Täuschung des Ödipus beginnt mit einer Verstümmelung.

Von Geburt an hat das Kind Ödipus durchbohrte Füße, und zwar des Stocks wegen, an dem ihn sein Vater aufhängt gleich einem in die Falle gegangenen Tier; dann wird dieses unheilbringende Neugeborene ausgesetzt, damit es verhungert. Ödipus überlebt, doch sein Name bedeutet »Geschwollene Füße«. Wie sein Vater Láios, dessen Name »Der Hinkende« bedeutet, ist Ödipus-»Geschwollene-Füße« außerstande, gerade zu gehen. Diesen Punkt hebt Lévi-Strauss hervor. Der Mythos von Ödipus stimmt, sagt er uns, mit dem Moment überein, da die Griechen ihre Vorstellungen über die Geburt veränderten: sie gingen vom Pflanzlichen zur Zeugung über. Der geistige Vorgang ist so schwierig, daß ihn ein Mythos erzählt, und das ist die Geschichte des Ödipus. Wenn der Mensch seine pflanzliche Stellung verlassen will, dann torkelt er. Wenn sie aus einem Samenkorn entstanden ist, wächst die menschliche Pflanze allein heran ohne bestimmte Eltern, um aber zur Erkenntnis der menschlichen Zeugung zu gelangen, fordert der Mythos den vollen Preis: ungeschickter Gang, Vatermord, Inzest, Monstrosität. Es ist tatsächlich einfacher, die menschliche Pflanze mit einer Liane gleichzusetzen, die bis zu Gott reicht.

Zahlreiche Kosmologien lassen die Geschichte der Menschen mit einem Faden beginnen, der sich zwischen Gott und Erde erstreckt. Seil, Regenbogen, Baum, Blätter oder Hanf gleichen dem Haar. In diesem Sinne sind die abgeschnittenen Haarlocken, die die Geliebte dem Liebhaber schenkt, sakral.

Das Haar verbindet sie. Was nicht alles mit den Haaren geschieht! Erinnerst Du Dich an die heftige Szene zwischen Mélisande und ihrem eifersüchtigen Mann Golaud? Maeterlincks Text im Libretto von *Pelléas et Mélisande* ist unglaublich! Golaud zieht Mélisande an den Haaren und brüllt: »Endlich sind diese langen Haare zu etwas Nütze!« Nun, sie waren soeben zu etwas Nütze, nachts ergossen sie sich am Turm entlang über den verliebten Pelléas. Der Eifersüchtige begriff die Bindung durch das Haar. Und wenn man eine für schuldig gehaltene Frau demütigen will, schert man ihr wie 1945 den Kopf. Warum?

Das Sakrale grenzt an Gerüche, an natürliche Ausscheidungen, an abgeschnittene Fingernägel und schließlich und letztlich an Haare. Kurz zusammengefaßt: das Sakrale hat an allen Gegenständen teil, die der teure Lacan dem Oberbegriff Objekt des Begehrens/Wunsches zuordnete, d.h. am Detail, am Partiellen, dem Körperstückchen, das nicht die Ganzheit des Körpers ist, und sogar an seinen Abfällen. Na, gehört denn der Abfall in den drei abendländischen monotheistischen Religionen zur göttlichen Welt? Was das Judentum und den Islam betreffen, so lautet die Antwort nein. Das dritte Buch Mose und der Koran schließen ihn absolut aus. Die Antwort in den Evangelien ist ambivalent, denn Jesus heilt die Aussätzigen. Er beendet die vaginalen Blutungen der Kranken, bereitet den Pusteln, der Lepra, der Verwesung des Körpers Lazarus' ein Ende. Die Abfälle werden durch ein Wunder beseitigt. Den Abfall vermeidet man. Man reinigt sich sorgfältig. Als ich die Texte von *Corpus Christi* anhand der Sendungen von Gérard Mordillat und Jérôme Prieur verfolgte, entdeckte ich mit Verblüffung, daß zu den Wirkungen der Kreuzigung, die die Gemarterten ausstehen mußten, unter anderen Scheußlichkeiten die physiologische Unmöglichkeit gehörte, die Ausscheidungen von Urin und Exkrementen zu kontrollieren. Und da die Leiber der Gekreuzigten völlig nackt waren ... Plötzlich »sah« ich das wahrhaftige Bild Jesu am Kreuz. Im allgemeinen wird es verschwiegen.

Es ist tatsächlich reinlicher, nur die Stimme Gottes im Ohr zu haben. Denn in der langen Liste der materiellen Äquivalente des Objekts des Begehrens gibt es erhabene und ekelhafte. Erhaben sind die Stimme, die Träne, die Brust, die Milch, der Atem, das Haar. Für all diese Partialobjekte findet man die passende Theologie: die Stimme des Ewigen, die sich an sein Volk richtet, die »Gabe der Tränen« in der orthodoxen Religion – die genaue Zählung der Tränen in den Schriften Ignatius von Loyolas, die Du in Deinem letzten Buch herausgestellt hast –, die Brust der Jungfrau Maria, die Atemtechnik in den Übungen der orthodoxen hesychastischen Mönche. Ekelhaft dagegen sind die Gegenstände des Begehrens unterhalb der Gürtellinie, die Sexualausscheidungen; der Urin und der Kot. In den monotheistischen Religionen findet sich nichts darüber. Um die Theologien des »Ekelhaften« zu finden, muß man sich anderswo umsehen, bei den tantristischen Übungen der linken Hand, von denen ich ein ausführliches Beispiel in *La Syncope* angeführt habe. Oder man muß Sade lesen, der sich darauf versteht.

Ist das Ekelhafte weniger sakral als das Erhabene? Das hängt von den Religionen ab. Das hängt von der Adelung des körperlichen Abfalls oder von seinem symbolischen Rangverlust ab. Die monotheistischen Religionen schließen das Ekelhafte aus, aber in den Religionen Afrikas nehmen abgeschnittene Fingernägel einen erlesenen Platz ein. Ein sakraler Baum behält die gesammelten Spuren von Tierblut und Milchsaft; man reinigt ihn nicht, er muß ständig schwitzen. Der sakrale Baum faßt das Tierische und das Pflanzliche zusammen. Wegen seiner fehlenden Reinigung gehört er eher zur Lehre der »linken Hand«.

Aber nichts kann verhindern, daß eine Frau in ihrem Körper im Umgang mit dem »Ekelhaften« konfrontiert wird: siehe die massive Werbung für Binden mit einer tiefblauen Flüssigkeit, um das Rot des Menstrualbluts zu vermeiden. Wen täuscht das? Nicht die Frauen; sie kennen »die linke Hand«. Dann ist es ein Trompe-l'œil-Effekt für »die anderen«, die Männer, die man als Idioten behandelt. Man verkauft ihnen blaues Blut, weiter nichts ... Nichts kann auch verhindern, daß die Geburt des Kindes *inter faeces et urinas* stattfindet, wie es der heilige Augustinus ausdrückte; in seinen Augen reicht das, um das Heil im Jenseits zu suchen. Und was soll man mit der ekelhaften Seite des Göttlichen tun, mein Vater? Sich reinigen, meine Tochter, sagt das dritte Buch Mose. Rituelle Bäder gibt es überall auf der Welt. Blutet in eurer Ecke und wascht euch, bevor ihr wieder auftaucht. Wie bitte? Ihr blutet, um Kinder zu bekommen? Das interessiert nicht! Red du nur. Trotzdem ist der weibliche Körper auf Grund des »Ekelhaften« direkt mit dem Sakralen verbunden.

Man muß jenen berühmten »Gürtel« genauer betrachten, der den Körper in zwei Hälften teilt; der erhabene ist die obere und die ekelhafte die untere Hälfte. Das ist genau das Sinnbild der Trennung zwischen den oberen und den unteren Kasten in Indien. Im hinduistischen kosmologischen System teilt der Gott Brahma die Menschheit ein, indem er seinen Körper in vier Teile gliedert: er erschafft die Brahmanen mit seinem Atem, die Krieger mit seiner Brust, die Händler mit seinen Schenkeln und die Diener mit dem Rest, seinen Füßen, seinen Gedärmen, seinen Eingeweiden. Das Geschlecht? Es fehlt im Mythos, siehst Du. Es verbleibt im Ungewissen. Mangels Gewißheit über die Reinheit oder die Unreinheit des Geschlechts ist es besser, die Sexualität nach oben gelangen zu lassen, zu den Brahmanen, zum Atem Brahmas. Das tun die Asketen mit Begeisterung, wenn sie ihr Sperma über das Rückenmark ins Gehirn »aufsteigen« lassen. Ziehen wir das Ekelhafte zum Erhabenen hinauf, das ist sicherer. Verlassen wir das Niedere und atmen.

In den Fußstapfen Dumézils verfolgte Georges Duby die Spur des indoeuropäischen Kastensystems im mittelalterlichen Europa und begegnet ihm in der Einteilung in drei Stände wieder: Adel, Klerus und »Gelehrte«, die Schlußlichter. Die Diener gehören nicht dazu. Die Diener bilden den »Rest« der Menschheit. Die Folgen der Einteilung in Kasten reichen bis zu den Generalständen im Jahre 1789. So schließen die drei Stände die große Masse der Bauern – gemäß der indoeuropäischen Ordnung gleichsam »Reste« unterhalb der Gürtellinie – von der gesellschaftlichen Vertretung aus. Auf diesem Umweg fliegt Duby von der mittelalterlichen Gesellschaft zur Französischen Revolution, die hinsichtlich der wahren Befreiung der Leibeigenen gescheitert ist.

Das Merkwürdige ist sein Ausgangspunkt, die höfische Liebe. Im 12. Jahrhundert hat die europäische Gesellschaft des Mittelalters die Liebe der Frauen erlebt, um an seinen Kasten festzuhalten. Ach! Welch hübsche Erfindung ist doch die höfische Liebe, erklärt Duby ironisch. Weihe der Liebe und Aufstieg der Frauen? Ach wo! Lesen wir Duby. Es stimmt, daß die Lehnsherren ihre Gelehrten wegen eines platonischen Minnezirkels für die Frau anwarben, aber es geschah, um die Gelehrten an das Schloß zu binden. Mit einem abhängig gemachten Herz fügen sich die Gelehrten besser in den Hof ein, und daß es sich um einen Minnezirkel handelt, bedeutet dem Lehnsherrn wenig. Im Klartext: dieses ausgeklügelte In-Ketten-Legen eines heiligen Feuers in der Ferne ist eine Mystik, die für die Gelehrten von deren Chefs bestimmt wurde. Dann kann das Bild der Frau gefahrlos mit dem Bild der absoluten Liebe übereinstimmen. Ein reizendes Spiel für die Damen, aber ein sehr exklusives: außerhalb des höfischen Minnezirkels gibt es für den »Rest« der Menschheit nichts von diesem Getue. Die Bauern »lieben« nicht im erhabenen Sinne.

Deshalb vielleicht die Revolte und ihre Exzesse. Von der Liebesenttäuschung zum Terror ist es nur ein Schritt, den mühelos zu machen in Indien die Muttergottheiten gestatten. Und wenn man einen Schritt weiter ginge? Wenn die »Mutterliebe« zur linken Hand gehörte, auf die Seite des Ekelhaften unter der Gürtellinie? Ich glaube, das ist die Lehre des Königs Salomo.

Catherine

Paris, 1. Mai 1997

Liebe Catherine,

mein Brief vom 19. April konnte erst ein paar Tage später abgeschickt werden, weil mein Drucker defekt war. Inzwischen habe ich den Deinigen vom 22. April erhalten. Unser Briefwechsel »kreuzt sich« immer mehr: vielleicht sollten wir zu E-Mail übergehen. Hast Du eine elektronische Adresse?

Dein Bedachtsein auf das Ekelhafte, das die Körperhaare und andere schmutzige Haare darstellen, bringt mich wirklich nicht von meiner Absicht ab, Dir einige Überlegungen bezüglich des Judentums darzulegen, da sich ja, wie Du ganz richtig sagst, der Schmutz und das Sakrale berühren. Dennoch werde ich weniger heidnisch sein als Du und mich zum Advokaten des Teufels machen, zu dem zu werden heute der Monotheismus auf dem besten Wege ist. Der behauptet, daß das Sakrale einfach nichts anderes als ... die Liebe sei. Von den Haaren zur Liebe: ein Abgrund? Geht es nicht zumindest um ähnliche Logiken? Hier ist die kleine Meditation, die ich Dir vorschlage, und das trifft sich gut: dieser 1. Mai ist in Paris ein sonniger Tag, die Stille der entlasteten Straßen und der Maiglöckchenduft ermuntern mich zur Zärtlichkeit; David verbringt ein verlängertes Wochenende mit einer Freundin, Philippe[10] trifft sich mit Journalisten und ich habe reichlich Zeit. Ich hoffe, Du auch.

Ich glaube gern, daß die widerlichen Frisuren Deiner Tänzerinnen sakral sind, aber ich wittere (!), daß sie es auf Grund gewisser Trennungs- oder Ausschließungsregeln sind, die den Rang innerhalb einer Ordnung bestimmen. Ich habe bereits die mehr oder weniger erträglichen üblen Gerüche

10. Der Schriftsteller Philippe Sollers, aus dessen Buch *Femmes* (1983) Catherine Clément u.a. zitiert hatte, ist Julia Kristevas Mann. (A. d. Ü.)

der Schrecken und anderer Widerlichkeiten eingeatmet, von denen die Männer sich seit grauer Vorzeit zu reinigen versuchen, als ich 1980 mein Buch *Pouvoirs de l'horreur. Essai sur l'abjection*[11] schrieb. Als ich unter anderem Mary Douglas, Louis Dumont und Paul Ricœur las, ohne *Totem und Tabu* des teuren Freud zu vergessen (nebenbei bemerkt, war ich unlängst entzückt zu hören, daß Alain Touraine bekräftigte, die Psychoanalyse habe der Soziologie den Weg gebahnt und daß es die Anthropologie und die Soziologie ohne Freud nicht gäbe: Du siehst, das macht seinen Weg (!), glaubte ich zu verstehen, daß das Sakrale, das stets eine Reinigung ist, eine Geschichte hat. Man kann sie gemäß der besonderen Eigenschaft des Schmutzes, dessen man sich entledigt, nachzeichnen.

Sagen wir zur Vereinfachung, daß unsere Vorfahren damit begonnen haben, sich schmutziger Substanzen zu entledigen: Exkremente und andere Ausscheidungen, aber auch Blut, und insbesondere Menstrualblut. Du gibst den Haaren den Vorzug, meinetwegen! Einer Deiner Vorgänger in unseren abendländischen Breiten, der berühmte Sokrates, wurde von Parmenides mit dem Problem verächtlicher Haare im gleichnamigen Dialog konfrontiert; er fragt ihn, Du erinnerst Dich, ob es möglich ist, sich einen Begriff zu machen von »Haare, Kot, Schmutz und was sonst noch recht geringfügig und verächtlich ist«. Darin liegt das ganze Problem: ist dieser Schmutz denkbar, ist er benennbar, und wenn ja, wie drückt man es aus? Nun, genauer besehen haben Forscher, die geduldiger und begabter sind als wir beide, bemerkt, daß diese Substanzen (ich gebe gerne zu, daß die Haare das aus Deiner Spitzfindigkeit hervorgegangene Paradigma darstellen) weder »an sich« schmutzig noch ansteckend, noch gefährlich sind, sondern weil sie dem Verbot unterstehen. Anders gesagt: die Menschen sind menschlich, weil sie sprechen – was besagt, daß sie zur gleichen Zeit, wie sie ihre Rede bilden, eine Ordnung errichten, die aus Markierungen und Ausschließungen

11. Deutsch in etwa: »Mächte des Schreckens. Essay über die Verworfenheit.« (A. d. Ü.)

besteht: so daß das, was aus dieser Ordnung herausgeschnitten und hinausgeworfen wird, nicht mehr länger ein »profaner Dreck« ist, um zum »sakralen Schmutz« zu werden und bei dieser Gelegenheit das einer Gruppe »Eigentümliche« zu begründen. Noch anders ausgedrückt: ein *Klassifizierungssystem* entscheidet, was beschmutzt ist oder nicht, und keinesfalls die Substanz an sich. So ist man in Indien, das Du gut kennst, der Ansicht, daß eine Speise verunreinigend ist, wenn bei ihrer Zubereitung nicht eine strikte Trennung beachtet wird, sondern eine Mischung zwischen zwei Ordnungen oder zwei Bereichen darstellt. Zum Beispiel ist eine mit Feuer zubereitete Speise verunreinigend und muß mit einer Reihe von Tabus umgeben werden. Als ob das Feuer, weit davon entfernt, zu reinigen – wie unsere Hygienevorstellungen es behaupten –, auf eine Mischung des familialen und sozialen Zentrums mit der Natur der Dinge hinweisen würde, die Identitäten vermischte, ihre gegenseitige Ansteckung begünstigte und sich deshalb der...exkrementhaften Verworfenheit näherte, die auf andere Weise mit dieser beschmutzenden Logik des Dazwischen übereinstimmt, indem sie sich zwischen Leben und Tod, Körper und Leichnam stellt.

Ebenso sind gemäß des Brahmanismus die Essensreste schmutzig, weil sie Reste von etwas oder jemandem sind: sie beschmutzen, weil sie unvollständig sind – eine andere Form des Verstoßes gegen die Trennung. Überdies sind jene negativen Grenzwerte, die die beschmutzenden Objekte darstellen, umkehrbar und werden zu positiven allmächtigen Werten. Beispielsweise kann der Brahmane unter bestimmten Bedingungen die Reste essen, die, anstatt ihn zu beschmutzen, in die Lage versetzen, eine Reise auszuführen und sogar die ihm eigene priesterliche Funktion zu erfüllen. Ebenso stellen gewisse Kosmogonien den Rest nach der Sintflut in Gestalt einer Schlange dar, die zur Stütze Wischnus wird und so die Wiedergeburt der Welt gewährleistet. Ebenso kann die Tatsache, die Reste eines Opfers zu verzehren, obgleich diese widerlich sind, die Ursache einer Reihe von guten Wiedergeburten sein und uns sogar den Himmel gewinnen lassen.

Deshalb rühmt der Dichter der Atharva-Veda (XI, 7) den Rest (*ouchista*), der beschmutzend und erneuernd zugleich ist: »Auf den Rest sind der Name und die Form gegründet, auf dem Rest ist die Welt gegründet. Das Sein und das Nichtsein, der Tod und die Kraft, beide sind im Rest enthalten ...« Das gleiche gilt für Deine Haare.

Ich beharre auf dieser Grenze, die das Schmutzige in Beschmutzung übergehen läßt, denn so begreift man, wie die Ritualisierung der Schmutzigkeit von einer vollständigen Beseitigung des Schmutzes selbst begleitet sein kann, der dennoch eine Stütze der Riten ist. Letzten Endes verschwindet das Schmutzige als »dreckig«, da es sich innerhalb einer besonderen Logik in »beschmutzt« verwandelt: man beachtet es nicht mehr, man empfindet es nicht mehr. Das geschieht in den Kasten in Indien, wo die Ritualisierung der Schmutzigkeit extrem ist. Zahlreiche Reisende haben bemerkt, daß die Hindus überall defäkieren, ohne daß irgend jemand, weder mündlich noch in den Büchern, ihre hingekauerten Figuren erwähnt. Das ist normal, bemerkt schließlich ein Anthropologe, die Hindus *sehen sie* ganz einfach *nicht*. Es handelt sich nicht um eine Zensur, die auf das Schamgefühl zurückzuführen ist. Vielmehr um eine Verwerfung, eine Spaltung, die sich einerseits zwischen dem Bereich des Körpers, wo eine Art schuldlose Verschmelzung mit der Mutter und der Natur herrscht, und andererseits einer ganz anderen Welt sozialer und symbolischer Leistungen zu vollziehen scheint, wo die Verlegenheit, die Scham, die Schuld, das Begehren ... ins Spiel kommen...

Diese Spaltung, die in anderen Kulturkreisen Psychosen erzeugen würde, wird in Indien vollkommen sozialisiert. Vielleicht deshalb, weil die Einrichtung des Ritus der Schmutzigkeit die Funktion eines Bindeglieds, einer Diagonale übernimmt: die beiden Welten der *Schmutzigkeit* und des *Verbots* berühren einander oder ignorieren sich, aber sie lehnen sich nicht ab, wie ein *Objekt* und ein *Gesetz* es tun. So daß der Mensch, der in dieser Welt lebt, in der das Sakrale Schmutz ist, sich in einem Zustand der Geschmeidigkeit –

oder der Halluzination? – zwischen dem Unbenennbaren (was sich jenseits der Grenzen befindet: die Schmutzigkeit) und dem Absoluten bewegt (der unerbittliche Zusammenhang des Verbots, das jeder kennt, in Indien wie anderswo, und das den Sinn erzeugt: Ausschlüsse, Unmöglichkeiten, unterschiedliche mannigfaltige Normen etc.).

Diese Regulierung des Gegensatzes rein/unrein durch die Vermittlung des Schmutzes bestimmt eine soziale und symbolische Ordnung, die keineswegs binär, sondern äußerst hierarchisch ist: das Aufeinanderschichten der Unterschiede zwischen den gesellschaftlichen Gruppen, den Verhaltensweisen, den verbalen und künstlerischen Codes etc. Dir muß ich nicht lehren, daß genau die Endogamie mit dieser Ordnung in Zusammenhang steht: ich lasse die Frage beiseite, ob jene zu der Ordnung führt oder ob sie deren Folge ist. Ich stelle bloß fest, daß es in der Endogamie einem Individuum verboten ist, außerhalb seiner Gruppe zu heiraten; bei den indischen Kasten kommt eine besondere Verbindung hinzu: die Weitergabe der Eigenschaften als Gruppenmitglied durch beide Elternteile zugleich. Ergebnis: der symbolische und zugleich reale Ausgleich der Rolle beider Geschlechter innerhalb der sozialen und religiösen Einheit, die eine Kaste darstellt. Man kann eine Kaste als eine hierarchische Gliederung definieren, die – außer beruflichen Spezialisierungen – mit der Weitergabe der Eigenschaften des Mitglieds dieser Gruppe, dem Vater und der Mutter einen gleichen Anteil garantiert.

Du wirst in diesem hinduistischen System einen wesentlichen Unterschied zu »unseren« exogamen Systemen bemerken, die sich auf eine strikte Trennung zwischen »eigen« und »fremd«, gleich und anders, Mann und Frau gründen. Es scheint so, daß, würde man den Binarismus des exogamen Systems vermeiden, das heißt die Fremdheit Vater/Mutter, Mann/Frau, sich dann auf der Ebene der Institution der Ehe, auf der Ebene des Rituellen die Unterscheidungen – Verwerfungen – zwischen den Geschlechtern, den Subjekten, den Objekten, den Kasten, den Nahrungsmitteln und anderen

Haaren vervielfältigen würden. Diese Vervielfältigung der Regeln und ihre hierarchische Anordnung stellt eine Logik der »Gewaltlosigkeit« auf im Gegensatz zur Logik des »Schnittes«, der dem Monotheismus eigen ist und von dem wir nur allzu gut das Schneidende und die Passionen kennen. Trotzdem ist die Gewaltlosigkeit dieses polytheistischen und hierarchischen Pantheons, das dem Schmutz-Sakralen so nahe ist, tatsächlich alles andere als eine absolute: der Zusammenbruch sämtlicher Ordnungen und die jüngsten Blutbäder zeichnen die Vergangenheit und Gegenwart Indiens.

Du scheinst zu glauben, diese Variante des Sakralen wäre das »wahre« Sakrale, alles übrige dagegen »Religion«. Und Du nimmst stillschweigend an, daß die Frauen durch ihre Vertrautheit mit ihrem Körper zu diesem Sakralen neigen würden. Was ich bezweifle, und nicht nur aus Lust, unseren Briefwechsel zu beleben.

Obwohl das Sakrale sich auf ein logisches System von Ausschließungen gründet und nicht in den natürlichen Substanzen selbst liegt, behaupte ich – im Gegensatz zu Mary Douglas und gewissen Anthropologen, denen die Psychoanalyse fremd ist –, daß diese Substanzen keineswegs unwesentlich sind. Immer im Zusammenhang mit den Öffnungen oder den Grenzen des Körpers stehend, Markierungen, die das körperliche Gebiet bilden, gibt es vereinfacht zweierlei Typen von Schmutz: einen exkrementellen und einen menstruellen. Weder Tränen noch Sperma, zum Beispiel, obwohl sie mit den Rändern des Körpers in Zusammenhang stehen, haben die Bedeutung von Verunreinigung und/oder Schmutz. Die Exkremente (und ihre Entsprechungen: Fäulnis, Ansteckung, Krankheit, Leichnam, Haare etc.) stellen die Gefahr dar, die dem entstammt, was dem »Eigenen« oder der »(logischen) Ordnung« äußerlich ist, wohingegen das Menstrualblut die Beziehung zwischen den beiden Geschlechtern bedroht und die Gefahr darstellt, die dem Inneren der sexuellen und sozialen Identität entstammt. (Die modrigen Haare Deiner Tänzerinnen wirken wie eine dunkle Verbindung zwischen dem körperlichen Abfall und der mütterlichen Macht.)

Jetzt kann ich meine Idee vorbringen: durch diese zwei Prototypen des Schmutzes (Exkremente und Menstruation) wird auf grundlegende Weise die mütterliche Macht beschworen. Warum? Denken wir an die mütterliche Autorität, die mit Hilfe von archaischen Frustrationen und Verboten die Sphinkterdressur garantiert und auf unseren autoerotischen Säuglingskörpern, lange vor unseren Personalausweisen, eine erste Identitätskartographie anlegt, die aus Zonen, Öffnungen, Punkten und Linien, »Sauberem« und »Unsauberem« eben, aus Möglichem und Unmöglichem besteht. Eine primäre Kartographie des Körpers, die ich »semiotisch«[12] nenne; diese ist die Vorbedingung der Sprache, und obwohl sie von ihr abhängt und gemäß einer anderen Logik leidet und genießt, ergänzt sie die Logik der linguistischen Zeichen, die von den väterlichen Gesetzen aufgezwungen und gestärkt werden. Die auf dem Schmutz beruhenden sakralen Riten zelebrieren unbezweifelbar unsere schwierige – unmögliche? – Trennung von dieser Autorität der Mutter. Ist dies das einzige Sakrale, das mit den Frauen paktiert? Gewiß nicht. Verschwindet es unter den anderen Varianten des Sakralen?

Ich gehöre nicht zu jenen, die in der geradlinigen hegelianischen Logik versuchen, eine fortschreitende Geschichte der Religionen zu begründen, die immer vollkommener werden bis zur letzten, welche die allgemeine Religion wäre. Begnügen wir uns damit, von »Typen« zu sprechen. Neben dem *Schmutz* gibt es ein *Böses*. Stets weicht es von der »logischen Ordnung« ab und nimmt die Gestalt einer *Überschreitung jeglicher Verbote* an – und nicht nur die einer Ausschließung von Exkrementen oder Blut. Dieses Böse kann die *kollektive Schuld* oder *Sünde* sein, eine jahrhundertealte Schuld, die die Sünde der Väter ahndet, indem sie die Bestrafung an den Kindern

12. Generell unterscheidet die Autorin das »Semiotische« (vor der Sprache, der Logik liegend bzw. diese im künstlerischen Prozeß vorsätzlich sprengend) vom »Symbolischen« (dem Bereich des Gesetzes/Logos unterstehend). Man vergleiche hierzu ihr theoretisches Werk von *Polylogue* bis einschließlich *Die Revolution der poetischen Sprache*. (A. d. Ü.)

vollzieht. Es ist auch die *individuelle Schuld*, die die Kollektivschuld zunichte macht und den Realismus der Sünde als individuelle Verantwortlichkeit verinnerlicht. Das ist der Weg der Bibel – er führt von den levitischen Scheußlichkeiten, die bestimmte Substanzen ausschließen, über die Streitigkeiten, die sich die Nachkommen Abrahams liefern und denen sie ausgeliefert sind, bis zu dieser herrlichen intimistischen Reaktion des schuldigen Bewußtseins, das der »leidende Gerechte«, der »leidende Diener« ist: Hiob, dessen Schmerz absurd, skandalös ist und der streng genommen das Urteil herausfordert. Die Schuld wechselt von jetzt an die Umgebung und verdient Barmherzigkeit. Ein dritter Typ des Sakralen schließlich verbindet die Schuld mit der Vergebung. Im christlichen Glaubensbekenntnis heißt es nicht: »Ich glaube an die Sünde«, sondern »Ich glaube an die Vergebung der Sünden« – *Kippur. Verzeihung.* Ein »Sakrales«, das das Urteil und die Zeit in der Schwebe läßt: es baut auf einen Neuanfang.

Die Bibel der Juden legt diesen außergewöhnlichen Weg in genauer Kenntnis von Schmutz, kollektiver Schuld, individueller Schuld und Vergebung zurück. Zwar ist die Bibel vom Schmutz besessen, verwandelt ihn aber in Erwähltsein, das heißt: in die Krönung der Liebe.

Betrachten wir die levitischen Scheußlichkeiten. Zunächst haben die Tabus den Vorteil, daß sie die Opferung unnötig machen. »Du sollst nicht töten« schließt »Du sollst nicht … essen« mit ein: es folgt eine anscheinend unlogische Aufzählung schmutziger Nahrung. Welcher Zusammenhang besteht zwischen der Nahrung und dem Tötungsverbot? Es ist ganz einfach: die erste Trennung zwischen Mensch und Gott hängt mit … der Ernährung zusammen – Du sollst nicht vom »Baum des Lebens« essen, sagt Jahve, aber weder Eva noch Adam wollen auf ihn hören. Es bedarf einer Katastrophe, der Sintflut, damit die Genehmigung erteilt wird, alles zu essen, »was sich regt und was da lebt« (Gen. IX, 3); im übrigen ist das keine Belohnung, sondern eher eine Anklage: »Denn das Sinnen und Trachten des Menschenherzens ist böse« (Gen.

VIII, 21). Nach der Sintflut nimmt das biblische Bedachtsein auf Trennung neue Formen an: einerseits das blutlose Fleisch (für den Menschen bestimmt), andererseits das Blut (für Gott bestimmt). Blut konnotiert den Hang zum Mord, auf den genau sich das Hauptverbot bezieht. Aber das Blut ist auch das vitale Element, das auf die Frauen verweist, auf Fruchtbarkeit, auf das Versprechen der Befruchtung. Das Blut wird dann ein lexikalischer Kreuzungspunkt, zu einem für Faszination und Verabscheuung günstigen Ort, wo Tod und Weiblichkeit, Mord und Zeugung, Aufhören des Lebens und Lebenskraft sich abstoßen und verbinden. »Nur Fleisch, das noch seine Seele, nämlich sein Blut in sich hat, dürft ihr nicht essen« (Gen. IX, 4). »Ich bin Jahve, euer Gott, der ich euch von den übrigen Völkern abgesondert habe. So macht denn einen Unterschied zwischen den reinen und den unreinen Tieren ...« (Lev. XX, 24-25) Die Aufzählung der manchmal nur scheinbar richtigen Verbote, die den Levitikus ausmachen – Nahrungsverbote nach dem Brandopfer, das Moses und Aaron Jahve dargebracht haben, wie auch nach dem Opfer Noahs für Elohim –, wird verständlich, wenn man begreift, daß es darum geht, den Menschen davon abzubringen, fleischfressende Tiere zu essen. Deshalb gilt ein einziges Kriterium: wiederkäuende Pflanzenfresser essen. Bestimmte Pflanzenfresser weichen von der allgemeinen Regel der Wiederkäuer, Hufe zu haben, ab: sie haben Klauen, sie sind Paarhufer und werden also ausgeschlossen[13]. Die Schlußfolgerung, die man bereits bei anderen Religionen, die Jagd machen auf den Schmutz, bemerken konnte, lautet: das »Reine« ist das, was mit einer logischen Ordnung oder einer Taxonomie übereinstimmt; das »Unreine« das, was durcheinanderbringt, die Mischung und die Unordnung begünstigt.

13. Hier dürfte Julia Kristeva eine Verwechslung unterlaufen sein? Denn das Verbot bezieht sich umgekehrt auf Wiederkäuer, die *keine* Spalthufer sind, und Spalthufer, die nicht wiederkäuen, dürfen nicht gegessen werden. »Alles, was unter den Vierfüßlern gespaltene Klauen hat ... und was zugleich wiederkäut, das dürft ihr essen.« (3. Mose, 11:3) [A. d. Ü.]

Und die Frau in dieser Taxonomie? Zur Nahrung, die unrein ist, weil sie nicht mit den Taxonomien übereinstimmt, fügt der Levitikus den Körper der menstruierenden Frau und den der Wöchnerin hinzu. Als befruchtbarer oder fruchtbarer Körper, heidnische Macht, die Gefahr läuft, die logische Ordnung zu bedrohen, sucht die mütterliche Göttin das Imaginäre eines Volkes heim, das sich im Krieg gegen den Polytheismus befindet, der stets am Werk ist. Die diversen Kapitel des Levitikus variieren die Scheußlichkeiten: Krankheiten, sexuelle oder moralische Abweichungen – wir entfernen uns immer weiter von der Substanz Blut-Mutter/Mord, um uns in die »abstrakten« moralischen Gesetze einzufügen. Ein gleichwohl rückbezügliches Gebot weckt unser Interesse, denn es verknüpft das Nahrungsverbot mit der verschmelzenden Mütterlichkeit: »Ein Böckchen sollst du nicht in der Milch seiner Mutter kochen.« (Ex. XXIII, 19; XXIV, 26; Deut. XIV, 21). Nicht die Milch als mütterliche Nahrung wird hier in Frage gestellt, sondern die Milch, die gemäß einer kulinarischen, folglich kulturellen Laune verwendet wird und die ein Gemisch (inzestuöse Bindung? narzißtische Bindung?) zwischen der Mutter und ihrem Kind herstellt. Dieses neue Nahrungsverbot ist als ein Inzestverbot zu verstehen, ebenso wie die Verbote, die es verhindern, die Vogelmutter mit Jungen oder den Eiern aus dem Nest zu nehmen (Deut. XXII, 6-7) oder am selben Tag die Kuh mit ihrem Kalb oder das Schaf mit seinem Lamm zu opfern (Lev. XXII, 18).

Besorgt um dieses Inzestverbot, scheint der biblische Text den Frauen gegenüber sehr hart zu sein. Deswegen versagt es sich niemand, dessen Misogynie anzustreichen. Diese Gewaltsamkeit, die durch die Geschichte und den Kontext des Paganismus gerechtfertigt ist, darf nicht dazu führen, daß man vergißt, daß durch sie, daß trotz der Gewaltsamkeit und dank ihrer wir ein »Subjektwerden« der weiblichen Substanz erleben, eine wahre Alchimie dieser Substanz (»Blut« oder »Milch«), die sich in eine autonome, starke, verantwortliche, liebevolle Subjektivität verwandelt. Für mich *liegt das Sakrale in diesem Übergang, in dieser Passage*, und nicht an seinen Rändern, weder seinen unteren (der Schmutz: die Haare) noch an seinen höheren (das rigide Verbot, das die Köpfe verschleiert oder sie abschneidet: der Schrecken des monotheistischen Integralismus). Ich kann kein Hebräisch, ich lese die Bibel als Laie, ohne Sachkenntnis und ohne wirkliche Ausdauer. Aber literarische Texte verweisen mich ständig auf sie zurück, desgleichen viele Träume und Momente von – unerträglichen oder herrlichen Analysen... Ich konstatiere dort ein besonderes Schicksal des Weiblichen, an dem mir insofern liegt, als da ein Übergang jenes »mütterlichen« Elements – das der Paganismus als heilig verehrt, während die polytheistischen Glaubensformen es spalten und zerstreuen – in ein klar und deutlich ausgeführtes moralisches Gebäude angelegt wird.

Beginnen wir, wie es sich gehört, mit Jahve. Die jüdische Mystik, die dank der Arbeiten Gershom Scholems hinreichend bekannt ist, weist auf eine weibliche Gottheit hin, die manche *the hebrew goddess* nennen. Ursprünglich wird Jahve, das ist bewiesen, mit einer Gefährtin dargestellt. Später, als es verboten ist, Gott darzustellen, wird die Frau auf die Stellung einer Hüterin, dargestellt durch zwei weibliche Cherubim, beschränkt. Seit der Zerstörung des ersten Tempels setzt sich die Idee durch, daß Gott beide Aspekte, den männlichen und den weiblichen, aufweist, und von nun an sind die beiden Cherubim nur noch göttliche Merkmale. Für den Talmud stellt der männliche Cherub Gott dar und der weibliche Cherub das Volk Israels. Die Kabbala entwickelt schließlich die mystische Theorie der Sefiroth und betrachtet den König und die Maronitin als zwei göttliche Wesenheiten. Unlängst haben amerikanische feministische Untersuchungen eine Verbindung zwischen dem Hinduismus – und dem Raum, den er der Mutter gewährt – und dem Paar im Hohelied hergestellt, um eine »entpaternalisierende« Interpretation des Judentums vorzuschlagen.

Wir kennen alle – aber kennen wir sie wirklich? wer, abgesehen von den Gläubigen, liest noch diese Texte? – die hochberühmten vier »Mütter der Genesis« und ihre übernatürliche Macht: hübsch, rebellisch, kampfeslustig, sind sie so steril wie mit Langlebigkeit gesegnet – wie um die heidnische natürliche Fruchtbarkeit durch ein ganz anderes Schicksal zu beschwören, das dem Anderen entstammt, aber dem sie nicht minder mit Haut und Haaren verhaftet sind. So wird Sarai, die Abraham als seine Schwester ausgibt, zu Sara, als ihr Jahve einen Sohn verspricht, Isaak, mit … zweiundachtzig Jahren. Nach diesem Haften an Gottes Wort, das unbedingter nicht sein kann, darf Sara bis zu ihrem hundertsiebenundzwanzigsten Jahr leben. Sollte dies eine Variante des Inzests sein, von dem es sich durch das Lachen zu trennen gilt, da der Name Isaak »der Lachende« bedeutet? Rebekka ist hübsch und jungfräulich, als man sie aufsucht, damit sie Isaak heirate. Rahel, Schäferin und Tochter Labans, wird von Jakob ihres »hübschen Gesichts und hübschen Aussehens« wegen geliebt; aber sie ist genauso steril und eifersüchtig wie Lea, die andere Frau, die Jakob sechs Kinder schenken wird. Was zu beweisen war: die Zeugung ist unbedingt notwendig und wird wärmstens empfohlen, aber für eine Frau gibt es noch anderes und sogar die Besten, vor allem die Besten können der Fortpflanzungsfähigkeit beraubt sein. Dennoch ist nicht die Rede davon, sie zu bestrafen, jede wird ihr Kind haben, aber erst gegen Ende der Geschichte: eine allerletzte Belohnung oder eher wenig wahrscheinlich? Uff! Jahve »dachte auch an Rahel: Jahve erhörte sie und vergönnte ihr Mutterfreuden; sie wurde guter Hoffnung und gebar einen Sohn.«

In Sachen Kriegerinnen bevorzuge ich Judith – wahrscheinlich wegen Artemisia Gentileschi, die uns ihr unsterbliches *Judith und Holofernes* hinterließ: die grausame Enthauptung des Feldhauptmanns Nebukadnezars, die sie (Judith oder Artemisia) mit der Kaltblütigkeit der größten Malerin aller Zeiten (Artemisia) ausführt, um ihr Volk zu retten und die Assyrer in die Flucht zu schlagen (Judith). Sie lebt nicht weniger als hundertundfünf Jahre und bleibt einem einzigen Mann treu, ihrem Gatten Manasse: wenn man einen Feldhauptmann geköpft hat, muß man weder etwas unnötig komplizieren noch Haare spalten und noch weniger sie schmutzig lassen: das bestätigt, daß die erotische Raserei nur ein erbärmlicher Versuch ist, der Kastration zu begegnen, wie jeder weiß. Esther, die Frau Ahasvers, Debora, die die Männer dazu bringt, Sisera zu besiegen, Jael, Susanna und einige andere sind weder weniger heldenhaft noch weniger historisch. Mit irgend einer archaischen Substanz, mit irgendeinem Mysterium mit zerzaustem Haar besteht keinerlei Zusammenhang – sie schneiden, sie führen, sie zerschmettern den Schädel des Feindes oder wählen den Tod. Kurz, sie beschleunigen die Geschichte eher, anstatt sich der Natur hinzugeben. Mir gefällt die Priesterin Debora sehr, diese »Biene«, die »sich wie eine Mutter in Israel erhoben hat« und zu der »die Israeliten hinaufzogen, um sich Recht sprechen zu lassen«. Obwohl sie verschwiegener ist, steht sie der männlichen Rede der anderen Propheten in nichts nach, und ihr Lobgesang, der den Sieg Israels über einen kanaanitischen König preist, einer der ältesten Texte der Bibel, beginnt damit, die ... Haare zu preisen, na ja! Nicht die eingezwängten Haare, sondern die befreiten der Kämpfer Jahves: »Daß ungeschorenes Haar sich lockte in Israel,/ daß das Volk sich willig zeigte: drob preiset Jahve!« [Ri. V, 2]

Es gibt auch Königinnen. Esther, eine erhabene Schönheit, die von Ahasver geheiratet wurde, rettete das jüdische Volk vor diesem ersten »Pogrom«, den das von jenem persischen König befohlene Massaker darstellte: Racine mochte sie seinerseits, in jenen berühmten Versen, die mit der Größe, der Schamhaftigkeit und den Seufzern der hebräischen Psalmen wetteifern. Izebel, die Mutter Athaljas, war dagegen sehr heidnisch und götzendienerisch, so daß sie einen Tempel für Baal errichten ließ: die Soldaten Jehus brachten sie gnadenlos um, ihr Körper wurde den Hunden zum Fraß vorgeworfen und es blieben nur »der Schädel, die Füße und das äußerste Ende der Hände« übrig – Du kennst den Holzschnitt Gustave Dorés, der dieser Opferung gedenkt und sich nicht mit Haaren abgibt, sondern ganz selbstverständlich diese widerliche Frau bis zu den geringsten Überresten zerfetzt: Verworfenheit verpflichtet. Athalja, auch sie leidenschaftlich vergegenwärtigt vom nämlichen Racine, vernichtet jedermann, um sich auf dem Thron zu halten, vermag aber nichts angesichts der Unschuld Joas, nichts vor allem angesichts des auf Gott ruhenden Gesetzes. Bathseba, die verführerische Frau eines Feldhauptmanns Davids, die der König heiratete, während er deren Mann umbrachte, trotz der Vorwürfe des Propheten Nathan, und die die Mutter Salomos wird, bevor sie uns, in ihrem Bad beschäftigt, in den Gemälden Raphaels, Cranachs, Rembrandts weiterhin verführt... Diese Königinnen sind nicht immer sympathisch, das gestehe ich Dir zu, aber alle sind sie subversiv und nonkonformistisch ... Die weibliche Fremdheit oder, sagen wir mal: weibliche Macht schleicht sich in die soziale Ordnung ein, bedroht sie, integriert sich manchmal in sie, während sie rebellisch und verlangend, nie passiv oder fügsam bleibt.

Der monotheistische Kampf gegen »schmutzige Haare« nimmt recht rigide institutionelle Formen an: nicht nur darf es keine Priesterinnen geben, sondern am Sabbat ist die Anwesenheit der Frauen bei den Lesungen in der Synagoge nicht obligatorisch. Wenn sie hingehen, werden sie nach hinten oder auf eine Empore verbannt: sie sollen wissen, wo ihr Platz ist! Mein Cousin, ein israelischer Architekt, wollte unlängst den Balkon dieser lieben Frauen umbauen, ihn bequemer machen, ihn näher an den Rabbi heranrücken und die Frauen so fast an den Gebeten teilhaben lassen. Es war sein Unglück! Kommt nicht in Frage! Er mußte seinen Balkon abreißen! Selbstredend besuchen die Mädchen die Jeschiwahs nicht, wie auch keine Frauen dort lehren. Hierzu lassen es sich die Schlauköpfe nicht nehmen, einige Radikale zu zitieren, an denen es weder in der Vergangenheit noch in der Gegenwart gebricht: Rabbi Meier im 2. Jahrhundert nach unserer Zeitrechnung (»Gott sei gedankt, daß er mich nicht als Rüpel, nicht als Frau hat auf die Welt kommen lassen, weil eine Frau die Gebote nicht beachten muß«), oder der Rabbi Elieser im 1. Jahrhundert n. u. Z. (»Seiner Tochter die Torah lehren heißt, sie Schmutzigkeiten zu lehren«). In meiner eigenen Linie kommt mir eine Großmutter mütterlicherseits, die Jacob heißt, zugute; die Legende behauptet, daß ihre Gemeinde zu den Anhängern Sabbatai Zwis gehört habe, eines Mystikers, der sich zum Messias des Balkans ernannte ... Im melting-pot der drei monotheistischen Glaubenslehren, der diese Gegend zeitweise war, schlugen sich jene Vorfahren auf die Seite des Christentums; und was meinen Vater angeht, so tat er alles, was in seinen Kräften stand, um diese letztere Tendenz zu festigen. Ohne es zu versäumen, mich bei den Domenikanermönchen Französisch lernen zu lassen, um eine Kultur des Zweifels und der Vernunft besser in mich aufzunehmen, wie er sagte, indem er an die Aufklärung dachte. Gipfel der Verwirrung oder der Hellsichtigkeit – wer kann das schon wissen! Kurz, Du wirst nicht überrascht sein, wenn ich Dir sage, daß von diesen biblischen Matronen die Liebenden an den Grenzen meine Lieblinge sind: natürlich Ruth, die Moabiterin und selbstverständlich die Braut aus dem Hohelied.

Ah! Ruth, die Moabiterin, eine Ausländerin und dennoch Vorfahrin der jüdischen Souveränität, da eine Vorfahrin Davids! Die Erzählung geht, so scheint es, auf das Jahr 2792 (968 vor unserer Zeitrechnung) zurück. Eine Zeit der Prüfungen, ein chaotischer Augenblick in der jüdischen Geschichte, das Gesetz war verkommen, vergessen. Ein ehrwürdiger Mann, Du erinnerst Dich, namens Elimelech verläßt sein Land, Judäa – anstatt ihm in dieser Zeit des Niedergangs beizustehen –, und läßt sich im Moabiterland nieder! Ein fremdes Königreich, mit welchem zudem aus einem zusätzlichen Grund ein Bündnis verboten ist: seine Bewohner hatten die Juden bei ihrer Flucht aus Ägypten nicht aufgenommen. Elimelechs Exil ist also ein schweres Vergehen, das gebührend bestraft werden muß: tatsächlich stirbt er, ebenso wie seine beiden Söhne, die keine Erben hinterlassen. Bleiben deren Mutter, Naëmi und seine beiden Schwiegertöchter, Orpa und ... Ruth. Die Strafe, wenn es denn eine war, ist nicht so hart, da ja Ruth vor der Katastrophe bewahrt wird und sogar Matriarchin des jüdischen Königreichs wird. Ist sie konvertiert? Diesbezüglich herrscht Unklarheit, aber der Text legt genauer dar, daß Orpa nach Hause zurückkehrt, während

Ruth darauf beharrt, ihre Schwiegermutter nach Bethlehem zu begleiten. Ihre Worte bezeugen eine ziemlich große Treue zu Jahve, vor allem aber eine intensive Bindung zwischen den beiden Frauen: »Dringe nicht in mich, dich zu verlassen und ohne dich umzukehren; nein, wohin du gehst, dahin will auch ich gehen, und wo du bleibst, da bleibe ich auch: dein Volk ist mein Volk, und dein Gott ist mein Gott! Wo du stirbst, da sterbe ich auch, und da will ich begraben sein. Jahve mache mit mir, was er will: nur der Tod soll mich von dir scheiden!« (Ruth I, 16. u. 17) Von jetzt an besteht Naëmis Pflicht darin, für Ruth einen »Rückkäufer« zu finden, der nach den Regeln des Levirats nur der nächste Verwandte des verstorbenen Mannes sein kann, an dessen Stelle er tritt, falls die Witwe kinderlos ist. Der zwölfte in der Linie der möglichen Rückkäufer ist Boas, der Cousin von Machlon, ihrem verstorbenen Mann. Folgt die schöne Geschichte von einer Ährenleserin auf einem Kornfeld, eine Mischung aus Unschuld und List, bis die bewußte Ährenleserin die jungen Schnitter unbeachtet läßt und schließlich den stolzen, achtzigjährigen Boas verführt, der ganz genau weiß, daß die Schöne eine Moabiterin ist. Eine Arbeiterin, aber üppig parfümiert, von Naëmi gebührend instruiert, aber von ihren eigenen Reizen erfüllt, scheint Ruth in den Augen des Patriarchen den »vollen« Lohn zu verdienen: »Jahve vergelte dir dein Tun, und voller Lohn möge dir zuteil werden von Jahve, dem Gott Israels, unter dessen Flügeln du Schutz zu suchen hergekommen bist« (Ruth II, 12). »Und nun, meine Tochter, sei ohne Angst! Alles, was du wünschest, will ich für dich tun; wissen doch alle Leute...daß du ein sittsames Weib bist« (Ruth III, 11). »So heiratete denn Boas Ruth, und sie wurde sein Weib; und als er zu ihr eingegangen war, verlieh ihr Jahve Mutterglück durch die Geburt eines Sohnes« (Ruth V, 13). Die Überlieferung behauptet, daß Boas direkt in der Hochzeitsnacht stirbt, während Ruth ein Kind empfängt und in die jüdische Geschichte eingeht. Dennoch wird ihr Name nicht erwähnt: wie Du mir kürzlich schriebst, zählt allein die Nachkommenschaft, nun, hier wird sie durch die Geburt eines Erben gerettet, folglich Abgang der Frau – *Abgang* der fremden »trächtigen Mutter«.

Trotzdem sind die Dinge weniger einfach. Gleich den anderen »großen Frauen« der Bibel erfreut sich Ruth einer außergewöhnlichen Langlebigkeit, da sie ja erlebt, wie ihr Nachkomme Salomo den Thron besteigt. Naëmi, die Großmutter, wird als – sagen wir mal »symbolische« – Mutter von Ruths Neugeborenem anerkannt: »Die Nachbarinnen aber legten ihm einen Namen bei, indem sie sagten: ›Ein Sohn ist der Naëmi geboren!‹ und sie nannten ihn Obed« (Ruth V, 17). (Obed oder »Diener« des Herrn.) Das Kind der Fremden Ruth diente tatsächlich als Vermittler zwischen zwei Völkern, zwischen zwei Müttern und hat sich in das Geschlecht von Boas und Naëmi eingefügt. Das Geschlecht der Könige bildet seine Herkunft: »Der ist der Vater Isais, des Vaters Davids« (Ruth V,17). Was den Nachkommen Orpas, Ruths Schwester, betrifft, die nicht Naëmi–Jahve gewählt hat, so ist er niemand anderes als der von David geschlagene Goliath.

Du hast Unrecht, liebe Catherine, Dich über die »Taufe« und andere Riten zu empören, die die Kinder in die symbolische Geschlechterfolge der Väter aufnehmen. Ruth ist nicht nur klüger als Du: ihre Rolle als Vermittlerin scheint mir über eine Gefälligkeit hinauszugehen, die eine Fremde der jüdischen Gemeinschaft erwiesen hat, denn sie offenbart den tiefen Sinn dieser sakralen Aufgabe, die die Vermittlungsfunktion einer Mutter ist: Biologie plus Sinn, Gebären plus symbolische Wahl. Über die Geschichte Ruths muß nachgedacht werden, um heute, im 21. Jahrhundert, die Berufung zur Mutter aufzuwerten. Denn es geht durchaus um eine Berufung, wenn wir technisch die Freiheit haben, in einer von der »Bedrohung« der Zeugung befreiten Erotik über unseren Körper zu verfügen und die Zeugung »frei wählen« können. Um eine Berufung auch deshalb, weil es uns gelingen wird, weil es uns schon gelingt, mehr oder weniger gut die Gattung künstlich zu vermehren. Deshalb: wenn die gegenwärtigen und zukünftigen Ruths nicht aufpassen, wenn sie einerseits dieses zähe Haften am Korn und am Blut, andererseits am

Jenseits eines moralischen Vertrags mit dem anderen nicht verspüren, ist unsere Gattung zur Manipulation oder zum Aussterben verurteilt.

Ruth wurde dafür gelobt, ich habe sie in *Fremde sind wir uns selbst* gelobt, daß sie die Souveränität Davids einer unauslöschlichen Fremdheit geöffnet hat: denn es ist schon sie, die die königliche Sicherheit für eine ständige Unruhe offen macht und die Dynamik ihrer Vervollkommnung anregt. »Wie lange noch werden sie wütend mit mir reden und sagen: stammt er nicht von einem nichtswürdigen Geschlecht ab? Ist er nicht der Nachkomme von Ruth, der Moabiterin?« fleht David, als er sich an Gott wendet. David hat zweimal den Buchstaben *delet* in seinem Namen, was »arm« bedeutet, weil er die Armut, den Verfall, den Schmutz der dreckigen Fremden einbezieht – ohne die es keine Souveränität gibt. Wenn David auch Ruth ist, wenn der Souverän auch die Moabiterin ist, nun, dann heißt das, daß sein königliches Schicksal niemals die Ruhe sein wird, sondern eine ständige Suche nach der Aufnahme und der Überschreitung des anderen in sich selbst. Ich weiß, daß diese Interpretation des Judentums nicht jedermanns Sache ist, aber sie ist die meine und ich weiß, daß andere sie teilen, so ist es schon …

Der Vermittlerinnenrolle, für die ich eine Vorliebe habe, der Rolle der Frau, die den Übergang von »unten« (das Fremde, die Substanz, der Körper) zum »Jenseits« (Jahve, das Geschlecht der Väter, die Weitergabe des Gesetzes) öffnet, begegne ich auf andere Weise in der Braut des Hohelieds wieder. Tatsächlich spricht Sulamit das Liebeswort aus, von dem man uns dennoch sagt, sein Autor sei der König Salomo. Es ist wirklich *sie*, die spricht, *sie* hören wir, *sie liebt* – während *er* flieht: »Das Hohelied, von Salomo. / O möcht' er mich küssen mit seines Mundes Küssen! denn deine Liebe ist wonniger als Wein! Köstlich ist der Duft deiner Salben; wie ausgegossenes Salböl ist dein Name: darum haben die Mädchen dich lieb.« (I, 2-3) Dieses *Shir Ha-Shirim* ist ein Superlativ, der sofort die Liebesworte von den anderen Sprachen, Gesängen oder Liturgien ausnimmt. Es wäre von Salomo, dem

Sohn Davids, selbst gedichtet worden und sein ältestes Entstehungsdatum hat man auf ca. 915-913 vor unserer Zeitrechnung festgelegt; andere sind der Meinung, daß es nur aus dem 3. Jahrhundert vor unserer Zeitrechnung datieren kann. Unlängst kam man auf den salomonischen Ursprung des Textes zurück und ließ ihn auf das 2. Jahrtausend vor unserer Zeitrechnung zurückreichen. Der indische Einfluß darin – das wird Dir gefallen! – wäre insofern offenkundig, als eine Frau spricht, die Erneuerung der Natur oft darin erwähnt wird und der bestimmende Ton des Liebesgefühls das Sehnen der Geliebten ist – jenseits einer gewissen Aggressivität des Mannes. Eine Überschneidung von Salomo und der tamilischen Dichtung? Eine Parallele zwischen dem Hohelied und der Govida–Gîtâ? Eine Ähnlichkeit zwischen Krischna, der sinnlichen und mystischen Gottheit, und Sulamit?

Die biblische Neuerung scheint mir unbestreitbar zu sein: die im Hohelied sprechende Frau ist ein unabhängiges und freies *Individuum*, eine souveräne Person, und keine kosmische Strahlung, sei diese auch faszinierend oder widerlich. Zum ersten Mal in der weltweiten Liebesliteratur taucht ein *autonomes* Subjekt auf, das seine Wünsche – deren Kräfte, Ziele, Hindernisse – benennen kann, und dieses Subjekt ist eine Liebende. Da es allegorisch ist, wird das Hohelied freilich als ein Gesang des auserwählten Volkes (der Braut) für seinen Gott aufgefaßt, und die Christen haben es sich nicht nehmen lassen, darin die Sehnsucht der Kirche nach Gott zu sehen, wenn nicht gar eine Ahnung von der Liebe der Jungfrau. Um welches Symbol es sich auch immer handeln möge: Ursprung und Mittelpunkt der Anrufung ist eine Frau. Ohne Zweifel benetzen die griechische Dramaturgie und Lyrik, wie auch die mesopotamischen Fruchtbarkeitskulte, dieses Lied, in dem oft Heidnisches mitschwingt, dennoch ist sein natürlicher Platz der in der Bibel. Die Rabbiner haben es um das Jahr 100 begriffen, als sie schließlich – nicht ohne Vorbehalte – mitten in der heiligen Schrift einen Liebesdialog akzeptiert haben. Sollte die Frau, ein verliebtes Einzelwesen, auf diese Weise eine prämoderne Variante des Sakralen sein?

Dein Zusatz in Form einer Änderung auf den Fahnenabzügen, beim Thema höfische Liebe am Schluß Deines Briefes, enttäuscht meine Erwartungen; Du siehst, Du wirst (in unserem Buch) meine langen Ausführungen über die Metamorphose schmutziger Haare in eine verliebte Frau hinnehmen müssen.

Als Kreuzungspunkt von körperlicher Leidenschaft und Idealisierung zwischen Geschlecht und Gott – ist die Liebe Sulamits jene uns anvertraute privilegierte Erfahrung, die wir tausende Jahre nach ihrer Niederschrift wie das Sakrale schlechthin lesen. Es heißt, es gibt keinen jüdischen »Glauben«, kein »Credo«, aber … was? Eine *Liebe*? Im Sinne des Hohelieds? »Auf meinem Lager in den Nächten, da sucht ich ihn, den meine Seele liebt: ich suchte ihn und fand ihn nicht« (III, 1; V, 6). Zerbrechen, Sturz und Begeisterung der Liebe: zwischen Anwesenheit und Abwesenheit, Sichtbarem und Unsichtbarem, Körperlichem und Jenseits. Sinnliche und verschobene Liebe, Körper und Macht, Leidenschaft und Ideal: die ganze Spannung des Judentums liegt in dieser Erfahrung der Liebe, zu der beide, Mann und Frau, imstande sind – sie womöglich etwas mehr als er.

Ich sage nichts über die Fallen dieses Ideals, dieses Großen Anderen, dieser Über-Ich-Spannung? Fallen für den Mann, verdoppelte Fallen für die Frau? Du weißt, daß ich sie genau kenne. Ich hörte einer Patientin zu, die, während sie die Schrecken ihrer Anorexie heraufbeschwor, sagte, sie habe den Eindruck, sie aus »Pflichtgefühl« zu ertragen. Selbstverständlich werde ich Dir ihre Geschichte erzählen, was unvermeidbar ist, wenn man das verflixte »Sakrale« umkreist. Doch das soll beim nächsten Mal geschehen. Heute möchte ich es bei der Suche nach der Liebe, »gesucht und nicht gefunden«, bewenden lassen. Bei diesem Schwung des Körpers, der liebeskrank ist, aber überhaupt nicht zerzaust, weder tragisch noch pathetisch: klar, intensiv, gespalten, schnell, gerade, leidend, hoffend. Ein sakraler Frauenkörper, der sakral ist, weil er sich am Kreuzweg der Liebe befindet. Ich versichere Dir, das Sakrale ist nicht das Haar! Glaube das ja nicht! Seien wir ehrgeiziger, das Sakrale ist die Liebe. Nachdem sie die schwarze Schmutzigkeit durchschritten und die Anorexie verworfen hat – ißt und trinkt Sulamit mit vollen Backen, weil sie die Bindung über die Trennung hinaus aufrechterhält: sie liebt. »Gebräunt bin ich, aber doch schön, eine Tochter[14] Jerusalems, wie die Zelte von Kedar, wie Salomos Zeltdecken ... In ein Weinhaus hat er mich geführt, doch sein Panier über mir ist die Liebe. Stärkt mich doch mit Traubenkuchen! erquickt mich mit Äpfeln, denn ich bin liebeskrank: seine Linke liegt unter meinem Haupt, und seine Rechte umfängt mich ...« (I, 5; II, 4-6).

Julia

14. Gewöhnlich lautet die Übersetzung hier, der männlichen Autorschaft entsprechend: »ihr Töchter Jerusalems.« (A. d. Ü.)

Mai 1997

Liebe Julia,

Du bist eine christliche Atheistin und ich bin eine jüdische; uns beide »hält« unsere Geschichte fest. Offensichtlich kommt es nicht in Frage, sich von ihr zu befreien. Na gut! Bleiben wir hier.

Aus diesem Grund kann ich nicht immer »Deine« Jungfrau ertragen[15]. *Einrahmen* ist ein triviales Wort. Dennoch mag ich dieses Wort sehr. Man »erträgt« jemanden nicht, wenn man in der Person etwas Ungewisses entdeckt. Wer ist diese Person? In meinen Augen jemand Schlechtes, das steht fest ... Ebenso gelingt es einem nicht, ein Bild »einzurahmen«, wenn es mit zu viel Gold, zu viel Schwarz, zu viel Stahl überladen ist. Ich nehme oft die Rahmen von den Bildern ab; ich mag sie lieber nackt. Ich ertrage also die Jungfrau nicht, die Du mir zeigst. Sagen wir mal, daß ich sie nackt mehr mögen würde.

Gewiß haben die Wohltaten »Deiner« Jungfrau in der Geschichte der Frauen ihre Rolle gespielt, aber deswegen ... Erinnere Dich an die harte Art und Weise, in der sie ihr Sohn zur Seite drängt. »Weib, was willst du?« Sie? Nur ein bißchen Zärtlichkeit. Aber Jesus stellt klar, daß er gekommen ist, um die Familien zu trennen und nicht, um sie zu vereinen. Gib deine irdischen Bindungen auf, verlasse deine Familie und folge mir im Namen der Liebe. Es ist bekannt, daß die Trennung eines Anhängers von seiner familialen Kleingruppe das Abc beim Entstehen einer jeden Sekte ist. Einverstanden, es ist schockierend, bei der Geburt des Christentums dem sektiererischen Mechanismus wiederzubegegnen. Daß aus dem Christentum eine Weltreligion geworden ist, ändert nichts

15. Die Autorin spielt hier und im folgenden mit der Doppelsinnigkeit von *encadrer*: »einrahmen«/»nicht ertragen können«. (A. d. Ü.)

an dieser historischen Tatsache: jede künftige Religion, das Christentum wie die anderen Religionen, wird als reformatorische Sekte begonnen haben. Wie sollte man sonst zu einer Veränderung kommen? Wie das Alte zwingen, dem Neuen zu weichen? Die Revolte gegen die alte Ordnung erfordert unbedingte Treue, daher die Sekte: das gilt für die Revolte des Buddhismus gegen den Brahmanismus, die des Protestantismus gegen den Katholizismus, und das gilt für das Urchristentum, das im engen Zusammenhang mit einem schon von zahlreichen Sekten ausgehöhlten alten Judentum entstand. Zu einer Religion wird die Sekte mit der Zeit, durch die Anzahl ihrer Anhänger, ihre Fähigkeit, sich zu organisieren und das Charisma ihrer Gründer. Ich sage wirklich Gründer. Ich habe noch keine einzige Religionsgründerin gefunden.

Sektengründerinnen findet man dutzendweise. Aber Religionsstifterinnen? Nicht eine. Unter diesem Gesichtspunkt hat der Fund der Jungfrau durch die Theologen sicherlich für die Pracht der christlichen Kirchen gesorgt. Ich gebe es zu. Aber nach Freuds Art sage ich Dir: je mehr das Verdrängte aufgehoben wird, um so besser wird die Religion ertragen. Das bedarf der Erläuterung, glaube ich. Ich warne Dich: in Sachen Theologie bin ich gerne eine Häretikerin.

In *Moses und der Monotheismus* erblickt Freud im Christentum einen gelungenen Versuch, das Verdrängte eines Menschenopfers, beispielsweise die Ermordung Mose durch die Juden am Rande des Gelobten Landes, aufzuheben. Wie oft bei Freud, ist die Hypothese wackelig, aber der Demonstration gebricht es nicht an Kühnheit. Die Kreuzigung Jesu wäre folglich eine Wiederkehr des Menschenopfers, das ein Vater an seinem Sohn vornimmt. Aber Vater und Sohn sind Gott, die ein und derselbe Atem, der Heilige Geist, *aufrecht erhält.* Gott steckt in drei Personen: muß man das durchmachen, um zum Opfer eines Sohnes Gottes zu gelangen? Ohne Zweifel. Wenn ich die Dämonen Freuds höre, schließe ich daraus, daß mit der Trinität das Verdrängte eines Religionssystems aufgehoben wird, dem das Judentum ein Ende bereitet hat, als es auf der Welt erschien. Dieses Verdrängte kennt man; es ist der Polytheismus. Ich würde daraus schließen: je mehr der Polytheismus wiederkehrt, desto mehr wird das Verdrängte aufgehoben. Der Weg ist frei. Den drei Personen der Gottheit fügte das Christentum eine hinzu: die Jungfrau.

Zum Beweis habe ich es auf die sehr schlichte Art abgesehen, in der die Hindus, Meister in der Kunst der religiösen Aneignung, das Christentum assimiliert haben, als sie konvertierten: in ihren Augen konnten die drei Personen nur ihr Göttertrio sein – Brahma, der Schöpfer, Wischnu, der Ordner, und Shiva, der Herr über Leben und Tod. Das Sanskrit trug das seine dazu bei, und das Trio trägt den Namen *Trimurti*: er hat dieselbe Wurzel wie Trinität, alles geht gut. Und die Jungfrau? Nun, für sie gibt es keinen Gott ohne Göttin. Es gibt nur eine für alle drei? Im hinduistischen Pantheon ist das möglich. Ich habe herrliche Portraits von der Jungfrau Maria mit vier bis sechs Armen, ihrem Heiligenschein und ihrem blauen Mantel gesehen. In Indien bezieht sich das Wesentliche der Konversion zum Christentum also nicht auf die trinitarische Theologie, sondern, ein weitaus wichtigeres Faktum, auf die Gleichheit, die diese Religion mit universeller Berufung in sich schließt.

Zum Christentum konvertieren heißt die Unberührbarkeit und die niederen Kasten verlassen, heißt einen Schlußstrich ziehen. Gib zu, daß, um dieses Ziel zu erreichen, alles willkommen ist, vor allem neue Götter in einem Land, das mit der Zahl seiner Gottheiten nicht geizt... Ebenso verhielt es sich in Indien mit allen anderen egalitären monotheistischen Religionen: in chronologischer Reihenfolge sind das der Buddhismus, der Jainismus, der Islam, der Sikhismus. Aber die Verteilung ist bezeichnend: 120 Millionen Muslime, 16 Millionen Sikhs, 16 Christen, 10 Jains und einige Hunderttausend Buddhisten. Demnach hat im monotheistischen Register der Islam bei weitem die Mehrheit: denn hinsichtlich der Gleichheit unter den Menschen macht der Koran keine Konzessionen. Daß die Stellung der Frauen im Koran aus ihnen zugleich gleiche und zweitrangige Geschöpfe macht, das hat die Massen der Unberührbaren keineswegs davon abgehalten, zum Islam zu konvertieren. Vorrangig vor allem übrigen hat die soziale Stellung gesiegt.

Wir müssen feststellen, daß die einzige Religion in Indien, in der die Frauen die theologische Freiheit erreichen, der Sikhismus ist, der aus der Gleichheit zwischen den Geschlechtern den Punkt eines unerschütterlichen Dogmas macht. Das Ergebnis sieht man: die Sikh-Frauen sind weder verschleiert noch haben sie einen roten Punkt auf der Stirn; sie haben ein stolzes Auftreten und sind Chefinnen von Unternehmen. Ihre Haare sind gelöst, geflochten oder kurz: im Gegensatz zu ihren Männern, unterstehen sie keinem Kleider- oder Frisurendekret. Sie sind freier als ihre hinduistischen Schwestern. Warum? Sicher weil die Stellung eines sakralen Kämpfers, der der Sikh-Mann ist, stets bereit, seine verfolgte Religion zu verteidigen, ihnen einen Handlungsspielraum läßt, von dem die Sikhs im übrigen grundlegend abhängig sind. Sie können noch so martialisch gekleidet sein, eine Behaarung zur Schau stellen, an die keine Schere rühren darf, Tag und Nacht eine »Kampfunterhose« tragen (ein Objekt, das die jungen freizügigen Inderinnen der Hauptstadt sammeln) – sie brauchen unabhängige Frauen. Als ob sie der »Ironie des Gemeinwesens« bedürften, um sich über ihre großen Säbel und ihre Dolche lustig zu machen. Und es stimmt, daß sie Lachende, Spötterinnen sind, die sich sehr frei ausdrücken. Wie die Bäuerinnen der unteren Kasten. Es ist schon lange her, daß unsere Ethnologen – die Franzosen – die Ironie der obszönen Lieder bemerkten, die die Frauen auf den Feldern, die sie gemeinsam mit den Männern bestellen, an diese richten...

Bleiben wir jetzt bei Indien und kehren wir zu den Haaren meiner Tänzerinnen zurück. Diese geweihten Haare sind nicht »modrig«: sie sind im Gegenteil vollkommen trocken. In ihnen findet sich keine Spur von Feuchtigkeit: ich habe sie mit Werg verglichen, Hanfabfälle, die sich leicht entzünden. Diese Haare gehen in Richtung Feuer. Sie dürfen nicht mit Wasser in Berührung kommen, was beachtet werden sollte.

Denn wenn die Waschung den Körper reinigt, so bereitet nur das Feuer dem Schmutz ein Ende. Das Wasser ist für das Gebet bestimmt, aber das Feuer ist etwas anderes.

Zum Beispiel ist der hinduistische Asketismus »brennend«, weil er das Fleisch und seine Begierden verzehrt. Bevor er Buddha wurde, wird der auf den Thron verzichtende Prinz ein vollendeter hinduistischer Asket; und bestimmte Statuen des Gautama, der sich in Askese übt, zeigen ihn uns ohne Fleisch, nichts als Haut und Knochen. Denn er hat alles in sich »verbrannt«. Denn er hat durch das spirituelle Braten die natürliche Roheit verlassen. Ich habe Lust, die Ernährungsgesetze der menschlichen Spezies zu wiederholen, die Lévi-Strauss in den *Mythologien* erläutert hat: ein Mensch zu werden bedeutet, Gekochtes zu essen. Das Rohe ist natürlich, das Gekochte kulturell, und die erste der menschlichen Spezies eigene Handlung ist das Feuermachen. Aber »kochen« heißt warten. Heißt die Zeit des Kochvorgangs einhalten, der Ungeduld einen Maulkorb anlegen, aufschieben können. Ebenso verhält es sich mit der Heirat, die, im Gegensatz zur Vergewaltigung, ein Abwarten erfordert; mit dem Tausch, der kein Raub ist; mit dem Krieg, der kein Mord ist. Nun, in Indien erfordert die Askese ein ganzes Leben. Ein langes Warten, das ausdrücklich als ein Braten des Fleisches definiert wird: der Geist gebietet dem Körper, der allmählich abmagert.

Das sind keine Metaphern. Das erste Anzeichen des Fortschreitens zur Ekstase hin ist traditionsgemäß sichtbar: die Haut auf der Brust des Askese-Anfängers ist gerötet. Sie ist rot, zweifellos auf Grund der ableitenden Wirkungen der Atemübungen. Man sagt, die Haut des Asketen sei »goldbraun« wie gutes Brot. Der künftige Buddha ist so vollständig Asket, daß er »gebraten« ist. Aber, und dies war der Wendepunkt auf dem Weg des zukünftigen Buddha, dieses endlose Austrocknen erschien dem Prinzen als unfruchtbar. Da brach er das Fasten und aß gerührt den Reis, den ihm eine Frau reichte. Er war kein Hindu mehr. Und indem er auf das Braten des Körpers durch den Geist verzichtete, versenkte er sich in die Meditation, in der weder Körper noch Geist existieren.

Dann gibt es den Tod. Augenblicklich wird der Körper wieder etwas Rohes. Man trocknet ihn, man verbrennt ihn. Man brät ihn. Denn der Leichnam selbst ist ein Opfer, ein Braten, den man auf dem brennenden Holzstoß pietätvoll mit Butter besprengt. Das Wasser übernimmt wieder seine Rolle, wenn man die Asche in den Fluß streut, nachdem das Opfer vollbracht ist. Dieses Braten ist bei einfachen Gläubigen geboten; was die Asketen betrifft, so werden sie als bereits gebraten betrachtet. Sie werden nicht verfaulen, da ja die Askese ihr Fleisch verbrannt hat. Man verbrennt sie nicht; man beerdigt sie aufrecht stehend oder wirft sie in den Fluß. Dies, um Dir zu sagen, daß der höchste Wert des Sakralen nicht das Wasser, sondern das Feuer ist, und daß jene trockenen Haare eine Art Askese darstellen.

Du hast recht, wenn Du sagst, daß ungewaschene Haare nicht »dreckig«, sondern »sakral« sind. Ist dies, wie Du schreibst, eine »dunkle Verbindung zwischen dem körperlichen Abfall und der mütterlichen Macht«?« Das würde stimmen, wenn diese Praxis den Tänzerinnen vorbehalten wäre. Aber alle »Entsagenden« haben ein Recht darauf und sakrale Haare sind für Mann und Frau gleich. Was nun? Abermals muß man das Weibliche zwischen Mann und Frau aufteilen, um sich zurechtzufinden.

Was die fröhliche Defäkation der Hindus betrifft, so ist sie, als schlichtes Resultat der Modernisierung, im Verschwinden begriffen. Dieser Brauch, gewohnheitsmäßig »Ruf der Natur« genannt, weicht zunächst Hygienekampagnen (denn es ist Vorschrift, sich mit der linken Hand abzuputzen: Vorsicht, Epidemien!), dann dem massiven Bevölkerungszuwachs (zwischen 1991 und 1996 mehr als hundertfünfzig Millionen). Die Bildung tut ein übriges, der wachsende Wohlstand besorgt den Rest. Letzter Punkt: sämtliche Blutbäder des 20. Jahrhunderts in Indien betreffen das Rivalisieren zwischen polytheistischen Hindus und monotheistischen Muslims, oder Muslims und Sikhs, also zwischen Anhängern monotheistischer Religionen. Ich sehe nicht den geringsten Zusammenhang mit dem hinduistischen polytheistischen Pantheon, dessen Götter Legion sind; für einen Fanatismus sind es zu viele. Der Beweis dafür ist, daß sich die zeitgenössischen hinduistischen Fanatiker dazu entschlosssen, das polytheistische Pantheon auf einen einzigen Gott, Ram, zu beschränken. Nein, ich bin wirklich anderer Meinung; der wahre Polytheismus ist eher ein gutmütiger Kerl, *der Monotheismus* schürt Fanatismen.

Sprechen wir schließlich von der polytheistischen Diätik. Oft ernähren sich die Götter von Rauch, Weihrauch oder verbrannten Tieren. Da sie der Unvollkommenheit des Menschen vorbehalten ist, scheint die fleischverzehrende Diätik aus dem göttlichen Bereich verbannt zu sein. Wegen des Blutes? Wahrscheinlich. Vielleicht hat die große vegetarische Propagandabewegung in den hochzivilisierten Ländern eine noch nicht wahrnehmbare Bedeutung: »Essen wir wie die Götter …« Vor allem kein Blut! Vielleicht entfernen wir uns ein wenig von der Theologie des blutigen Opfers, an dessen Ursprung man das Menschenopfer ahnt.

Aber von der Wirklichkeit sind wir noch weit entfernt. Die »Geister« in Afrika, Vermittler zwischen einem abwesenden Gott und dem Menschen, sind fleischfressende, milchliebende Genießer, denen es nach Eingeweiden und Blut gelüstet. Aus einer vergangenen Epoche bestehen in Indien ein paar Opferungen fort: in Bengalen ernährt sich Kâli von Ziegenblut, während Tieropfer seit 1960 verboten sind. (Es stimmt, daß das Fleisch der geopferten Ziegen den Armen Kalkuttas zugute kommt, was keine schlechte Idee ist.) Nun, der Shiva darstellende erigierte Phallus trinkt Milch, die an der Spitze der entblößten Eichel ausgegossen wird. Milch, Blut, aber kein Brot.

Das Judentum weiht es teilweise beim Passach-Fest, das verlangt, zur Erinnerung an die eilige Flucht aus Ägypten, daß man ungesäuertes Brot ißt. Aber man verzehrt auch ein Lamm, das geteilt wird. Im Christentum ist das Lamm Christus persönlich. Am Kreuz »gebraten«? Ich würde das bejahen. In gewisser Weise gibt es beim Leiden Christi am Kreuz diese Askese des Bratens des Fleisches. Dann sind die geweihten Speisen wirklich das Brot und der Wein, der Leib und das Blut von Gottes Sohn. Diese beiden Speisen aber kommen in der Natur nicht vor, da sie ja von der menschlichen Spezies hergestellt werden: ein großer Fortschritt! Vom Rohen zum Gekochten überzugehen, gestattet immer, die Atmosphäre des Menschenopfers zu verlassen, die bei der Opferung des Stiers im N'Doeup so sehr spürbar ist. Vor knapp einem Jahrhundert haben die Diola aus Casamance beschlossen, beim Opferritus den Menschen durch einen schwarzen Stier ohne Hörner zu ersetzen (die Stirn eines hornlosen Stiers gleicht verblüffend derjenigen eines Menschen).

Traditionell sind die Frauen wenig an der Weinherstellung beteiligt, aber sie backen Brot. Das Sabbat-Ritual, wie es zur Zeit der letzten osteuropäischen Ghettos in *Die Flamme des Sabbats* geschildert wird, erzählt dies auf bewegende Weise: es ist die Aufgabe der Frau, die *Challah* für das heilige Mahl zu backen. Aber die Gebete wird nicht sie sprechen. Sondern der Vater. Zu wiederholen, daß sich die Rolle der Frau aufs Kochen beschränkt, ist banal, außer man legt dar, daß diese alte Leier im Sakralen verwurzelt ist. Der opfernde Mann schneidet Kehlen durch, schneidet ab, doch er kocht nicht. Und ich denke schon, daß die Hostien von Nonnen hergestellt werden.

Ja, es gibt noch Priesterinnen. Sie wurden im Griechenland der Antike, bei den nach Rom während des Kaiserreichs eingeführten orientalischen Kulten geschätzt, sowie im Shintoismus. Und sie werden in Afrika noch immer geschätzt. Sieh an! Auch sie kochen nicht. Die Frauen, die während der N'Doeup-Zeremonie für die Heilerinnen das Essen zubereiten, sind nicht geweiht: sie sind einfache Köchinnen. Heißt das, daß die sakrale Aufgabe für beide Geschlechter das Kochen ausschließt? Ich glaube es. Die Frauen bürgen nur für gutes Essen derer, die mit der Vorbereitung des Sakralen beauftragt wurden. Man muß sich in Victoria Station, dem großen Bahnhof von Bombay, die Unmengen von Eßgeschirren ansehen, die, auf riesigen Gestellen übereinander gestapelt, jeden Morgen über die Bahnsteige gezogen werden … Diese sorgfältig numerierten Geschirre nehmen die Angestellten mit an ihren Arbeitsplatz, denn dann sind sie sicher, daß *ihr* Essen, von *ihrer* Frau zubereitet, wirklich das Essen *ihrer* Religion, *ihrer* Stellung, *ihrer* Kaste sein wird …

Ein komisches Paradox! Die »Frau« ist unrein, weil sie »rohes« Blut ausscheidet, und trotzdem überführt sie Rohes in Gekochtes. Eines steht fest: nur eine Mutter bietet dem Kind das erste Essen seines Lebens, die Muttermilch; eine geheimnisvolle Substanz, die weder »gekocht« noch völlig »roh« ist. Zu dieser Gebärde, die wir mit den Tieren gemeinsam haben, kommen solche hinzu, die uns von ihnen unterscheiden: das Kochen des ersten Breis, der ersten Pürees, so fängt's an.

Was die Frauen angeht, die sich in den Mythen zu kochen weigern, so kocht man es ihnen. Sie werden bestraft, wie es Lévi-Strauss in einem der schönsten Abschnitte der *Mythologien* darstellt. Dies spielt sich bei den brasilianischen Indianern ab, die nach Honig lüstern sind. Ein überaus kalorienreiches Nahrungsmittel für unterernährte Völker, ist der gesammelte Honig so konzentriert, daß man ihn unverdünnt nicht verzehren kann. Er wird gesammelt und mit Wasser vermischt, andernfalls wird man von einer gefährlichen Trunkenheit ergriffen. Vor allem teilt man die wertvollen Kalorien innerhalb der Gemeinschaft. Aber ein gewisses unerzogenes Mädchen war so verrückt nach Honig, daß sie unter Mißachtung der geltenden Regeln in den Wald ging, um sich aus den Höhlen der Baumstämme den Bauch vollzuschlagen. Ein Sakrileg!

Sie hatte die Tischsitten nicht beachtet, sie hatte Infantilismus an den Tag gelegt, sie hatte das Verdünnen nicht abgewartet, und vor allem hatte sie die wertvolle Flüssigkeit alleine verzehrt... Die Strafe wird so schwer sein wie das Vergehen: sie wird zerstückelt, gekocht und gegessen. Die Geschichte des »Nach Honig verrückten Mädchens« illustriert sehr gut die Bedeutung des sakralen Teilens, das Warten erfordert. Da ist ein Mädchen, das unverheiratet ist, das dem Gesetz entgehen will, das nicht teilen will, das sich weigert zu kochen und heimlich ein unschätzbares Produkt verzehrt, das um so sakraler ist, als der Honig, ein in der Natur vorkommendes Element,...weder roh noch gekocht ist. Roh, weil er von der Natur herrührt, aber »gekocht« durch die Alchimie der Bienen, entzieht sich der Honig der Dichotomie Kultur – Natur. Die Bestrafung des nach Honig verrückten Mädchens demonstriert, was es einen kostet, die Staatsordnung abzulehnen: weder das Zölibat noch die einsame Bulimie sind erlaubt. Wie gut man das liebe Kind trotzdem versteht! Heute sind wir Mädchen, die nach allem Honig verrückt sind. Eilige gierige Esserinnen? Ohne Zweifel. Das muß wohl sein.

Kochende Männer benutzen absichtlich ein alchimistisches Vokabular: Kreation, Forschung, Wissenschaft, Kunst, Suche nach der Substanz, die die Geschmackspapillen der Zunge noch nie gespürt haben ... Gut, die Vulgata der Chefs der Haute cuisine, so wie man Haute couture sagt, ist bekannt: Kochen heißt schöpferisch sein. Man kann Meisterwerke kreieren. Täglich? Das ist diskutabel. Ich versäume keine der Feinschmeckerzeitschriften und muß feststellen, daß auch sie es anödet, mit Liebe Gerichte zuzubereiten, um Dienstmädchen zu zerstreuen, die an ihrer Tageszeitung hängen. Eine fesselnde Literatur, wo sich die Metapher auf dem Tisch abspielt, wo man, um ihm Mumm zu machen, das Dienstmädchen anweist, Kresse auf dem Erdbeerkuchen zu arrangieren und Marmelade auf dem Lachs. Etwas Phantasie, zum Teufel! raten sie. Aber Kochrezepte haben ihre eigenen Gesetze, die sich abnutzen. Wetten, daß das eheliche Dienstmädchen, das seiner Familie täglich Gerichte dieser Art vorsetzt ... Geschrei der Familie: wir wollen Hamburger, Nudeln, Pommes frites! Die Neuerung ruft Widerstände hervor. Wenn Mamas Küche ketzerisch wird, werden die Kinder unzufrieden. Das Sakrale erfordert die Wiederholung.

Übrigens, kannst Du in Deinen Nachschlagewerken über die Jungfrau Maria eine für mich finden, die für die heilige Familie kocht? Was bereitet die Heilige Jungfrau zu? Die Göttlichkeit ihres Sohnes, ihren eigenen Schmerz oder das Brot? Sie gibt die Brust; das ist nicht sehr schwierig – obgleich. Aber das übrige? Du sagst mir, daß sie keine Frau sei, und Du hast recht. Nach Honig verrückt war die Jungfrau beinahe nie. Das Gefühl der Trunkenheit, das man von ihr im Augenblick der Verkündigung kennt, ist ihr einziger Abstecher, aber diese erhabene Begeisterung entstammt einem göttlichen Befehl.

Ich bevorzuge die Begeisterung der Bacchantinnen, denen ein Gott, der eine Tunika trägt, erlaubt hat, mit ihm den Wein zu teilen, das Getränk der Männer. Einverstanden, der Gott ist ein Giftzwerg. Er kann einer Mutter, die sich in Ekstase befindet, vorschreiben, daß sie ihrem Sohn den Kopf abreißt, während sie ihn für einen Löwen hält. Der weibliche Exzeß zeigt sich hier mit seinem sehr realen Gewaltpotential, das stimmt. Doch ein und derselbe Trieb bewegt das nach Honig verrückte Mädchen und die Bacchantinnen: der Ordnung entkommen. Du siehst, ich bin vorsichtig. Ich sage nicht »Ordnung der Männer«. Nein, ich rede von der Ordnung an sich, was nicht dasselbe ist. Unter diesem Gesichtspunkt ist die von der Jungfrau Maria verursachte theologische Unordnung recht hübsch.

Kann man sich ein Sakrales ohne Unordnung vorstellen? Ja und nein. Das Sakrale sprengt die Ordnung, um eine neue einzuführen. Das Sakrale ist »von anderer Ordnung«, wir haben es bei Deinen Mystikern und meinen Heilerinnen gesehen, bei »meinen« Trancezuständen und Deinen Ekstasen. Für die Männer stellt diese andere Zeit eine transzendente Beziehung mit dem Göttlichen her. Sie, die Frauen, begegnen dabei zweifelsfrei dem »Rohen« ihres Innersten wieder, wie es die inneren Labyrinthe der Inspirierten beweisen. Das ist weder dasselbe Verhältnis zur Ordnung der Welt noch dasselbe Verhältnis zum Über-Natürlichen, das seinen Namen zu Recht trägt. Die Aufgabe der männlichen Offizianten ist es, ihm zugunsten des Transzendenten auszuweichen, die Frauen, na, da bin ich mir nicht so sicher.

Denn von der Transzendenz zum Übernatürlichen ist es weit...

Wie es das Wort schon anzeigt, geht die Transzendenz über die Gegensätze hinaus. Im Aufbau des Wortes »übernatürlich«

aber bleiben Gegensatzbruchstücke bestehen, auf der einen Seite natürlich, auf der anderen übernatürlich. Das Übernatürliche ist mit der Empfindung vermischt; es ist körperlich. Mir scheint, die Transzendenz hat ihren Platz nicht im Register des Rohen. Sie ist gewissermaßen »gekocht«. Ich stelle mir eine geheime Aufteilung zwischen der männlichen Transzendenz und dem weiblichen Übernatürlichen vor. Die eine gehört der Ordnung an, das andere der Gegen-Ordnung. Das wird Dich nicht überraschen: wie das nach Honig verrückte Mädchen bin ich versessen auf Honig, der zur Unzeit gegessen wird.

Catherine

Paris, 4. Juli 1997

Liebe Catherine,

Deine Zusammenfassungen, denen es nicht an Schonungslosigkeit gebricht, erfreuen mich! Wenn Du mich zum Beispiel – nach meinem Brief über die Frauen in der Bibel – als christliche Atheistin siehst und unmittelbar danach im Christentum das »Kennzeichen der Sekte« ausfindig machst, während Du mich aufforderst, »Maria satt zu bekommen«! Sachte, sachte! Ich bin sicher, Du formulierst es anders, sollte sich unser Plan einer Veröffentlichung klarer abzeichnen. Wenn es den Atheismus gäbe – was nicht sicher ist –, würde es keine Religion geben. Wohl aber die Ermattung aller Religionen in Kenntnis der Sachlage, wie es der alte Hegel wollte, einschließlich der universellen, der christlichen. Nun, dieses Vergessen des Christentums, das sich manchmal den Anschein einer befreienden Blasphemie gibt, charakterisiert viele moderne »Atheisten«. Ein Vergessen, eine Verweigerung, bei der sie sich unwohl fühlen. Solltest Du zu ihnen gehören?

»Meine« Jungfrau, wie Du sagst, die Dich betrübt, ist gewiß kein Modell für die Frauen dieses Jahrtausendendes. Sollte ich auch nur ein ganz klein wenig dieser Ansicht sein, hätten wir diesen Briefwechsel nicht angefangen. Sie wegen ihrer fehlenden Erfahrung in Sachen Babysitting, Breis für Säuglinge und andere Kost für erwachsene oder kleine Kinder in die Ecke zu treiben, ist sicher sehr komisch, verfehlt aber nichtsdestoweniger jene geschickte und – ich bleibe dabei – herrliche Konstruktion der Jungfrau-und-Mutter-Gottes. Der das Verdienst zukommt, daß sie auf ihre Weise – die wahrhaftig keine endgültige ist, und zwar aus gutem Grund – eine Frage angeschnitten hat, die schmerzlicherweise ungelöst geblieben ist: wie kann man das uterine Kochen mit dem Feuer des Wortes verbinden; wie kann man die Logik der Leidenschaft mit der Ordnung (wie Du sagst) des Ideals, des Verbotes, des Gesetzes verschweißen. Der Ordnung des Über-Ichs, formuliert dieser teure Sigmund genauer.

Die Brust der Jungfrau – ich spreche von ihrem Schoß und von ihren Brustwarzen – bietet sich exakt dazu an, jenen Übergang zu verwirklichen: sie gab Anlaß zu prächtigen Gemälden. Die wiederaufkommende Rehabilitierung des erotischen weiblichen Körpers ist ohne die Verherrlichung des jungfräulichen Körpers nicht möglich – was den Puristen und Puritanern nicht mißfällt, seien sie nun Christen oder Atheisten. Selbst wenn eine Anhängerin Marias (was ich nicht bin: Deine schneidende Heftigkeit wird es womöglich »eingerahmt« haben, um Deinen Ausdruck zu verwenden) ihren Brustkrebs haben kann – genauso wie eine Jüdin oder eine Parsin –, solltest Du zugeben, daß es nicht wirklich gelungen ist, in den Kirchen diese Brust zu verbergen, die ich unweigerlich sehe. Trotz der Falten des blauen Kleides Marias, oder dank ihrer … Wenn die weibliche Schuld bestehen bleibt – in der Lust oder im Schmerz zu essen geben oder sich aufessen lassen –, dann hat mit Maria diese Schuld eine gewisse Chance, sich dem Blick nicht zu entziehen … Dem der Maler, die perverse Fetischisten sind, einverstanden; aber schließlich auch nicht dem Blick der Frauen …

Eine verflixte Angelegenheit, diese Verbindung zwischen dem Hunger (den die Frau verspürt, herausfordert und aufrechterhält) und der Pflicht. Wenn Du gestattest, werde ich Dir von meinen Analysandinnen erzählen.

Ich komme soeben von Agnès – so werde ich die anoretische Patientin nennen, die ich in meinem letzten Brief erwähnt habe. Ein großes dürres Mädchen, durchscheinend, gespannt wie ein Drahtseil und brüchig wie getrockneter Ton, bei dem ich mich immer frage, ob sie zu Staub zerfallen oder im Gegenteil scharf wie eine Klinge werden wird. Wochenlang ißt sie nichts, dann stopft sie sich plötzlich mit Schokolade und irgendwelchen Kuchen voll, bevor sie sich zum Erbrechen bringt, daß sie vor Schwindelanfällen und Schmerzen fast stirbt, dann beginnt der Kreislauf von neuem. Sicher rührt sie mich, zweifellos ein bißchen zu sehr; erzähle das nicht meinen Psychoanalytiker-Kollegen weiter, die natürlich der Ansicht wären, daß ich die Gegenübertragung schlecht beherrsche, womit sie nicht ganz Unrecht hätten. Trotzdem bin ich nie anoretisch gewesen. Nicht wirklich. Aber ich weiß, daß ich sehr früh abgestillt wurde, da Mama eine Brustdrüsenentzündung hatte und ich als Kind Milch schlecht vertrug – Schafsmilch, Kuhmilch, Ziegenmilch, Kondensmilch, Magermilch, Vollmilch: es war zwecklos. Beim kleinsten Tröpfchen Sahne mußte ich mich übergeben. Zwangsläufig, weil man mir meine Muttermilch sehr früh – zu früh, sagte meine Mutter – weggenommen hatte. Ich erzähle mir diese etwas simple, aber nicht minder schmerzhafte Geschichte, um mit den kranken Brüsten abzuschließen und meine Gegenübertragung bei Agnès zu analysieren, um sie, nur sie zu hören – und nicht meine Sahnegeschichtchen, die nur meine Mutter und mich etwas angehen.

Kurz, es gibt nichts Besseres als eine Anoretikerin, um einem diesen Eindruck einer elenden Religion zu vermitteln, vielleicht, weil sie ein Elend der Religion enthüllt. Wenn ich »elende Religion« sage, versuche ich nicht, die Religion herabzuwürdigen, im Gegenteil: weil sie das Elend zähmt, verhilft die Religion zum Leben und ist deshalb womöglich nicht zu überbieten. Und je elender sie ist, desto mehr sucht sie das lebendige Fleisch heim. Der Verzweiflung nahe, grenzt die Religion doch an das Symptom. Agnès ist keine Gläubige, sie hat sich gerade über ihre Symptome beklagt. Ihre Mutter verschlingen und verdauen, die sie verehrt und verabscheut: eine unmögliche Aufgabe, aber mit welcher Leidenschaft geht sie ihr nach! Der Handlungsablauf wiederholt sich selbstverständlich mit ihren Freunden, ihren Dienstvorgesetzten und tagtäglich mit dem, was sie zur Hand hat, das heißt: mit ihrem Lebensgefährten. Agnès' Gefährte, Du wirst es geahnt haben, ist ein sehr femininer, sehr mütterlicher, nicht wirklich effeminierter Junge, aber eine wahre »Brust«. Sich einen neuen Liebhaber nehmen? Sie denkt daran: ein Mann, ein wirklicher Mann, wie es sie nicht mehr gibt, der seine Männlichkeit durchsetzt und dabei seinen weiblichen Partnerinnen – im wörtlichen und übertragenen Sinne – weh tut. Einen solchen müßte sie aufgabeln. Ich erspare Dir die Feinheiten des Labyrinths, durch das wir, sie und ich, während der Sitzungen gingen: einerseits der Wunsch, der Page zu sein, der eine frustrierte Mutter glücklich machen würde, andererseits derjenige, mit dem Vater – auch er geliebt – auszureißen, der zur größten Verzweiflung von Mutter und Tochter das Heim verließ …

Die Frau Agnès, der Mann Agnès, Agnès, die in ihrem Mund, ihrem Magen, ihrem Anus – durch Heißhunger, Erbrechen, Verstopfung und Durchfall – den gewünschten und unmöglichen Koitus beider Elternteile spielt, unmöglich, da sie ja beide gleichzeitig und keines davon ist … »Es ist schon komisch, wenn ich so sagen darf«, murmelte sie, bevor sie vorhin ging, »aber in diesem Verfall habe ich den Eindruck, eine Pflicht zu erfüllen.«

Die Pflicht! Darum geht es wirklich. Die Trennung Agnès' von ihrer Mutter war offenbar zu brutal (als sie noch kein Jahr alt war, bekam sie einen Bruder) und wurde gleichzeitig nie vollzogen. Mütterliche Depression, Gewalt und Abwesenheit des Vaters, frühreife Intelligenz der Kleinen, die im Alter von einem Jahr die »Große« wird: deshalb ist ihre Tochter nicht »stumm«, sondern wird heftigst vom … Über-Ich bestimmt. Die technische Terminologie der Psychoanalyse hat den Vorteil, eine Katze eine Katze zu nennen – was zwar der Feinheiten entbehrt, aber eine schnelle Verständigung ermöglicht, ein erheblicher Vorteil, insbesondere bei einem Briefwechsel unter Komplizinnen, wie wir es sind. Diese notwendige Trennung, die es uns erlaubt, uns vom Mutterschoß zu entfernen – oh, recht wenig, nach und nach, nie genug! –, um früher oder später das Weite zu suchen, diese Trennung, sage ich, ist in Agnès zu einem der strengsten Verbote erstarrt: du sollst von dieser Mutter nichts essen!

Ganz am Anfang begünstigt diese Strenge sie: Agnès verschlingt Wörter, Bücher, wird eine brillante Intellektuelle. Eine verflixte Vater-Tochter, wenn Du verstehst, was ich meine. Doch das gespannte Drahtseil dieser Begeisterung für das Darüberhinaus, dieser Leidenschaft für das Symbolische, dieser Gespanntheit zum Anderen hin, das ständig flieht – wie es sich gehört, wenn man wirklich ANDERS ist – grenzt an die unbefriedigte Verschmelzung und die brennende Begierde. Die Pflicht schneidet, aber bringt die spürbaren Lüste nicht zur Ruhe. Agnès verschafft sie sich nur, um sie besser abzulehnen: ein sadomasochistisches Drama direkt im Körper – in den Lippen, den Zähnen, der Zunge, dem Hals, bis auf den Grund des Magens. Und da die Pflicht die Mutter begünstigt – das »du sollst von dieser Mutter nichts essen« –, spielt sich das Drama zwischen dem einen und dem anderen Selbst ab: »Ich verschlinge dich/ich spucke dich aus. Ich liebe dich/ich töte dich« wird zu: »Ich verschlinge mich/ich spucke mich aus. Ich liebe mich/ich töte mich.« Freud schrieb, die Frauen seien zu einem Über-Ich nicht imstande. Ich weiß wohl, daß er an Wien und seine privilegierten Frauen aus dem Großbürgertum denkt, aber das haut nicht bei jeder hin, weit gefehlt. Die Anoretikerin ist mit ihrem Über-Ich verschweißt: übermäßig moralisch, übermäßig gewissenhaft, übermäßig dem Gesetz, Gott, dem Einen – nenne es, wie Du willst – hingegeben. Von dieser Strenge, die sie aufrechterhält und gleichzeitig zerstört, bittet sie mich, sie zu befreien. Soll das heißen, daß ich sie um ihre Pflicht, um ihre Verpflichtung, Alles und Jede zu sein, berauben muß?

Gewiß, Agnès wird ihre tyrannische Religion verlieren, sie ist schon auf dem Weg dahin; aber weder ihr Pflichtbewußtsein noch ihre Moral einbüßen. Weder das Über-Ich noch die Verdrängung verschwinden in der Analyse – sie werden höchstens nachgiebiger. Und durch was wird die tyrannische Religion ersetzt? Durch jene Zärtlichkeit, die nichts anderes ist als die Möglichkeit, sich die Geschichte der Pflicht zu erzählen, die man das Imaginäre nennt. Ich werde Dir sagen, warum für mich das Sakrale auch dies ist, und vielleicht nur dies: das Imaginäre. Zuvor möchte ich mich an eine andere

Anoretikerin, Caterina Benincasa, genannt Catharina von Siena (1347-1380), erinnern. Wie Du siehst, komme ich wieder auf das Christentum zu sprechen, aber um Dich auf etwas zu bringen, das Du ihr nicht zugestehst: nämlich die Gewalt des Wortes demonstriert zu haben. Ich sage sehr wohl die Gewalt, die andere Seite der Liebe, die bekanntlich in den Genuß der Werbung gekommen ist ...

Diese bemerkenswerte Frau, die die leidenschaftliche Liebe zu Gott predigte, eine begeisterte Dominikanerin und, mit dem heiligen Franz von Assisi, Schutzpatronin Italiens, war wie der heilige Thomas von Aquino Kirchenlehrerin. Wie durch ein Wunder genas sie von der Pest und schrieb im *Dialog der göttlichen Vorsehung* – einem der ersten Meisterwerke der italienischen Literatur – ihre Ekstasen nieder, obgleich sie auf ihre Weise eine Art Anoretikerin war. Außer ihren eigenen Schriften hinterläßt uns ihre Biographie, die ihr Beichtvater Raymond de Capua schrieb, ein regelrechtes Heiligenleben, in dem die Anorexie nichts erklärt, aber trotzdem die extreme Bedeutung der Liebe und der Pflicht deutlich macht, ohne die Caterina nicht Catharina von Siena gewesen wäre.

Dein Homonym war ein Zwilling, und wie es häufig der Fall ist, waren die beiden Babys sehr schwächlich. Bei ihrer Geburt war ihre Mutter, Lapa Piacenti, etwa vierzig Jahre alt und bereits Mutter von zweiundzwanzig Kindern, von denen nur die Hälfte überlebt hatte! Sie mußte sich von einem der Zwillinge trennen, Giovanna, die zu einer Amme gegeben wurde und bald starb. Catharina klammerte sich an die Mutterbrust und kam wieder zu Kräften. Satt und zufrieden: sie war die Auserwählte – hiermit wird die analytische Hypothese bestätigt, der zufolge oral befriedigte Menschen zur Hoffnung und ... zum Glauben imstande sind. Zwei Jahre nach den Zwillingen kam eine weitere Giovanna auf die Welt und Catharina gewann diese zweite Schwester, das Double des »ersten Doubles«, lieb; doch die zweite Giovanna starb ihrerseits ... 1363 – genau in dem Jahr, da Catharina zur radikalen Heiligkeit konvertierte. Du beginnst zu ahnen, daß der dornige Weg der Pflicht mit Toten oder vielmehr weiblichen Toten – Doubles und Geliebten übersät ist. Als ihre Schwester Bonaventura, die sie ebenfalls bewundert, im Kindbett stirbt, fühlt sich Catharina verantwortlich und beschuldigt sich dieses Todes: wie des Todes von Giovanna? Der beiden Giovannas? Als Gipfel der Pflicht verlangt Lapa, die Mutter, daß Catharina...den Mann ihrer verstorbenen Schwester heiratet. Du erkennst das Psychodrama. Frage: wie könnte sich unsere zukünftige Heilige dieser mütterlichen und schwesterlichen Umarmung, die zwar liebevoll, aber tödlich ist, diesem unentwirrbaren *double bind* entwinden?

Es war recht einfach, aber es mußte sein: Catharina trennte und schnitt von sich aus, sie beschloß, daß sie das Gesetz sei. Sie untersagte sich die tödlichen Wonnen des Inzests und der Promiskuität, nahm aber dieses grausame Gesetz auf sich: nicht ihr zwingt mich, *euer Verbot* ist nur *meine Pflicht.* Ich werde es sogar strenger, es mächtiger machen, als ihr euch je vorstellen könnt. Denn allein ich gebiete: in der vertraulichen Unterredung mit dem, was ihr nicht seid, mit dem Anderen, mit Gott.

Dieses Spiel wird recht früh eingesetzt: Catharina hat ihre erste Vision mit sechs oder sieben Jahren, als sie in Begleitung ihres Bruders Stefano ihre bereits verheiratete Schwester Bonaventura besucht: Jesus in Weiß lächelt ihr zu. Von dieser Vision sagt Catharina jahrelang niemandem etwas, aber sie läßt ihre kompensierenden und tröstlichen Bilder in ihrer Einsamkeit reifen und genießt so ihre persönliche, unauflösliche Bindung an ein sakrales Ideal, den Göttlichen Bräutigam, der allein ihr zugedacht ist. Im Alter von zehn Jahren, als ihre Mutter sie ausschimpft, weil sie spät abends nach Hause gekommen ist (»Verflucht seien die bösen Zungen, die sagen, daß du nicht mehr heimkommen wirst!«), antwortet ihr Catharina: »Meine Mutter, wenn ich nicht tue, was du von mir verlangst, so schlage mich bitte, so lange du willst, damit ich beim nächsten Mal achtsamer bin: das ist dein Recht und deine Pflicht. Aber lasse bitte deine Zunge nicht andere Leute, seien sie nun gut oder schlecht, meiner eigenen Missetaten wegen verfluchen, denn das schickt sich nicht in deinem Alter und bereitet mir großen Schmerz.«

Vernimmst Du diese Kraft? Catharina lehnt die Strafe nicht ab, die ihr aufzuerlegen die Mutter sich anschickt: sie macht sie sich zu eigen und überbietet sie. Nicht die Mutter bestraft, die Tochter weist die Mutter zurecht und bestraft sich selbst. Die Tochter gewinnt die Oberhand, sie macht es sich zur Pflicht, die Unzufriedenheit der Mutter und ihre Trennung in einen persönlichen moralischen Sieg zu verwandeln. Diesem psychischen Spiel gewinnt sie zweifellos eine große Befriedigung ab, indem sie sich kasteit. Doch dasselbe Spiel baut ihr moralisches Wesen auf...und ihre Fähigkeit, jede Entbehrung, jede Prüfung zu überwinden – angefangen beim Ekel, einer oralen Prüfung. Catharina weigert sich zu heiraten, weiht ihr Leben Jesus und hört auf zu essen. Die Diät beginnt im Alter von sechzehn Jahren – sie gestattet sich nur Brot, rohes Gemüse und Wasser. Nach dem Tod ihres Vaters verzichtet sie auf das Brot. Ungefähr im Alter von fünfundzwanzig Jahren ißt sie »nichts«. Vorsichtige Geister und böse Zungen behaupten, daß sie sich heimlich gleichwohl ein paar Leckereien gönnt ... aber das ist banal. Weniger banal ist, daß sie, während sie die von Krebs befallene Brust (sie schon wieder!) einer Frau verbindet, in Anbetracht des Fäulnisgeruchs vor Ekel zurückweicht. Aber mit dem Entschluß, jede Reaktion ihres Körpers zu unterbinden, fängt sie den Eiter auf und trinkt ihn. Nachts erscheint ihr Jesus, der sie bittet, das Blut seiner Wunden zu trinken und Catharina nimmt diese Einladung wie einen Trost für ihren Magen auf, der von nun an »von Nahrung nichts mehr wissen will und sie nicht mehr verdauen kann«.

Die Biographen haben nicht darauf verzichtet, die Vaterfigur dieser Frau der Pflicht zu sezieren, wie Du Dir denken kannst: ein nicht immer erfolgreicher Färber, Giacomo Benincasa, aber ein Mann mit gesundem Menschenverstand, der in diesen von der Pest heimgesuchten Zeiten über einiges Vermögen verfügte. Dennoch ist Catharina ganz offensichtlich mit der Muttermilch verklebt – Lapa stillte ihre Kinder natürlich ziemlich früh ab, da sie fast ständig schwanger war, und Catharina war die einzige, die lange und restlos auf dieser Milchstraße gewiegt wurde. Die Moral von der Geschichte ist, daß man sich mit einem zu sehr befriedigten Mund nur durch einen äußerst anspruchsvollen Glauben retten kann. Doch der pure Wille macht noch keine Heilige, und sogar Catharina hat mit ihren Extravaganzen das Mißtrauen der Kirche erregt, die eine Sonderkommission einberief, um ihren Fall zu prüfen, bevor sie sie, von so viel Redlichkeit besiegt, schließlich und endlich dennoch heiligsprach. Eine so unglaubliche Anstrengung, sich selbst zu besiegen und die Leidenschaft zu unterdrücken, die einen an die Mutter und die Schwestern bindet – nicht nur durch Hungern, sondern auch noch durch Geißeln und absolutes Schweigen –, kann die Bewunderung nur forcieren. Obendrein ist Catharina dermaßen von ihrer mystischen Vereinigung mit Gott überzeugt – Jesus und Maria erscheinen ihr und reichen ihr den Brautring –, daß sie, als Lapa krank wird, Jesus gebietet (statt zu bitten), ihren Teil ihres mystischen Vertrags zurückzunehmen, die Gesundheit ihrer Mutter wiederherzustellen – und anstelle ihrer Mutter ihr die Krankheit aufzubürden.

Bei den Päpsten von Avignon, die sie von der Rückkehr nach Italien überzeugt, wächst ihr Einfluß, aber es gelingt ihr nicht, das große Schisma zu verhindern. Dennoch wird die Selbstbeherrschung immer perfekter: das kleine Mädchen wird zur Mama der Gesellschaft der Schüler, die um sie herum sind. Der Kreislauf Anorexie-Erbrechen setzt sich trotzdem fort, bis sie zu sterben beschließt … und sich einen Monat lang weigert, etwas zu trinken, sei es auch nur Wasser. Ein drei Monate währender Todeskampf: unsägliche Leiden und kurze Momente von Hellsichtigkeit kennzeichnen ihr Ende. Und dieser letzte Satz an der Schwelle des Todes, einer der bewundernswertesten, enthüllt, daß es Catharina sogar gelingt, die Selbstbeherrschung, die sie sich mit Gottes Hilfe aufgebaut hatte, als »eitlen Ruhm« zu verwerfen: »Nicht den eitlen Ruhm, sondern den wahren Ruhm, Gott zu preisen.«

Hatte sie etwa nahelegen wollen, daß die wahre Heiligkeit nicht in der meisterhaften Selbstkasteiung besteht? daß es nur eitler Ruhm ist, Catharina von Siena zu sein? und daß es ... etwas anderem bedürfte? Aber wessen? Zur »reinsten Armut« zurückkehren, jener der »Ungeborenheit«[16] Meister Eckharts, »jener, die nichts hat«: nicht einmal einen Namen, nicht einmal die Kraft zur Pflicht – mit und im Hunger, mit und im Ekel?

Worauf will ich hinaus? Ganz einfach auf die Fallen des Sakralen, anders gesagt, des Opfers: der Pflicht zu erliegen, sich für ein tyrannisches Ideal zu opfern – mit sämtlichen Lüsten, die diese Kasteiung verschafft, aber auch dem ganzen Unwohlsein bis zum Tod. Daß das tödliche Sakrale die Maschinerie zur spirituellen Vervollkommnung und ganz einfach die soziale Maschinerie am Laufen hält: einverstanden. Die Werke Catharinas, ihr Einfluß auf das Papsttum können das psychische Leid, das sie durchgemacht hat und die Leugnung des Lebens nicht vergessen machen.

Verteidige ich da andere Werte? aus einer anderen Zeit? aus der Neuzeit? Wir halten an diesen Werten fest und glücklicherweise ebenso an einer neuen Glücksvorstellung, die, verglichen mit den Leidenschaften Catharinas und sogar derjenigen Agnès', schal wirken kann. Eine so wohlwollende, so vernünftige Vorstellung vom Glück! Sollte man dieses drakonische Ideal nicht abschaffen? Sicher nicht. Es abmildern? Ohne Zweifel. Aber wie? Gibt es ein Sakrales ohne Opferung?

Ich breche hier ab. Das Handy klingelt, es ist Ghislaine, die mich in den jüngsten Wahlkampf hineingezogen hat und möchte, daß ich weitermache. Und obwohl ich nicht gerade eine politische Ader habe, was soll ich da sagen, es ist meine Art, eine Pflicht zu erfüllen ... Zumindest höre ich ihr zu und führe einen Dialog ...

Julia

16. Im Original deutsch (aus der Predigt 32). [A. d. Ü.)

Dakar, 7. Juli 1997

Liebe Julia,

wie viele Briefe noch zum Thema Jungfrau, Julia? Ich habe die Lektion verstanden: ohne sie hätte in der Welt des Christentums der Eros kein Bürgerrecht bekommen, genauso wenig wie die Frauen. Nach diesen Worten: als ich Dir schrieb »ich *rahme sie* nicht ein«, bezog sich das nicht allein auf die Jungfrau; ich ziehe profane Bilder den sakralen vor. Das Gefühl, das ich vor einem abendländischen sakralen Werk empfinde, ist eigenartig. Ich habe das Gefühl, daß man mir eine Sichtweise aufzwingen will, daß ich keine Wahl habe. Ich habe nur noch eine antagonistische Wahrnehmung. Mir scheint, diese versteckte Feindseligkeit gleicht derjenigen Freuds angesichts der Moses-Statue von Michelangelo; ich habe Angst, mich durch die verbotene Darstellung rühren zu lassen. Kurz, ich komme mir undeutlich schuldig vor. Und wie Freud ein bißchen zu jüdisch.

Da ich aber nicht das geringste Zögern angesichts der Darstellungen nicht-abendländischer Gottheiten kenne, muß man zugeben, daß dieses Gefühl defensiv, sogar haßerfüllt ist. Ich schäme mich seiner. In sich die geheimsten Wurzeln des Integralismus zu entdecken, wenn man mit allen Mitteln versucht, ihn im Freien zu bekämpfen – welch Erbärmlichkeit! Schließlich hätte ich niemals diesen Schrank geöffnet, wenn Du mich mit Deiner Jungfrau Maria nicht verfolgt hättest. Ich werde die profanen Werke nicht mehr dem Sakralen vorziehen. Das heißt, ich werde es versuchen. Es bleibt dabei, daß ich das Gebiet des Sakralen lieber im planetarischen Maßstab erschließe, als es einzig auf das Abendland zu beschränken. In seiner gegenwärtigen Gestalt der »Globalisierung« mit seiner Fratze der Göttin Ökonomie, mißfällt es mir im höchsten Grad. Wenn das Sakrale das Verschieben einer Grenze bedeutet, gelingt es uns vielleicht, wie Du sagst, diesen Gelddeckel zu beseitigen. Gleichwohl nicht ohne Gefahren.

Denn das Sakrale ist ein *no man's land*, das wir beide mit einer schwachen Funzel betreten. Dazu muß man wissen, daß es in jedem *no man's land snipers* gibt, was Angst macht. *No man's land*: das Gebiet von Nicht-ein-Mensch, wo die Heckenschützen ihren Spaß haben. In Wirklichkeit ist dieses Gebiet dasjenige vieler verirrter Männer und Frauen. In Afrika nennt man die neuen Nomaden der Globalisierung »Weggelaufene«. Man verjagt sie bei Bürgerkriegen und Staatsstreichen, man vertreibt sie aus ihren Elendsvierteln oder der Hunger läßt sie ihr Dorf verlassen. Sie machen sich davon und werden anderswo einen provisorischen Hausstand gründen. Nun, auf dem spirituellen Gebiet des Sakralen nenne ich sie Verirrte, die innerhalb der Grenzen der Religionen ständig in Bewegung sind. Jene, die anderswo hingehen, aus dem Inneren verjagt und zu einem Gefühlsnomadentum getrieben wurden, das nicht enden wird. Dies sind die Weggelaufenen der Religionen. Die beiden begabten Frauen, die Du mich hast entdecken lassen, sind Frauen, die von ihren Religionen *weggelaufen* sind.

Die eine hält an Mamas Erbrochenem fest, die andere macht ihren ungestillten Hunger zur Heiligkeit. Die Macht des Sakralen, die Dreck in Gold und Eiter in Nektar verwandelt, ist doch erstaunlich, oder? Das erinnert mich an einen kurzen Text Lacans, *Kant mit Sade*: Lacan stützte diese unpassende Gegenüberstellung auf das Erscheinungsdatum der *Philosophie im Boudoir* von Sade, das heißt acht Jahre nach der *Kritik der praktischen Vernunft* von Kant. In Kants Werk begründet die Vernunft das höchste Gute; in demjenigen von Sade begründet es ein höchstes Böses, das Ebenbild eines »Höchsten-Wesens-in-der-Ordnung-der-Bosheit«. Und Lacan legt Nachdruck auf die sadesche Verletzung des Schamgefühls, ein für die Feder eines Psychoanalytikers seltener Ausdruck. Das Schamgefühl »umfaßt die Verbindungen des

Geschöpfes in zwiefacher [*amboceptive*] Weise«[17], schreibt er. (Manchmal gebraucht er dennoch solche Wörter!) Zwischen Ambivalenz und Wahrnehmung; die Etymologie des Begriffs »ambozeptiv« fasse ich so auf, daß an den Grenzen des Seins die Begriffe eines Gegensatzes kippen, ohne aufeinander zu verweisen. Und in diesem bestimmten Fall verletzt die Schamlosigkeit des Sadisten das Schamgefühl des anderen. Dieselbe Schamlosigkeit scheint man bei Deinen Weggelaufenen, die mit allen Konventionen gebrochen haben, anzutreffen, und die das Schamgefühl des Geschöpfes verletzen. Deine Heiligen und meine Priesterinnen schaffen die Scham angesichts Gottes ab; wir sind zum Anfangsfeld des Erhabenen nach Immanuel Kant zurückgekehrt.

Schon wieder! Ja. Denn wie das Sakrale ist das Erhabene nach Kant das Ergebnis eines Kurzschlusses. Für die Prinzipien der Moral, des gemeinschaftlichen Lebens und der Beziehungen zum anderen haben wir die Vernunft, die, wenn sie wissen will, sich irrt, denn das ist nicht ihre Arbeit. Die Aufgabe der besagten Vernunft besteht darin, die Formeln des moralischen Gesetzes, des höchsten Guten und folglich Gott als Prinzip des idealen Staates zu bestimmen. Gut. Wenn aber die gegenstandslose Betrachtung das Gefühl nach sich zieht, von einer unverständlichen Größe überwältigt zu werden, dann verschwindet die Scham angesichts des Wirklichen. Daher der Zustand der Verströmung, der das Erhabene charakterisiert. Man kann deswegen sogar weinen, das hat es schon gegeben. Und in diesem kurzen Augenblick der »Ambozeption« untersagt nichts, die Kotze, die Spucke und sogar das Exkrement zu sublimieren.

Derselbe Kurzschluß im Vokabular Freuds, der aus dem Sublimen einen Akt macht, den der Sublimierung. Sublimie-

17. Zit. nach Lacan, *Schriften* II, Olten 1975, S. 142. In der deutschen Übersetzung Wolfgang Fietkaus entfällt der Terminus, der sich etymologisch aus dem Lateinischen *ambo* (beidseitig) und *capere* (fassen) herleitet. Der Begriff Ambozeptor, ein Schutzstoff im Blutserum, taucht auch in Lacans Text »Symbol und Sprache als Struktur und Grenzbestimmung des analytischen Feldes« auf. (A. d. Ü.)

ren heißt, von der Sexualität zum Ideal überzugehen, während man die Neurose ausschaltet. Zwar geht es um eine der künstlerischen Schöpfung eigene Verdrängung, da ja der Verdrängung eigentlich niemand entkommt. Während aber die nicht-sublimierte Verdrängung nur eine krankhafte Störung erzeugt, bringt die Sublimierung Kunst hervor. Im Unterschied zur neurotischen Störung, die das Leben unerträglich macht, sozialisiert die künstlerische, durch die Sublimierung hervorgerufene Störung den Künstler: der Kurzschluß des Erhabenen betrifft also die Eingliederung in die Gesellschaft. Kant sagt gewissermaßen nichts anderes, wenn er das Erhabene auf die Vernunft stützt, da diese ja von ihrer Aufgabe her moralisch ist.

Nun, wir wandern in diesem unbebauten Gelände des Sakralen, in dem das Widerliche das Ideal zu erreichen sucht und es ihm gelingt. Wenn Deine Agnès sich in einer psychoanalytischen Kur befindet, so deshalb, weil ihre »elende Religion« in unserer Welt gesellschaftlich nicht als Heiligkeit anerkannt wird. Wie Madeleine, die delirierende Mystikerin, die der Psychiater Pierre Janet Anfang des Jahrhunderts zweiundzwanzig Jahre lang behandelte, wäre Catharina von Siena heute ohne Zweifel in einem psychiatrischen Krankenhaus in Behandlung. Nichts in *De l'angoisse à l'extase* [Von der Angst zur Ekstase] ist aufschlußreicher als Janets Zögern: ist Madeleine eine Delirantin, ist sie eine Mystikerin? Um zum Ende zu kommen, fällt Janet eine Entscheidung. Ja, er hat eine wahre Mystikerin vor sich, die in anderen Zeiten eine Heilige geworden wäre. Ja, wenn sie nicht im 20. Jahrhundert lebte, hätte sie es nicht mit der Polizei, auch nicht mit Krankenpflegern zu tun bekommen. In anderen Zeiten hätten die Passanten, anstatt sie wegen nächtlicher Landstreicherei anzuzeigen, eine Frau verehrt, die an der Seite und an den Füßen Wundmale aufweist, die auf Zehenspitzen zu einer Wallfahrt aufbricht, die ihren Besitz an die Armen verschenkt, die die Geburt Christi noch einmal erlebt... Mit diesem mystischen Repertoire hätte sie bis zum 19. Jahrhundert Erfolg gehabt. Madeleine hat sich in der Zeit geirrt, schlußfolgert Janet. Im

Christentum haben sich die Zeichen des Sakralen nicht verändert, aber das Gebiet ist kleiner geworden. Madeleine verirrt sich durch ein übermäßiges Gedächtnis.

Was Sade angeht, so treibt ihn die Logik des höchsten Bösen zu dem Wunsch, daß seine sterbliche Hülle nicht zum Gegenstand irgendeines Grabes werden möge, so daß die Partikel seines Körpers eben nicht zum Vorwand irgendeines Gedächtnisses werden. Eichen und Eicheln werden die Aufgabe übernehmen, das zu vernichten, was vorübergehend der Träger des Subjekts namens Sade gewesen sein wird. Ein programmiertes organisches Verschwinden nebst der Hoffnung, legt Lacan nahe, daß diese Partikel sich nicht von neuem zusammensetzen werden. Dieser Wunsch nach Auslöschung ist nur noch mit Sades Ruf zu vergleichen. Das nennt man ›Wer verliert, gewinnt‹ spielen, und das tun die Inspirierten auf der ganzen Welt, indem sie ihren Körper verneinen.

Doch Sade, merkt Lacan an, läßt sich kaum auf die Wirklichkeit ein. In der gegenwärtigen Welt spielen die neuen Sekten im Ernst mit der Ablehnung der Medizin unter Einwilligung in den Tod, kurz: mit einer wirksamen und gefährlichen Verneinung des Körpers. Das Phänomen ist rückläufig. Die Katharer beispielsweise, die das Fleisch haßten, praktizierten die sakrale Ausschweifung, um den Körper besser zu erniedrigen; und die »Stärksten« von ihnen unterzogen sich der höchsten Prüfung, der *endura*, das heißt dem Sich-zu-Tode-Fasten. Den Körper zwingen, sich sterben zu lassen – welch Bitte! Freud – und folglich Lacan! – wiederholen, daß die »wahre Liebe« im Haß endet. Nun, in dieser Verkehrung der Liebe geht es um dieselbe Ambivalenz, die im Sakralen wirksam ist: erhaben-abscheulich, Reinheit-Schmutzigkeit, Ewigkeit-Zeit, Scham-Schamlosigkeit, bis hin zum Opfer. Alles verlassen, sogar seinen Körper. Alles fahrenlassen.

Diese Liebe hängt gierig an einem Objekt des Begehrens mit menschlichem Gesicht. Manchmal nennt man sie »amour fou« und hat durchaus recht damit, denn die Heiligung der Liebe führt die Liebenden in den Tod. Werfen wir rasch unsere Tristan-und-Isolde raus, verlassen wir das Abendland und vergessen wir nicht das tödliche Paar, Mejnoun und Layla, das deren arabische Entsprechung bildet. Mejnoun, man kennt nicht einmal seinen Familiennamen; es ist ganz einfach der Wahnsinnige. Er ist nur wahnsinnig vor Liebe, aber die absolute Liebe ist Wahnsinn, das sagen die »Leute«. Mejnoun stirbt in der Wüste, während er Layla besingt, die er nicht heiraten durfte, und sie stirbt deshalb. Heute noch besingt man in den arabischen Ländern die *amour fou* von Mejnoun und Layla, die nichts aus den Herzen herauszureißen vermochte. Der Koran kann noch so sehr die Polygamie, die Scheidung und alles übrige regeln, er vermochte nichts gegen den Liebeswahnsinn, den ein guter Muslim seinem Gott vorbehalten sollte. Ätsch!

»Ätsch!« denn es ist etwas Kindliches in Sicht. Ich verlasse alles, ich bin nur noch Liebe. Sei es die Liebe zu einem Mann, einer Frau, einem Meister, einem Gott oder die zu einem Herrn – die absolute Liebe ist sakral, nicht göttlich. Narzißtisch, bulimisch, exhibitionistisch, tödlich. Schamlos und auffällig. So tödlich wie die Liebe der Mütter, die ihren Säugling mit Essen vollstopfen und diesen so zur Anorexie verurteilen. Ich liebe – den Anderen gibt es nicht mehr. Isolde ist nicht mehr Isolde, sie ist ICH. Und ich bin nur noch Liebe. Ich bin alles; weder Gott noch Herr. Ich mag mich im Zustand des Verliebtseins. Ätsch! Und dieser kindliche Protest in Gestalt einer Lautmalerei ist derjenige der Anhänger, die den Sekten beitreten, um sich abzuschaffen. »Ich soll da nicht hingehen? Also gehe ich hin.«

Bis zum gesetzlichen Verbot dieses Brauchs im Jahre 1988, gab es in Indien einen beispiellosen Ehekasus, in dem der Protest des »Ätsch« einen merkwürdigen Weg nahm. Hier ist die Geschichte, die jahrhundertelang den Körper der Witwen den Flammen auslieferte. Man empört sich noch sehr apropos des auf die Hinduwitwen ausgeübten Zwangs, sich auf dem Scheiterhaufen ihres Mannes verbrennen zu müssen; der Brauch wurde oft vom rechten Weg abgebracht, das ist mehr als wahr. Doch man vergißt das Wesen des Ritus. Ist der Tod der Witwen auf dem Scheiterhaufen obligatorisch?

Nein. Die Witwe muß entscheiden, bei lebendigem Leibe zu verbrennen, um *satî* zu werden, das heißt eine Göttin. Ein Brahmanengericht beglaubigt ihren Willen. Scheinbar gibt es kein größeres Liebesopfer. Überhaupt nicht, im Gegenteil.

Als er lebte, war der Mann gemäß der rituellen Hochzeitsformel für die Frau der Gott. Es war nicht ihre Pflicht, ihn zu lieben, sondern den von ihren Eltern ausgesuchten Mann anzubeten. Die Frau hatte das Recht, ihn zu lieben, wenn es ihr gefiel, aber sie war nicht dazu verpflichtet. Wenn er tot ist, ist der Mann weder göttlich noch anbetungswert. Dagegen – das ist das treffende Wort – kann sich die Frau dazu entschließen, Göttlichkeit zu erlangen. Wenn man in Begriffen eines Aktes der Liebe denkt, täuscht man sich. Das Problem liegt ganz woanders: in der Revanche der Frau an der familialen Ordnung.

Sie braucht sich nur zu entschließen. In *Cendres d'immortalité* [Asche der Unsterblichkeit], ein tolles Buch über diese freiwillige Opferung, beweist die Ethnologin Catherine Weinberger-Thomas anhand zahlreicher Beispiele, daß die berühmten *satîs*, jene lebendig verbrannten Witwen, manchmal Mühe haben, ihre Angehörigen von ihrer Bestimmung zur Marter zu überzeugen. Manchmal verbrennen sie sich den Arm, ohne mit der Wimper zu zucken, um ihre Worte zu beweisen. Es besteht kein Zweifel daran, daß die Witwen meistens auf eigenen Wunsch verbrannt wurden. Warum? Um den Beweis zu erbringen. Für ihre Askese, ihre Männlichkeit. »Auch ich kann es.« Ist die Entscheidung einmal getroffen, wird die zukünftige *satî* wie ein Asket verehrt, denn sie wird in einer Minute die Entsprechung eines ganzen Asketenlebens erfüllen. Eine Minute: die Zeit, um einem Bruder zu bedeuten, den brennenden Gegenstand ans Stroh zu halten, des Tosens der Flammen und des abschließenden Erstickens. Im letzten Moment vom Scheiterhaufen herabzusteigen, kommt nicht in Frage; die Schmach würde sie aus dem Dorf verbannen. Nicht nur würde sie das böse Geschick der Hinduwitwen erleiden, sondern sie wäre entehrt. Die

Wahl zwischen Abstieg und Heldentum ist zu verstehen. Besser ist ein Schicksal als angebetete Göttin bis zum Ende der Welt. Ein schöner Suizid.

Wo ist das Sakrale? Es liegt in dem kurzen Augenblick des Zeichens, das die Frau freiwillig machen muß. Allein inmitten der Gemeinschaft, von der sie bereits angebetet wird, und allmächtig. Die Autorin der *Cendres d'immortalité* beobachtet, daß in den der Zeremonie vorangehenden Stunden die künftige verbrannte Frau das Recht hatte, über das Schicksal ihrer Familie so zu verfügen, wie sie es wollte: dann äußerte sich die Rache an der Schwägerin, der Schwiegermutter etc. Ich bin eine Göttin, ich gebiete. Auch ich kann es. »Pfeift auf den Tod«, wie man auf der Rückseite der Lastwagen auf Afrikas Straßen liest.

Dies sind die schädlichen Auswirkungen der Askese, die der Prinz Gautama aufgab. Abgesehen von der Tatsache, daß in Indien diese traurigen Heldinnen »wirklich« verbrannt sind, sehe ich kaum einen Unterschied zwischen der Entscheidung einer *satî* und derjenigen der legendären Walküre, dieser Brünnhilde, die in den Scheiterhaufen Siegfrieds, ihres toten Gemahls, sprengt. In Wagners Werk beendet dieser Sprung in die Flammen die Oper namens *Götterdämmerung*. Diese tödliche Dämmerung, auf die eine neue Welt folgt, ist eine perfekte Definition der *amour fou*. Sei er nun Sufi oder Romantiker, das Wesen der *amour fou* besteht in der Bestreitung, im »Ätsch«. Man muß es zugeben; die *amour fou* ermöglicht es, die Regeln des Staates über den Haufen zu werfen. Bis zum Tod? Langsam, wenn ich bitten darf. Nicht so rasch.

Die moderne abendländische Norm wünscht eine Liebe, die während eines angemessenen Zeitraums den Narren spielt, in der Art eines Initiationsritus. Wie bei der initiatorischen Zurückgezogenheit, trennen sich die vom Liebeswahn Befallenen von der Welt; Arbeit, Zeit und Hunger verschwinden. Verliebte sind abgemagert und schön. Geld zählt nicht, es wird »flambiert«. Dann verstreicht die Zeit. Die Geschäfte gehen schlechter. Von der Rebellion muß man sich eines Tages verabschieden und einen friedlichen Kompromiß mit dem Sozialen schließen. Vom »Ätsch!« muß man zurückkommen, zwar verwundet, aber lebend. Ja, aber die Hauptsache besteht darin, sich zu verabschieden, bevor man den Tod sucht. Im allgemeinen gelingt es einem, aber nicht immer; es kommt noch vor, daß man sein Leben läßt. Beachte: es fehlte nur noch, daß eine Initiation keine Gefahr bürge. … Es trifft zu, daß ich mir oft sage: »Wehe denen, die es nicht kennengelernt haben!« Denn es verhält sich mit der *amour fou* wie mit allen sakralen Erfahrungen: sie sind nicht demokratisch und man kann das Leben durchschreiten, ohne sie ein einziges Mal zu machen.

Wir befinden uns am Kreuzweg des Übergangsritus, der stets das Fortschreiten des Lebens sozialisiert. Ist die Prüfung erst einmal beendet, kann man leben. Genau das schlägst Du vor, wenn Du das drakonische Ideal Catharina von Sienas »mildern« willst. Versuche es doch! Das ist nicht leicht. Wie soll man es anstellen, wenn sich das Sakrale an der Grenze zwischen dem Sozialen und dem Wahnsinn bewegt? Wie soll man es anhalten, wenn seine Funktion in der Überschreitung besteht? Ich stelle mir vor, daß Du das Ideal behalten und das Drakonische wegwerfen möchtest. Obgleich, solltest Du nicht die Idee von einem fröhlich akzeptierten Zwang im Kopf haben? Was machst Du mit dem »Drakonischen«? Da ich Dich kenne, bin ich mir gar nicht so sicher, daß Du es gänzlich wegräumst. Denn Du legst Nachdruck darauf: Catharina von Siena hat das Papsttum beeinflußt. Um diesen Preis? Wenn schon von Einfluß die Rede ist, so will ich Dir zwei Frauen anderen Kalibers aussuchen, die enorm aus dem Sakralen Nutzen gezogen haben. Das Aussprechen ihrer Familiennamen wird Dir zeigen, daß ich mich nicht aufs Religiöse verlege: Eva Perón, Indira Gandhi – oder wie man sich in ein heiliggesprochenes Objekt verwandelt.

Eva Duarte, ein Bastard, machte eine ärmliche Kindheit durch. Indira Gandhi, die Tochter von Dschawaharlal Nehru, war ein vernachlässigtes kleines Mädchen, dessen abwesender Vater bald Gefangener, bald poltischer Aktivist war und dessen tuberkulöse Mutter – eine Hindufrau aus einer hohen Kaste und Angehörige der berühmten Nehru-Sippe – aus dem Grund, daß sie kein … Englisch sprach, in den Hintergrund gedrängt wurde. Wir haben es hier mit zwei gedemütigten Kindern zu tun. Der einbalsamierte Leichnam Eva Peróns wurde mehrere Male gestohlen, von Militärs körperlich geschändet, die ihn an ausgefallenen Orten versteckten, dann einmal in Spanien aufbewahrt, bevor er in ihr Land zurückkehrte. Der Leichnam Indiras verbrannte innerhalb des vorgeschriebenen Zeitraums: maximal vierundzwanzig Stunden. Aber entgegen dem Hinduritus wurde ihre Asche nicht nur in den Fluß gestreut. Sie wurde auch von ihrem Sohn Rajiv vom Flugzeug aus über dem Himalaja verstreut. Hier haben wir zwei tote Frauen, die entgegen allen Regeln verstreut wurden.

Dennoch haben Eva und Indira ihr Volk geprägt, wie es nur wenige Machthaber vermochten. Zu ihren Lebzeiten haben sie ihr Bild in eine sakrale Ikone verwandelt. Daher die Absonderlichkeiten ihres posthumen Schicksals, denn zu Göttinnen paßt das Sakrileg. Wie haben sie es angestellt, das zu erreichen? Eva Duarte fristet ihr Leben als Halbprostituierte, bevor sie Perón kennenlernt. Zwischen ihnen besteht keine leidenschaftliche Liebe, sondern ein Einverständnis hinsichtlich ihrer Eroberungen; für Perón der Gral der Macht, für sie der Gral des Volkes. Als sie verheiratet ist, wird Eva Duarte von Perón die *Señora*, die Dame. Nicht die *First Lady*, nein, sondern die Dame; eine »zweite« gibt es nicht. Ihr genialer Einfall besteht in einer schlichten Demonstration: Perón ist der Retter des Volkes, da er die Arme gerettet und geehelicht hat. Evita ist also das Volk. Schmuck, Pelze, Kleidung – es fehlt an nichts, um das Heil des Evita-Volkes durch den Retter Perón auszudrücken. Der Fall Eva Peróns ist viel mehr als eine einfache Metapher des sozialen Aufstiegs. Als Dame des argentinischen Volkes erfindet sie die höfische Liebe auf volkstümlichem Niveau. Während der Dauer der Ekstase zerschlägt der Lehnsherr die Demokratie.

Bald wird sie, noch zu ihren Lebzeiten, zur heiligen Evita. Sie tut nichts für das Volk, außer daß sie ihm, stellvertretend für soziale Veränderungen, ein Abbild liefert. Und als sie stirbt, defilieren in der Halle des Gewerkschaftsgebäudes eine Unzahl von Argentiniern an ihrem Sarg vorbei. Damals war ich noch ein kleines Mädchen und ich erinnere mich, daß ich angesichts der Fotos der Tranen des Volkes weinte. Im kleinen habe ich dieselbe Szene erlebt, als in der Halle der *Humanité* Aktivisten der KP feierlich Totenwache hielten am Leichnam Elsa Triolets. Man defilierte an den sterblichen Überresten der Geliebten des Dichters vorbei. Ich wollte sehen. Na gut! Diese Heiligsprechung einer so künstlichen wie beliebten *amour fou* erfüllte auf französische Art recht gut seinen Zweck: ein vergängliches Kültchen, Evita als Heimchen-am-Herd-Ausgabe.

Indira hatte es schwerer, sie mußte kämpfen, sie tat es mit einer solchen Leidenschaft, daß sie der einzige indische Premierminister war, der in den Despotismus abrutschte, indem sie mit der Begründung, ihre Wahl sei gerade für ungültig erklärt worden, den Ausnahmezustand verhängte. Polizeistaat, Abschaffung der Pressefreiheit, Zwangssterilisationskampagnen bei den Bauern. Sie verliert die Macht. Man hält sie für erledigt, da greift der Coup des Sakralen ein. Sie zieht »auf der Ebene der Graswurzeln« (*at the grass-root level*, ein schöner, typisch indischer Ausdruck) wieder in den Wahlkampf, bringt auf dem Rücken eines Elefanten den Bauern, die Opfer eines Orkans geworden waren, Hilfsgüter. Da ist sie, auf dem Tier sitzend und läßt sich von den Dorfbewohnern mit einem neuen Namen ansprechen: Durgâ, die Göttin, die, auf einem Löwen reitend, den Dämon des Bösen zermalmt. Auf den Plakaten malt man Indira als Durgâ. Und wie für Evita klappt es … Als sie wiedergewählt wurde, hielt sie sich für stark genug, um den Goldenen Tempel der Sikhs, in den die Unabhängigkeitskämpfer des Pendjab eingedrungen sind, zu stürmen. Man meint zu wissen, was geschah. Man glaubt, daß sie von zwei ihrer Sikh-Leibwachen ermordet wurde. Aber höre gut zu.

Wenn man den Terminplan ihrer letzten Tage genauer betrachtet, was sieht man dann? Indira erfährt, daß die Schutz-Platane ihrer Familie verdorrt ist und nimmt den Hubschrauber, um sich an Ort und Stelle, in Kaschmir, der Wiege der Nehrus, selbst zu überzeugen. Der Baum ist eingegangen. Am nächsten Tag beordert sie zwei Sikh-Leibwachen zu sich, die soeben sechs Monate zu Hause, in dem nach Unabhängigkeit strebenden Gebiet, verbracht haben. Am übernächsten Tag äußert sie in einer Versammlung am anderen Ende Indiens Verblüffendes: »Wenn einmal mein Blut über Indien vergossen ist, wird es das Land fruchtbar machen.« Zwei Tage darauf wird sie ermordet. In der Nacht wird ihr Sohn Rajiv zum Premierminister ernannt. Gewonnen; die Durgâ tötet, aber sie ist Mutter. Indem sie die Politik, das Nationale, den Mythos und die Mutterschaft rings um sich flicht, wollte Indira, wie ich glaube, bis in ihren Tod hinein sakral sein.

Evita war weder groß noch stark; was Indira betrifft, so reichte sie mir bis ans Kinn, und ich bin nicht groß. Ihre Stimmen waren nicht kräftig, ihre Gesichter nicht vollkommen. Indira hatte eine sanfte, schwache, helle Stimme und sah wie ein Spatz aus. Sie fanden keinen Geschmack am Sex – nachdem sie einmal an der Macht waren, weiß man bei ihnen von keinen Liebesabenteuern. Aber sie hatten das Sakrale des politischen Gebiets erobert: die Liebe zum Volk, nebst allem Verrückten, Absurden und Gefährlichen für die Freiheit. Angebetet und gehaßt, suchen ihre beiden Bilder das Nationalbewußtsein heim. Aber sie verletzten die Freiheit. Das Sakrale, meine Freundin. Wenn ich Dir doch sage, daß es gewagt ist.

Sieh Dir nur die Heldinnen an, denen die absolute politische Macht zusteht: was sich um das Bild ihres Körpers abspielt, ist dann etwas anderes als der Anzug-mit-Weste oder die Uniform des Generals. Der kunstvolle Haarknoten Evitas, ihre Federboas und Abendkleider, ihre asketische Magerkeit, die gepflegten Saris Indiras, die graue Strähne, die sich durch ihr schwarzes Haar zieht, das Lid ihres rechten Auges, das infolge eines Steins, den sie auf einer Versammlung abbekam, ständig zuckt ... Diese da sind zu einzigartig, um Erben zu haben. Die Männer würden das Wunder gern neu auflegen. Perón versuchte es vergebens mit seiner zweiten Frau Isabella. Der Kongreß drängt Sonia Gandhi, Indiras Schwiegertochter, die Rolle bitte nachzuspielen; sie stimmt zu, die Wahlkampagne zu führen, lehnt aber im voraus den Posten des Premierministers ab. Sie weiß, das wahre Sakrale in der Politik umfaßt das tödliche Opfer, zu dem Eva und Indira berechtigt waren.

Wo ist Gott in ihrer Geschichte? Nirgendwo. Sie brauchten ihn nicht, da sie ohne die Unterstützung eines Klerus zu Göttinnen geworden waren. Ich behaupte nicht, »ganz allein«, da es sie ohne das Volk nicht gibt. Eva und Indira waren nicht einsamer als die *Satî* auf ihrem Scheiterhaufen. Zu ihren Ekstasen gelangen sie in den Versammlungen, in denen sie Laut geben. Warst Du schon einmal auf der Rednertribüne einer politischen Versammlung? Ich kann es mir denken. Als mir das in der Mutualité, die nicht sehr groß ist, passierte, schwitzte ich angesichts der unbekannten Menschenmenge vor Angst. Aber ich spürte sehr wohl, daß es, sublimiert man ein bißchen, nicht viel brauchte, um die Stimmbänder zum Vibrieren zu bringen und in die Gefahr abzugleiten. Es war ein berauschendes Herzklopfen, beängstigend. Ich konnte es nicht ausstehen.

Offensichtlich ist diese Wollust des kollektiven Körpers das Objekt der Begierde der Politiker. Aber sie müssen einen guten Magen haben, um diesen mannigfachen Atem, die Stimme von überall und nirgends, die undeutliche Anwesenheit, das Masse-Wesen zu verdauen und vor allem der brutalen Auslöschung der Identität – auf Seiten des Volkes wie auf Seiten des Führers – zu trotzen. Eine Grenze wird überschritten, die der Identität des Eigennamens: geschrien, skandiert, gepfiffen ist der Name des Führers nicht mehr wirklich sein eigener. Niemand gehört sich mehr selbst, weder sie noch er, noch sie, wenn es sich um eine Frau handelt. Das Sakrale bei diesem Vorgang besteht darin, daß es die Privatsphäre nicht mehr gibt. Wie bei den Riten.

Es ist klar, daß ich mich vom Sakralen zu distanzieren beginne. Allzuviel davon ist nicht nötig, andernfalls ist es zum Verrücktwerden. Na, welcher Art sind Deine Milderungen, meine Göttliche?

Catherine

Dakar, 8. Juli 1997

Liebe Julia,

ich setze meinen gestrigen Brief fort, der für mich unabgeschlossen wirkte, denn ich fürchte, daß ich mit Eva und Indira noch zu keinem Ende gekommen bin. Ich habe nicht genug von dem Haß gesprochen, den sie hervorrufen konnten. Wenn der einbalsamierte Leichnam Evitas so lange derartig behandelt wurde, wenn heute noch die Witwe Rajiv Gandhis und ihre zwei Kinder unter Polizeischutz stehen, dann müssen die posthumen Verfluchungen, die meinen Harpyien gelten, auf gleicher Höhe mit den Segenswünschen zu ihren Lebzeiten sein, um Haßgefühle gegen die folgenden Generationen zu schüren! Nach einem Heiligenleben werden sie nun mit der Unsterblichkeit von Hexen ausstaffiert.

Durch das romantische Buch Michelets, *Die Hexe*, verstand ich die Größe der Hexen. Michelet erzählt darin das Leben einer armen Bäuerin, die Kobolde zu Hilfe ruft, um das Weinen ihres Säuglings zu beschwichtigen. Woher hat die Bäuerin die Waldkobolde? Sie verdankt es einem alten Erbe, das von Mutter zu Tochter weitergegeben wurde. Ein heidnisches Geheimnis, das der Laren, die jeder Römer in seinem Haus ehrte. Aber seit einem bestimmten Erlaß des Kaisers Theodosius wird im ganzen Gebiet des christlichen Reichs einschließlich Gallien der »Paganismus« verboten. Im Mittelalter ist das Verbot schon jahrhundertealt, doch die Legenden haben überdauert. Die Kobolde haben die Aufgabe der Götter übernommen. Der Säugling der Bäuerin weint ununterbrochen, da trifft pfeilschnell der hilfreiche Kobold ein. Der Säugling beruhigt sich.

Dann, eins ergibt sich aus dem andern, schäkert der Kobold mit der Bäuerin, bringt ihr Balsam auf Saft- und Pflanzenbasis, erklärt ihr den Gebrauch. Sie wird eine Heilerin, nötigenfalls Engelmacherin, kurz: sie hilft ihresgleichen, das harte Unglück des Daseins zu ertragen, wenn der Pfarrer nur Drohungen und Gebete anbietet. Die Hölle? Könnte das schlimmer sein? Die Hexe antwortet mit Nein. Die Grausamkeit der Zeit erfordert das Basteln, und die Frauen basteln arglos mit dem, was sie zur Hand haben. Welch großartige Idee, die unbeugsame Hartnäckigkeit des »Paganismus« unter dem Deckmantel des Christentums zu schildern und die wohlwollende Gestalt der therapeutischen Hexe zu ersinnen! Je mehr ich mit Heilerinnen aus allen Kontinenten Umgang pflege, desto mehr überzeuge ich mich von der Richtigkeit der Intuition Michelets. Die Magie bedient sich der Utensilien aus einer fortan verpönten Vergangenheit, und stets sind es die Frauen, die deren Geheimnisse bewahren.

Michelet beschließt, daß man die Hexe festnimmt, als sie endlich schön geworden ist. Unverschämt gesund, zu selbstzufrieden, nicht kränklich genug. Sie trägt ein grünes Kleid – die Farbe des Teufels und des Islam – und ihr Gang ist der unbeirrte einer Rassestute. Auf den Scheiterhaufen! Denn es ist nicht erlaubt, ohne die Hilfe der Kirche dem Unglück Trotz zu bieten. Diese Arme ist zu hübsch, zu beherzt; das ist nicht normal. Um diese Anomalie zu erklären, lassen wir die Inquisitoren herein, versehen mit dem *Malleus Maleficarum*, *Der Hexenhammer*, einem Handbuch für Inquisitionslehrlinge, das Heinrich Institoris und Jakob Sprenger verfaßten.

Beispiele. Die Frau ist anfälliger für den Teufel als der Mann. Weil sie mehr fleischlicher Natur ist; weil sie, aus einer Rippe Adams hervorgegangen, ich zitiere: »gekrümmt« ist. Auch weil die Etymologie des Wortes *femina* von *fe* und *minus* kommt, was offenbar bedeutet, daß die Frau weniger Glauben hat als der Mann. Weil die Stimmen der Frauen »den Geldbeutel entleeren« (wörtlich), die Kräfte rauben und Gott zu verachten zwingen. Weil die Frau unersättlich ist. Weil ihre maßlose Begierde bewirkt, daß »die Seele« des Mannes mit der Frau »zusammenwächst«. Schließlich der Clou: »Sinnt das Weib allein, dann sinnt es Böses.« Sic!

In der ersten Auflage (Straßburg 1486) beginnt die *Apologia* mit einem Satz, den man sich auf der Zunge zergehen lassen muß: »Da unter den Trübsalen der einfallenden Welt, (...) der alte, durch einen unwidersprechlichen Schaden seines Falles, verdorbene Orient, die Kirche, welche der neue Orient, der Mensch Jesus Christus, durch Besprengung seines Blutes fruchtbar gemachet, ob er wohl von Anfang an mit allerhand ansteckenden Seuchen zu vergiften nicht aufhöret, so suchet er doch insonderheit zu dieser Zeit solches zu tun, da er, indem der Abend der Welt sich zu dem Untergang neiget, weiß in seinem großen Zorn, wie Johannes in der Offenbarung bezeuget, daß er wenig Zeit mehr habe. Dahero hat er auch eine ungewohnte ketzerische Bosheit in dem Acker des Herrn aufwachsen lassen, ich meine die Ketzerey ...« Das muß man langsam noch einmal lesen. Definitionsgemäß ist der Orient[18] verdorben, alt, ketzerisch; aber seine Wut verpestet noch immer den »neuen Orient«, das heißt: das Abendland. Was die Verpestung betrifft, die unsere Inquisitoren anvisieren, so heißt sie Ketzerei der Hexen. Folglich sah Michelet richtig: die Verpestung kommt aus einem alten verfallenen Reich.

Wichtiger: indem sie den heiligen Augustinus zitieren, zählen die Dominikaner die Mittel auf, den Dämon anzuziehen. Dies sind »Kräuter, Steine, Hölzer, Tiere, Gesänge, Musikinstrumente«, was weiter unten unter dem Überbegriff »Kräuter und Musik«, *melio ancor*, zusammengefaßt wird. Halb Natur, halb Musik, das ist die Hexerei. In Wirklichkeit ist nicht der Teufel der Boß, sondern Orpheus! Aber die Inquisitoren wissen es nicht. Sie halten sich bei der Gefahr der Musik auf wie jeder Integralist, der etwas auf sich hält. Es ist schon verrückt, wie unsere beiden Füchse die »Taliban« Afghanistans vorwegnehmen; in Kabul dürfen die Frauen keine Vögel mehr in Käfigen halten, weil sie singen. 1980,

18. In der mir zugänglichen Übersetzung des *Hexenhammers* von J. W. R. Schmidt (Wien 1938) findet sich statt »Orient« jeweils der Terminus »Aufgang«. (A. d. Ü.)

als man nach Herzenslust den Tschador zur Pflicht machte, wurde die klassische iranische Musik, eine der größten der Welt, in der islamischen Republik verboten; Khatami, dem 1997 gewählten Präsidenten der Republik, gelang es, das Verbot aufheben zu lassen. Auf die Musik und die Frauen, das ist bekannt, hat man es immer zuerst abgesehen. Und nicht erst seit gestern behext die Musik: die Protestanten verboten sie ebenfalls, und im *Staat* untersagte Platon bestimmte Arten von Musik, die für seinen Geschmack zu gefühlvoll waren.

Gleich Evita aus bescheidenen Verhältnissen kommend, machte die Callas – »die Stimme« – jene Verwandlung von der chic angezogenen Armen zum Objekt einer bedrängenden Vergötterung durch. Ihr Grab wurde geschändet. Die Callas war eine *diva*; das weiß jeder. Aber nur die Spezialisten gebrauchen für einen Sänger das Wort *divo* im Maskulinum. *Diava* kommt ›göttlich‹ gleich, so heidnisch wie nur möglich. Man muß sagen, die Oper scheint eigens geschaffen worden zu sein, um den Manövern der Inquisition zu entfliehen: Dekoration, Illusion, Bühnenwerk, heidnisches Treiben, Musik und Stimmen, alles ist vorbereitet, um, den Regeln der Kirche zum Trotz, die Seele zu bezaubern. *Der Hexenhammer* stammt aus dem 15. Jahrhundert; im 16. ist die Sache erledigt. An den italienischen Höfen ist die Oper entstanden. Eine Erleichterung der Mächtigen ... Auf dem Land werden die Hexen immer noch verfolgt; in Europa sterben zwei Millionen im Feuer der Scheiterhaufen.

Unsere beiden Dominikaner untersuchen den Flugverkehr der Hexen, da sie ja alle davon sprechen. Nach den Historikern besteht nahezu Gewißheit, daß die Hexen sich den Körper mit Salben einrieben, bevor sie zu ihrem berühmten Sabbat »abflogen«. Aber seien wir etwas technischer. In Indien lernt man die »Verlassen des Körpers« genannte Übung methodisch. Wie verläßt man seinen Körper? Im allgemeinen durch langes Anhalten des Atems; dann reist der Geist. Aber es werden auch Salben, halluzinogene ableitende Mittel benutzt, nimmt man an. Jedenfalls ist die schöne Illusion des »Verlassens des Körpers« so alt wie die Welt. Man trifft sie bei

Platon am Schluß des *Staates* an, man begegnet ihr in Indien an jeder Straßenkreuzung, sie läuft einem im animistischen Afrika und in ihren Wodu-Versionen Südamerikas über den Weg, man entdeckt sie in den bekannten Drogentechniken Castanedas oder in den Extremsportarten. Es ist der »Trip«. Die letzte Version des Verlassens des Körpers fällt mit dem Aufkommen der Reanimation zusammen: die Wiederbelebten berufen sich oft auf ein euphorisches Verlassen ihres Körpers im Augenblick ihres vorübergehenden Todes, dem ein extremer Widerwillen folgt, wenn die Ärzte sie gewaltsam in ihren Hautsack zurückkehren lassen. Dies sind die *near death experiences* [Nahtod-Erfahrungen], die Erfahrungen an der Schwelle des Todes, deren Theorien in den Vereinigten Staaten Amerikas Furore machen – einem Land, das bekanntlich im Hexenjagen ganz groß ist.

In sämtlichen polytheistischen Religionen gehört das Verlassen des Körpers zu beiden Geschlechtern. Doch im Europa des 15. Jahrhunderts fliegen nachts nur die Frauen. Aus seiner Haut fahren, welch Freiheit! Aber, fragen die Inquisitoren, sie müssen doch etwas anstellen! Und an ihrer Stelle antworten sie: nachts machen die Hexen alles verkehrt herum. Küssen dem teuflischen Großen Bock den Hintern, stopfen ihm die Hostie in den After, opfern ein lebendiges Kind, schöpfen das Repertoire des mittelalterlichen Antisemitismus aus. Für das geringfügige Vergehen, über Dächer zu fliegen, ein einfaches Sich-daneben-Benehmen, werden sie verurteilt. Diese kleine Überschreitung war trotz allem nicht schlimm. Seinen Körper verlassen: was auch immer man während der Reise anstellt, so heißt das nicht mehr, als eben mal den Rhythmus des gemeinschaftlichen Lebens zu verlassen, zu wachen anstatt zu schlafen, rauszugehen, wenn alles abgeschlossen ist. Aber es bedeutet auch, ins Sakrale einzutreten, und davon wollen die Inquisitoren nichts wissen.

Denn der Bereich und die Zeit des Ritus stören Raum und Zeit der bürgerlichen Gesellschaft. Man betritt nicht irgendwie eine Kultstätte. Nach exakten Regeln muß eine Schwelle überschritten werden: zum Beispiel sich den Kopf bedecken oder ihn entblößen. Dann verschwinden Raum und Zeit der Stadt: Wagner hat in der Reise Parsifals dieses Phänomen musikalisch sehr schön umgesetzt. Der Wald wird sakral, das Tier freundschaftlich, die Grenzen des Wirklichen verschwinden mit Hilfe der Drogen. Alles wird aufgewandt, um die rauhe Schale der zeitlichen Routine zu sprengen; nur um diesen Preis erscheint das Sakrale. Im waldreichen Afrika verharren die Initiierten lange in den Klöstern: einst mehrere Jahre lang, 1997 in Casamance drei Monate.

Wenn die Welt der Männer/Menschen auf der rechten Seite ist, dann steht das Sakrale immer auf der verkehrten. Nicht »normal«. Für einen Nichtchristen ist es nicht normal, sich an einen Ort zu begeben, an dem ein Priester eine flache weiße Scheibe in die Höhe hebt und sagt: »Dies ist mein Leib.« Es ist nicht normal, vom Balkon der Casa Rosada herab zu sprechen, um zu behaupten, daß man das von Perón gerettete Volk sei. Es ist nicht normal, den Auswurf der Kranken zu verschlingen, sich die Haare nicht zu waschen und mit Exkrementen zu spielen. Es ist nicht normal, zu regredieren. Die Regression, erläutert sehr schön Lacan, ist nicht die tatsächliche Wiederkehr der kindlichen Sprache und Gestik, sondern die Wiederkehr der Signifikanten, die verjährt sind. Richtig. Fliegen ist ein Kinderspiel. Doch wenn man erwachsen ist, spielt man nicht mehr. Man darf es nicht mehr. Seien Sie bitte nicht kindisch!

Aber ja, man bedarf des Einschnittes des Sakralen. Es gebricht uns überaus an diesem wesentlichen Mangel. Der Levitikus legt es ordentlich und diszipliniert auf einen Wochentag fest, befreit ihn von seinen Beschäftigungen, widmet ihn dem Denken an Gott und nennt ihn Sabbat – ein Wort, das später von den Inquisitoren recycelt wurde. Wenn man bedenkt, daß sie die Ruhe des Seins in Wahnsinn verwandelten! Besser könnte man nicht zum Ausdruck bringen, daß die fliegenden Frauen sich vom schwer durchzustehenden Tag erholten. Nun traf es sich, daß ungefähr zur gleichen Zeit die Juden im Exil die Vorstellung vom Sabbat veränderten. Die Ruhe des Seins feminisierte sich und wurde »die Prinzessin

Sabbat«, die für die Dauer des Festes gekrönt wurde. Es ist die Zeit, in der die Magie die jüdischen Gemeinschaften beeinflußt. In Palästina, um 1540, begannen die paar ins Land zurückgekehrten Rabbiner die Insektensprache zu sprechen; anstelle des *Scheol*, die Grube, in die ein Mensch bei seinem Tod fällt, kehrte mit Macht die Auferstehung wieder. Der alte Orient tauchte von etwas weiter ostwärts mit der Diaspora wieder auf. Sicher, wenn das Leben zu hart ist und man keinen Tempel mehr hat, wenn man den Zeitpunkt der Rückkehr nach Jerusalem nicht kennt und auf ein ewiges nächstes Jahr reduziert ist, dann verläßt man seinen Körper wie sonst überall. Das taten der Rabbi Luria in Safed im 16. Jahrhundert und die chassidischen Rabbiner in Polen im 18.

Besagt das, daß es im Leben auf der rechten Seite kein Sakrales gibt? Ich nehme es an. Man muß wohl zur Kehrseite überwechseln, um zum Sakralen zu gelangen. »Es« geschieht im Nu, es existiert im »Haus des Seins«, würde Heidegger sagen, der über das Problem gut Bescheid wußte. Kehrseite des Lebens, das Sakrale schläft mit dem Tod. Der Tod, die Aus-Zeit und die Frauen müssen noch gebündelt werden, indem man sich etwas näher damit befaßt.

Catherine

Ars-en-Ré, 15. Juli 1997

Liebe Catherine,

je mehr dieser Briefwechsel voranschreitet, desto mehr komme ich zu der Überzeugung, daß uns alles trennt. Über was stimmen wir überein, außer über die Dringlichkeit, die weibliche Art und Weise zu befragen, sich diesem dunklen Gebiet zu nähern, das man ein sakrales nennt: weder »Religion« noch »Opfer«, noch gar »Wert«, aber sicher eine Grenze, die quer durch all das verläuft, besser: eine »Ökonomie«, die dem menschlichen Abenteuer Sinn verleiht? Wir stimmen nicht überein? Ein Grund mehr, diese Meinungsverschiedenheiten ohne Konfrontation ans Licht zu bringen. In all meinen Tätigkeiten habe ich seit langem beschlossen, nicht zu diskutieren und noch weniger, Lektionen zu erteilen: vor allem Dir nicht, die auf alles eine Antwort hat! Mir graut vor Wutanfällen, Invektiven, Sarkasmen. Ich gehe lieber darüber hinweg und setze meine Argumentation fort. Wie viele Briefe über die Jungfrau? Notfalls unendlich viele, um jenen Knoten zu entwirren, den man für ein Loch hält. Übrigens machst Du mit Deinem »Ätsch!« auf Deine Weise dasselbe …

Dennoch gäbe es viel zu sagen, beispielsweise über das arme Abendland, das Du mit allen Übeln belastest, einschließlich demjenigen, von der Existenz des Sakralen bei den Indianern Brasiliens und sogar bei den Griechen nichts zu wissen! Redest Du im Ernst? Ethnozentrismus, einverstanden, aber warum soll man die Bemühungen vergessen, diesen zu überwinden? Bemühungen, die andere Zivilisationen noch nicht gemacht haben! Übrigens bestehen die anoretische Analysandin und die heilige Catharina, die ich Dir serviert hätte, nicht nur aus »Rücksichtslosigkeit«, wie Du schreibst, aber sicher wirst Du die Gegensätze ausgleichen … In einem monströsen

Schmerz gelingt es ihnen, die Gewaltsamkeit der Verbote, die man ihnen auferlegt und die sie sich selbst auferlegen, zu vermitteln – ohne Verbote, die stets mehr oder weniger gewaltsam sind, gäbe es keinerlei soziale Bindung. Daß das Opfer diese Gewaltsamkeit darstellt und besänftigt, weil es sich um den Ritus herum mit einer Logik verknüpft, demonstriert die Religionsgeschichte. Und die Psychoanalyse lehrt uns, daß es ohne Gewaltsamkeit – Opfer – Kastration – Mangel – etc. weder Sprache noch Subjekt gibt. Von da an wird das Arsenal von Scheitern und Erfolg der besagten »Vermittlung« angelegt. Die Liebe ist eine davon und ich habe versucht, in meinen *Geschichten von der Liebe*, die schon [mehr als] zehn Jahre alt sind, ihre vielfältigen Gestalten zu entfalten: Eros, Agape, Sadismus, Masochismus, Homo-, Heterosexualität, Donjuanismus, Melancholismus und so weiter ... Was Agnès angeht, so leidet sie nicht bloß, weil von jetzt an die Psychoanalyse die Religion ersetzt hat, die die Analysandin heiliggesprochen hätte. O nein! Man kann nicht alle Anoretikerinnen heiligsprechen, und Catharina von Siena ist kein Fall für die Psychiatrie. Man muß sich wirklich die Mühe machen, ihr Symptom mit einer bestimmten Rede zu begleiten. Einer Rede, die eben diese krankhafte Fixierung, die das Symptom darstellt, diesen Kurzschluß von »Körper« und »Seele« mildern kann (wenn Du willst, gebrauchen wir Anführungszeichen, um zu zeigen, daß wir uns vom binären abendländischen Denken nicht täuschen lassen). Eine Rede, die, ohne zwangsläufig das Symptom zu beseitigen – obwohl das geschehen kann –, dieses in die Bindungen zu anderen überträgt und aufbraucht. Welche Rede? Es genügt nicht, Bröckchen von Religionen nebeneinander zu legen, um von einer Globalisierung der Psychen zu träumen. Jedes besondere Gedächtnis erfordert eine eigene Rede. Nein, das Eigene, die »Diesheit« des Duns Scotus ist, verflixt noch mal, wirklich eine Errungenschaft des Monotheismus. Nicht der anderen Religionen. Ich verschlimmere meinen Fall, ich bestehe auf unseren abendländischen Verdiensten und gebe Deinen Dritte-Welt-Verführungen nicht nach. Nicht sofort. Agnès leidet, weil sie die *Rhetorik* oder sagen wir: die *Ökonomie* (im byzantinischen Sinne einer »Durchquerung«, einer »Dialektik«, einer »List«) ihrer Erfahrung nicht gefunden hat: weil sie keine deutlichen Worte fand.

Nein, die Politik ist nicht diese Rhetorik, auch nicht diese deutlichen Worte, wie Du zu glauben scheinst. Politische Versammlungen vermitteln mir manchmal einen gewissen Schwung, das stimmt, der aber etwas Religiöses hat: etwas Paranoisches, Verschmelzendes, Osmotisches. Keineswegs diese einzigartige Hellsichtigkeit, die das Wort »sakral« für mich beinhaltet – am Kreuzungspunkt des selben und des anderen, der Natur und der Kultur, des Triebs und der Sprache, an den Ursprüngen des Menschlichen …

Von allen Künsten kommt zweifellos die Musik dieser Erhabenheit ohne Worte, vor den Worten, jenseits der Worte und der Stimme, dieser Ton, Rhythmus, Melodie, Schweigen gewordenen Leidenschaft am nächsten, die das Sakrale kommuniziert. Von Kathleen Ferrier bis Billie Holiday inkarnieren die vibrierenden Körper der großen Sängerinnen die absolute Vollkommenheit und das absolute Mysterium. Und die Musik, die ganze Musik: Monteverdi, Mozart, Bach, Armstrong, wenn Du willst. Die menschliche, zwischenmenschliche Gerechtigkeit ist nicht zu überbieten, sie ist das Jenseits, sie ist sakral.

Ich pflichte Dir bei, wenn Du das »Sakrale« der Callas erkennst, aber sicher nicht, wenn Du es Evita unterstellst: und warum nicht Madonna, wenn wir schon mal dabei sind, die ihre Tochter Lourdes genannt hat? Um die Jungfrau kommt man nicht herum, aber diese ist nicht die meine …

Um zur Politik zurückzukommen, so räume ich trotz allem eine Ausnahme ein: die Feier des 14. Juli. Gestern noch, vor dem Fernseher, überwältigte mich die *Marseillaise* auf den Champs: mit zugeschnürter Kehle erhob ich mich vom Stuhl. Eine republikanische Religion? Gewiß. Doch ich stehe dazu, daß diese erfolgreicher war, wo die anderen scheitern: die Gemeinschaft und die einzigartige Person zu bewahren sowie praktisch und konkret das Schicksal des Menschen innerhalb des Universums zu verbessern. Nicht genug, nie genug, mit vielen Fehlern, aber wer bietet mehr?

Ich weiß, daß es einzelne gibt, die sogar Hitler, vor allem Hitler etwas Sakrales zugestehen, den man dieser Tage im Fernsehen sieht. Nun, zu diesen zähle ich nicht. Für mich gehört dieses Fasziniertsein von einem altersschwachen Körper (derjenige Hitlers) oder von dem einer Frau, die man auf der politischen Bühne nicht erwarten würde, die aber deshalb um so erregender ist, und der es schafft, sich zu straffen, um die Macht und den Zusammenhalt der Gruppe zu sichern, zu einer Laienreligion. Sie ist um so gefährlicher, als sie weder eine Hölle noch einen Moralkodex beinhaltet. Diese politische Religion scheint mir der verderblichste Endpunkt der Religion im allerillusionistischsten Sinne des Wortes zu sein und hat mit dem Sakralen nichts zu tun.

Was noch? Du behauptest, im Abendland des 15. Jahrhunderts gäbe es nur weibliche Körper, die fliegen. Und Giotto? Und Dante? Die Männer sind auch noch da, seien wir nicht »homophob«. Ich werde Deine Äußerung apropos Regression, die eine »Verjährung des Signifikanten« wäre, nicht aufgreifen – es gäbe viel zu sagen über das triebhafte Überschäumen ohne irgendeinen »Signifikanten«! Und wenn der Trieb der Teufel Deines göttlichen »Signifikanten« wäre?

Nein, ich habe keine Lust zu diskutieren. Mir fällt ein Wort von Goethe ein: »Was ist das Heiligste?« fragt er in einem Distichon. »Das, was die Geister einiger macht«[19], antwortet er. Sakral ist, was seit der Erfahrung des Unvereinbaren verbindet. Zwischen den Geistern, wenn man so will. Fast habe ich Lust, meine Lieblingsidee vom Sakralen der Mutterliebe wieder aufzunehmen, befürchte aber, angefahren zu werden. Dennoch schulde ich Dir ein Geständnis: ich glaube wirklich daran, und dieses Sakrale scheint mir für die Frauen wesentlich zu sein, zugleich ist es äußerst bedroht in einer Welt, die alles kann, außer »Geister einiger machen«. Manchmal

19. Vollständig lautet das Zitat aus den *Xenien*: »Das, was heut und ewig die Geister, / Tief und tiefer gefühlt, immer nur einiger macht.« (A. d. Ü.)

glaubte ich, die Alchimie der Mutterliebe zu ergründen: ein gewaltiger Stoß – vielleicht biologischer, sicher narzißtischer Natur – trägt uns zu unseren Kindern und beseitigt alles, was sich uns in den Weg stellt, ich sage wirklich »alles«; er kann den anderen wie auch uns selbst beseitigen, Frau wie Mann wahnsinnig, besessen machen. Aber merkwürdigerweise siegt die Bindung, eine Besänftigung verschiebt die Gewaltsamkeit, Eros und Thanatos verwandeln sich in Zärtlichkeit. Jetzt sind wir am Ursprung der Wörter, wo die Liebe eine Sprache wird, die Muttersprache genannt wird. Ich stelle mir vor, daß Goethe mit seiner Sicht des »Sakralen«, das »einiger macht«, für diese Liebe eintrat: er, der zum Beispiel schrieb, daß ein Held ein Mann sei, der von seiner Mutter sehr geliebt wurde. Wechseln wir das Thema …

Ich nehme den Faden meines letzten Briefes wieder auf: vorausgesetzt, daß es ein Sakrales ohne Opferungen gibt, könnte dann nicht das *Imaginäre* eine mögliche Variante von ihm sein? Das Imaginäre als eine ewige Wiederkehr, die Geist und Körper für eine endlose Unruhe öffnet und es gestattet, sich in dem Jahrhundert aufrecht und biegsam zu behaupten?

Ein amerikanischer Freund, der David, aber auch Deiner ergebenen Briefpartnerin Englischunterricht erteilt, denn ich muß wirklich den Gebrauch dieses Idioms vervollkommnen, ließ mich unlängst einen Artikel aus dem *New Yorker* lesen. Der Autor machte sich über die Bücher zum *health sex* lustig, die den amerikanischen Markt überschwemmen. In der Regel von Frauen produziert, geben diese Werke unzählige Ratschläge in Sachen Kleidung, Verhalten und Gebärden, um zu einem genialen Orgasmus zu gelangen, der imstande ist, in der Ehe wie auch im Beruf Wohlbefinden und Erfolg zu garantieren. Der Autor des Artikels behandelt zu Recht diese Priesterinnen der Sexualtechnik mit heiterer Ironie: gehen sie nicht so weit, ihre Ware als progressiven Kampf gegen die amerikanische Religiosität anzupreisen, ohne zu bemerken, daß sie nichts Geringeres predigen als eine Religion des Sex – in vollkommener Symmetrie mit der Religion der Vorsehung. Und unser Professor schließt: »Die amerikanische

Kultur ist eine Kultur der Vorsehung – sei sie nun göttlich oder sexuell, wir finden kein Ende, wir fordern das Heil. Ihr Franzosen seid anders: eure Kultur ist eine Kultur des Wortes, und alles endet immer mit einem Abstand, wenn nicht mit dem Gelächter oder dem Atheismus.« Das paßt zusammen, wie denkst Du darüber?

Daß Amerika durch diese technischen Leistungen von *health sex*, durch außerirdische Virtualität und andere Sekten, die durch Suizid das Nirwana anstreben, die Vorsehung sucht, scheint verblüffend offensichtlich zu sein. Ebenso bin ich davon überzeugt, daß die französische Kultur, die die Lust mit dem Wort verschweißt hat, dieser Religiosität nicht erliegen dürfte. Jene, die mit Rabelais sagten, daß »sein Wort geben ein Liebesakt ist«, oder mit La Bruyère, daß das Gespräch eine Kriegskunst ist (»es gibt mehr Gefahren als anderswo, aber der Erfolg stellt sich rascher ein«), oder die mit Bossuet dem Tod die Stirn boten, indem sie ihn in Rhetorik verwandelten (»Mit dem Gesetz, es zu verlassen, trete ich ins Leben ein; ich werde meine Rolle spielen, mich aufführen wie die anderen; dann muß man abtreten«), jene sind nicht bereit, sich an die Vorsehung des Sex oder andere *Health*-Techniken zu heften. In Frankreich wurde die Psychoanalyse weniger als eine Heilmethode denn als eine Sprache der Wahrheit verstanden. Aber kann die Sprache jenseits der Couch noch eine Liebeskunst, eine Kriegskunst, eine Begrüßung des Todes sein? Kann sie die Pflichten und Bindungen auf sich nehmen, sie spielend meistern, lebendig erhalten?

Ich stelle mir gerne vor, daß Catharina von Siena sich nicht hätte verdursten lassen; sie würde versucht haben, ihre Selbstbeherrschung – die »Pflicht« meiner Analysandin Agnès – abzumildern durch die Beschreibung dieser Spannung, die sie dazu bringt, ihre Mutter zu beherrschen und Jesus zu duzen. Agnès schreibt Gedichte und erzählt im Verlauf unserer Analyse immer häufiger Geschichten: es ist dies eine Art und Weise, ihre Knoten der Angst, der Verpflichtung und der Schuld zu lockern. Die Erzählung und der Roman sind einfache Formen, weniger anspruchsvoll als die Poesie, sie sind sogar banal. Sie können ein beliebiges Dasein menschenfreundlicher machen und verzichten niemals darauf, diesem Sinn zu verleihen: eine Art »Pflicht«, aber abgeschwächt, weder absolut noch unerbittlich, sondern ganz einfach lebbar.

Catharinas Beichtvater, der sie erfolgreich vor ihren Inquisitoren verteidigte und den Ordensgeneral der Dominikaner wie auch den Papst davon überzeugte, daß das Denken und Verhalten dieser Schwester mit der katholischen Lehre übereinstimmten, ließ sich offenbar von der jungen Frau in ihren Bann schlagen. Sicher, er hat sie begleitet; er half ihr, ihre übermenschliche Fähigkeit, Schmerzen zu ertragen, durchzustehen und diese bis zum Äußersten zu steigern; er beruhigte sie nicht. Da die Zeit nicht stehengeblieben ist und einige von uns menschlicher geworden sind als jene geheimnisvollen Wesen des 14. Jahrhunderts, erlaube mir für einen Augenblick, die Stelle jenes ehrwürdigen Raymond de Capoua einzunehmen. Ich hätte Catharina vorgeschlagen – nein, keine Analyse, machen wir uns darüber nicht lustig! –, sich bei den Erbauern der Kathedralen zu sammeln, die ihre Zeitgenossen waren, und über deren Werkzeuge zu meditieren. Auf Grund ihrer Angespanntheit, ihrer Neigung, sich zu belasten und sich mit den schwersten Prüfungen (Hunger, Eiter, Tod) abzuhärten, hätte ich ihr vorgeschlagen, sich ein ebenso einfaches wie gerades Werkzeug auszusuchen. Beispielsweise das Senkblei eines Maurers: sie möge vor diesem meditieren und dabei das Niederdrückende und das Aufstrebende in sich selbst beurteilen, um mir dann das Wesentliche zu erzählen.

Das zermalmende Über-Ich meiner Anoretikerinnen und das einiger anderer läßt mich oft an dieses Instrument denken: wie könnte ich sie dazu bringen, von ihrem Über-Ich nur so viel zu behalten, wie für einen Faden mit Bleigewicht nötig ist? Nicht mehr und nicht weniger. Ohne tödliche Selbstbeherrschung. Gerade so viel an Spannung, um stehen zu können. Wären sie zu stehen in der Lage?

Diese Meditationsübung wäre eine Art Schreibwerkstatt

oder die Verwandlung seiner selbst in eine Erzählung, ausgehend von einem Symbolträger. Sie reizt mich durch die bescheidene Würde des Senkbleis – eine nüchterne Geradheit, die keineswegs zermalmend, sondern schlicht und einfach unerläßlich ist. Aber mehr noch durch die Tatsache, daß man darüber sprechen und die Assoziationen verweben kann, die dieser gespannte Faden ablaufen lassen könnte (für Catharina, für Agnès, für andere). Die Erfahrungen mit dem Imaginären lindern die Spannung; sie lassen sie nicht verschwinden, sondern spielen mit ihr. Sie wecken die Neugier, halten den Hunger nach Sinn und Bedeutungen in Gang; aber ohne ihn zu stillen und ohne ihn zu enttäuschen, vermeiden sie ewig das Absolute wie auch die Leere.

Imaginieren wir also. Stellen wir uns den Faden mit dem Senkblei vor. Diejenigen, die mehr oder weniger bewußt von der Pflicht niedergeschmettert wurden, werden zunächst Mühe haben, die Bedeutung dieses banalen Instruments zu gewahren, dessen sich die alten und weniger alten Baumeister bedienten: als zentrales Symbol entgeht es der Aufmerksamkeit, wie es beim Augenscheinlichen oft der Fall ist; seine elegante Bescheidenheit entzieht es dem Interesse.

Um anzufangen: der Senkblei-Vater (uff!) teilt die Interessen der Pflicht. Ich mag seine Funktion, die darin besteht, die Steine eines Baus anzugleichen: sie in Reih und Glied zu bringen und Abweichungen zu vermeiden. Trotzdem glaube ich, daß ich den Kommunismus durchgemacht habe und als Frau, Intellektuelle und Schriftstellerin Freiheit errungen zu haben, indem ich auf das »Außergewöhnliche«, wenn nicht gar auf das »Fremde« setzte. Ich schätze unendlich die biblische, christliche Idee, nach der sich nur aus einem »Eckstein«, einem »Stein des Anstoßes« das Licht Jahves ergießt und Christus und seine Kirche aus ihm hervorgehen. Ich bin jedoch zu der Gewißheit gelangt, daß diese anarchistische Abweichung nur möglich ist, wenn, und nur wenn es ein Senkblei gibt, wenn ich in mir den Sinn dieser Ausrichtung integriere. Zudem weiß ich wie Du, daß die moderne Welt leicht der Abweichung schmeichelt, aber darauf pfeift zu wissen, was Geradheit ausmacht. Da wir diesen Briefwechsel weder angefangen haben, um emotionale Erregung noch kindliche Naivität zu suchen, noch die absolute Gnade einer Religion, sondern alles in allem vielleicht die Möglichkeit und den Sinn einer *verbindenden Geradheit*, schlage ich Dir als Bild des Sakralen vor, in diesem gespannten Faden eine Einladung zu dieser Ausrichtung zu sehen.

Ich habe die inspirierten und gelehrten Untersuchungen gelesen, die das Senkblei als Symbol für eine vertiefte Erkenntnis bezeichnen, die darum bemüht ist, sich immer weiter nach »unten« und ins »Zentrum« zu vertiefen; es wurde mit der Bahn Dantes verglichen, der unter Virgils Führung sich nicht fürchtet, bis zu den letzten Kreisen der Hölle hinabzusteigen, bevor er wieder zum Paradies hinaufsteigt. Die nach unten weisende Spitze dieses bescheidenen Metalls Blei verweist wirklich auf das, worum es geht, und ich habe das Gefühl, daß dieser Abstieg nach »unten« oder ins »Zentrum« mit meiner Tätigkeit als Analytikerin assoziiert werden könnte, bemüht um das Gedächtnis und den Körper in ihren banalsten Aspekten.

Doch unter so vielen anderen möglichen Konnotationen, möchte ich gern drei Bedeutungen des Fadens mit Senkblei bevorzugen, die mir – nach den Sackgassen der Pflicht meiner bescheidenen Agnès und der großartigen Catharina von Siena – in diesen Phantastereien als unumgehbar erscheinen: die Geradheit, das Geheimnis, die Depression.

Jedermann kennt diesen Faden: er spannt sich, weil er von der Erdanziehungskraft, von dem Bleigewicht zum Ausdruck gebracht, nach unten gezogen wird, aber auch, weil er an der Decke aufgehängt ist. Die Geradheit ist eine Spannung zwischen einer Halterung und einem Gewicht: die Geradheit ist ein aufrechterhaltener Widerspruch, sie erfordert ein oben und unten, ein Dach und eine Schwerkraft. Dieser gespannte Faden bringt uns unweigerlich dazu, uns das Aufrechtstehen vorzustellen – die Vertikalität der Wirbelsäule; und auf metaphorische Weise, im bildlichen Sinne weist uns das Senkblei auf Richtigkeit und Gerechtigkeit hin. Zu leichtfertig, so scheint es mir, ist man der Ansicht, daß das Aufrechtstehen für den Menschen natürlich sei. Nein, es handelt sich um unablässig bedrohte Errungenschaften, die wir ständig neu spannen – anstreben müssen. »Halte dich gerade!« sagte mein Vater, der das erste Lebewesen der Geradheit war – von außergewöhnlicher Geradheit –, dem zu begegnen ich das Glück hatte. Man macht sich keine Vorstellung davon, wie unnatürlich es ist, sich gerade zu halten, wie schwierig es ist. Vor allem, wenn »man« eine Frau ist mit Mann, Kind(ern), Geliebtem(n), Freunden und Freundinnen, Haus und Arbeit; die Liste ist unendlich lang. Man kann sich nicht vorstellen, wie schwierig es ist, sich gerade zu halten, wenn man eine Frau ist, deren Mann nicht wie die anderen ist, deren Kind nicht wie die anderen ist, deren Beruf nicht wie die anderen ist – und daß diese verschiedenen Halterungen ebenso viele Erhöhungen wie Handikaps sind (selbstredend ist jede von uns »nicht wie die anderen« und ihr Senkblei ist »anders als die anderen«). Man macht sich keinen Begriff davon!

Ich, Agnès, Catharina und die anderen – wir können versuchen, uns dies vorzustellen und zu verwirklichen: die Geradheit meines Körpers (meiner Wirbelsäule, die nicht zu krümmen mir so schwerfällt) wie auch die Geradheit meines Geistes aufrechtzuerhalten würde mir vielleicht gelingen, wenn ich mich am Bild des Senkbleis orientierte: nie das Blei meiner Handikaps vergessen, sich nie von der Decke lösen. Denn nur so – zwischen seinem locker hängenden Gewicht und seinem Fixpunkt gespannt – ist meine Spannung nicht zwangsläufig ein Drahtseil, das zu reißen droht. Im Gegenteil kann sie die richtige Flexibilität eines Senkbleis haben. Kurz: die Geradheit stammt von meinem Gewicht, ich wäre nicht so gerade, wenn ich nicht all diese Gewichte hätte. Aber außerdem muß ich oben gut befestigt sein.

Mit Agnès und Catharina betrachte ich ein zweites Mal dieses Senkblei. Das beliebige grauschwarze Metall, weit entfernt von der Erhabenheit des Goldes oder Silbers, zeigt wie ein umgedrehter Pfeil auf den Boden. Dennoch wissen wir, daß sich oberhalb des Punktes der Aufhängung das Dach erhebt und das Tageslicht sich entfaltet. Ich sehe in dieser Solidarität von Oberfläche/Hintergrund, Licht/Dunkelheit das Bild des *Geheimnisses*. Man weiß, daß sakral und geheim die ganze Geschichte hindurch eines Weges ziehen. Die Griechen haben die Wahrheit als Enthüllung definiert, die katholische Kirche hat das Geheimnis allgemein gemacht, allen gezeigt. Es steht mir fern, heute den wissenschaftlichen und demokratischen Gewinn jenes Aufzugs von »Phänomenen«, »Erhellungen« und »Eröffnungen« zu diskutieren. Ich behaupte jedoch, und das allein, daß er die Gefahr des Spektakulären und des Erkünstelten mit sich bringt. Und ich stehe dazu, daß die Rehabilitierung des Geheimnisses ein heilsames Gegengewicht zu diesen Tendenzen, zu diesen Gefahren darstellen kann. Kein Geheimnis, das an sich selbst Gefallen fände, das mit sich selbst zufrieden wäre oder in Korruption ausarten würde, was in diesem Fall genauso, wenn nicht noch unheilvoller wäre als das Wohlgefallen an Schein und Pomp. Sondern ein Geheimnis, das, wie das Blei am Faden, in der Würde seiner Konzentration lastet; und das, wie der Faden des Bleigewichts, nicht vergißt, daß seine Aufgabe darin besteht, die Geradheit sichtbar zu machen: das heißt, daß sie vor aller Augen in der Sichtbarkeit des Gebäudes erscheint, das der einzige Beweis für die Nützlichkeit des verborgenen Bleigewichts bleibt. Ist es ein Trauma, das Geheimnis von Agnès, Catharina und mir zu respektieren? ein unüberschreitbarer Wunsch? – und sagen zu lassen, lesbar und sichtbar zu machen, was Catharina, Agnès und ich hier und jetzt, in unserem Rhythmus imstande sind zu formulieren. Das ist der Sinn des Geheimnisses in der Psychoanalyse. Und ohne Zweifel in den besseren Geheimgesellschaften: jenen der Freunde, der Komplizen, der philanthropischen Bruderschaften.

Betrachten wir ein drittes Mal dieses Senkblei. In der Bescheidenheit dieses Metalls liegt etwas Trostloses, in der Spannung dieses Fadens liegt eine Sehnsucht nach Licht und Tiefe. Bekanntlich sehnen sich späte Symbole nach den vorangegangenen Religionen, von denen sie nur ausgesuchte

Fragmente übernehmen. Die Sehnsucht ist die Schwester der Melancholie, sie grenzt an die Depression der Personen und an den Sinnverlust. Ich möchte mich hier zum Anwalt dieser Sehnsucht und dieser Depression machen. Ich behaupte, daß beide unentbehrlich sind. Ich behaupte, daß wir nur dann nach neuen Wahrheiten streben können, wenn wir die alten Verlockungen und Glaubensformen unserer Vorfahren aufgeben, indem wir den künstlichen Glanz in der Strenge einer nüchternen Meditation eingehend behandeln. Nein, die Symbolik der Alltagsdinge ist nicht auf traurige Weise eine sehnsuchtsvolle. Sie profitiert von jenem fruchtbaren Augenblick der Depression, in dem ich den Verlust des alten auf mich nehme und eine neue Wiedergeburt einleite. Doch ich halte mich im Zwischenraum auf. Dieser Augenblick des Dazwischen, diese Übergangsstufe, dieser Zwischenraum des Schwebens – den das Senkblei in seiner hauchzarten Schmucklosigkeit darstellt – bringt mich auf den Gedanken, daß die Erzählung, die unseren Alltagsdingen Sinn verleiht, der Ort selbst ist, an dem sich die Sehnsucht in »etwas Kommendes« verkehrt. In was? Wir wissen es nicht, werden es vielleicht nie wissen. Und wenn die Wahrheit nur dies wäre? Nicht ein »Sinn«, sondern die »Gespanntheit auf etwas hin«. Begnügen wir uns damit, gerade und gerecht zu bleiben. Arbeiten wir auf den Sinn hin, aber lassen wir ihn … undefiniert, immer »kommend« sein. Angesichts der Religionen und der Ideologien würde ich sagen, daß unsere Beachtung des Sakralen eine »vorläufige« (statt »sehnsuchtsvolle«) ist und daß diese vorläufige Eigenschaft paradoxerweise deren Stärke ausmacht. Eine beliebige Stärke, aber eine wahre. Wie die des Maurers von einst mit seinem Senkblei, noch fern von der Vollendung, immer zu weit vom Abgeschlossenen entfernt, der aber seine Geradheit und Genauigkeit auf jene Sehnsucht nach Unendlichkeit gründet.

Während der Sitzungen mit Agnès versuche ich, ein bißchen von all dem in meine kurzen Deutungen und Skandierungen einfließen zu lassen. Was Catharina von Siena angeht: dachte sie nicht an dies, als sie, im Gegensatz zum »eitlen

Ruhm«, einen »wahren Ruhm« erwähnte? Wer weiß? Sie überragt uns mit ihrer übermenschlichen Erfahrung, uns, die wir nach dem Humanismus geboren wurden, ohne deswegen das Sakrale zu vergessen.

Julia

Dakar, 21. Juli 1997

Liebe Julia,

habe ich recht getan, Dich aufzuziehen? Angesichts Deines letzten Briefes beginne ich daran zu zweifeln. Ich versichere also:

1. daß die Jungfrau nicht »die Deine« ist, sondern eine befreiende theologische Erfindung, die Dich einzig aus diesem Grund begeistert;

2. daß das »Ätsch!« meiner letzten Epistel nicht das meine war, sondern ein »ätsch!« der tödlichen ›Liebe auf den ersten Blick‹;

3. daß, wenn ich auf das Sakrale schimpfe, es deshalb geschieht, weil ich die Verschiebungen ahne, wenn man wie die Katze um den heißen Brei herumgeht.

Beseitigen wir diese Gatter. Erstes Mißverständnis: das »Ätsch!« der Liebe. Daß die Liebe als Unterhandlung mit den Verboten unverzichtbar ist: einverstanden. Aber der Liebesmythos im Abendland ist, glaube ich, das Gegenteil davon. Die Verbote werden mit extremer Gewalt, mit der tödlichen Wirkung des Ungestümen überschritten; das ist so rührend wie nur irgend möglich, ausgesprochen schön, vor allem in der Oper. Wie Du Dich vielleicht erinnerst, habe ich in einem meiner Bücher zu zeigen versucht, daß die erhabenen Opern des 19. Jahrhunderts auch Maschinen waren, um mit feuchten Augen den Todeskampf der Opfer dieses Liebesmythos, vor allem den der Frauen, zu genießen. Zu dieser Zeit hatte ich mich auf die Frauen konzentriert. Ich hatte teilweise Unrecht. Es stimmt, daß in der Oper oft die Männer würdig im Sterben liegen. Seien es nun Männer oder Frauen: im 19. Jahrhundert sind die Geopferten immer Sopran und Tenor, Stimmlagen der Jugend und der Unschuld. Der Verletzlichkeit und des Kindlichen, wenn Du so willst. Nennen wir das das regressive Imaginäre der Liebe, das noch heute recht mächtig ist. Na gut, es ist ein Stereotyp »mit Gefahren«. Jedenfalls hat es mir genug üble Streiche gespielt, daß ich es nicht vergessen habe, und noch ließ ich nicht mein Leben.

Über die Politik sind wir nicht geteilter Meinung. Du reichst mir auf einem Silbertablett die sakrale Vaterlandsliebe, was mir im ursprünglichen Sinne des Wortes politisch zu sein scheint, da ja das »Vaterland« die Gemeinschaft betrifft, in der zu leben oder zu bleiben wir beschlossen haben. Und wenn Du einer politischen Versammlung die Aufgabe einer osmotischen »Verschmelzung« zuschreibst, so ist das das treffende Wort. Voll und ganz einverstanden mit dem, was das republikanische Sakrale betrifft.Republikanische Religion: das ist eine andere Angelegenheit, deren ich mir weniger sicher bin.

Zweites Mißverständnis: Eva Perón. Der politische Aspekt dieses selbstgezeugten bizarren Geschöpfs ist an dem Tag verschwunden, an dem sie sakral wurde. Bis zur Machtergreifung des Generals Perón hast Du recht. Sie hat die Massen hinreichend aufgewiegelt, um Perón aus dem Gefängnis zu holen, sie war sein wichtigster politischer Trumpf. Aber seit sie die Gattin des Präsidenten geworden war, war sie nicht die Präsidentin, sondern wurde zur Madonna, und das ist so sehr etwas anderes, daß Perón nicht mehr weiß, wie er sie loswerden soll. Eine Zeitlang stopft sie mit ihren Abendkleidern die Löcher der Armut. Aber dann fällt sie ihm lästig. Was hat er nicht alles getan, um den Mythos seiner Frau zu zerschlagen! Ausgeschlossen, des Sakralen wegen. Politisch würde es ihn ohne sie nicht geben, aber ihre Sache war eine doppelte Heiligkeit: die des Volkes und die Argentiniens, die zu verkörpern sie vorgab.

Geschickt, intrigant, ja, bis zu jenem Augenblick, da sie körperlich von der Verehrung durch das Volk verschlungen wird. Sie starb rechtzeitig: sie sollte zur Vizepräsidentin ernannt werden. Perón erleichterte ihr Tod sehr, das ist bewiesen. (Zu Unrecht, er büßte die Macht ein.) Was Madonna betrifft, so meinst Du zu scherzen, aber auf der karikaturistischen Seite des Sakralen hast Du recht. Das riesige Kreuz auf der Punk-Brust in ihren ersten Filmen, die Rolle der Evita, die sie nicht ohne Mühe erzwungen hat, die auf den Namen »Lourdes« getaufte Tochter, die Reue über die Jugendsünden, schließlich ihr Künstlername: ein exzellentes Geschäft, denn die Nachfrage nach diesem Angebot ist enorm. Indira weiß, wie man sich mit der Göttin Durgâ identifiziert, Evita weiß, wie man die Madonna der *descamidados* wird und Madonna versteht es, das Sakrale zu imitieren. Nun, die tyrannischen Abdriften meiner politischen Schauspielerinnen vergesse ich nicht. Was Hitler betrifft, so unerträglich die Frage auch sein möge – so weiß ich nicht recht, wie man ihn übergehen kann. In der Politik hat Hitler fast alles an Sakralem ausprobiert, das es gibt. Von der Verstärkung der Stimme mit dem Mikro zur Bestimmung des Sündenbocks, von hohen Flammen in der Nacht bei geheimen Ermordungen, von der leidenschaftlichen Liebe eines Volkes, dem deutschen, zum Geheimplan der Endlösung, die das andere Volk, das jüdische, vernichtete; vom Terrorismus bis hin zum Selbstmord unter den Klängen der *Götterdämmerung*... Ich weiß nicht recht, wie man sich davon befreien kann. Daher meine Sorge über die Maßlosigkeit des Sakralen. In der Sphäre des Privaten zu verbleiben ist eine zwingende Notwendigkeit. Andernfalls droht Gefahr.

Drittes Mißverständnis: die Hexen. Ich kenne durchaus Dante wie auch Giotto sowie, auf den Fliesen der brasilianischen Barockkirchen, die gekreuzigten, sich in Ekstase befindlichen Heiligen mit riesigen Flügeln, die fliegend dargestellt werden. Soviel ich weiß, verbrannten die heiligen Männer nicht auf dem Scheiterhaufen ... Dagegen suchen die dominikanischen Inquisitoren danach, wie sie die Verdammten identifizieren können. Aber die einzige Beweisführung dieses Hauptwerkes besteht darin, daß nur die Frauen Hexen sind, weil sie fliegen. Wer übersieht Giotto? Oder vielmehr: wer kennt ihn nicht? Die Autoren dieses Handbuchs der Inquisition.

Viertes Mißverständnis, aber da übertreibst Du. Habe ich Dich wegen der Mutterliebe angefahren? Ich habe applaudiert! Aber da Du Dich ärgerst, fahre ich fort. Ja, die Mutterliebe gehört zur Ordnung des Sakralen. Folgt die Besänftigung deswegen auf die Grausamkeit? Nun, nicht immer. Den anoretischen und den jiddischen Müttern (ich bin eine, ich kenne mich aus) gelingt es nicht. Im übrigen beschreibst Du auf bewundernswerten Seiten die harte Arbeit an sich selbst, die zur Zähmung des mütterlichen Sakralen nötig ist. Wirklich, was für eine Arbeit!

Im Grunde genommen bezieht sich unsere einzige Meinungsverschiedenheit auf die Risikofaktoren des Sakralen. Aber zunächst, ich beharre darauf, nenne ich Religion eine Organisation des Sakralen, das einen Klerus, Ritus, Zwänge und Strafmaßnahmen durchläuft. Deshalb paßt mir die republikanische »Religion« nicht ganz: im Wort »Religion« erblicke ich zu viele Zwänge. Sieh nur die Vereinigten Staaten. Das Merkwürdige an dieser Nation ist die dramatische Spannung zwischen einer funktionierenden Demokratie und dem Referenten »Vorsehung«, der Schwur des Präsidenten auf die Bibel, der religiöse Kram. Eine Angelegenheit der Verbindung zwischen Lust und Wort, sagst Du: ich glaube, Du hast recht. Technik der Bilder, *hard sex*, Ferkel, Außerirdische, Gewalt und Puritanismus, das ist ihr Hexenkessel. Die wahre Freiheit der Lust ist verbannt. Seit langem stelle ich mir Fragen über die perversen Auswirkungen der Änderung Nummer 1 an der amerikanischen Verfassung, die die Meinungsfreiheit als unantastbar erachtet. In den Vereinigten Staaten von Amerika gewiß ein sakraler Wert. Aber auf diesem Humus gedeihen die Sekten, und eine der letzten, die von der amerikanischen Justiz anerkannt wurde, war ganz einfach ... satanisch. Man kann darüber lachen. Man kann sich auch an satanische Ritualmorde in Kalifornien erinnern.

Jedenfalls freut mich der Einfall, der Dir sogleich unter die Feder kommt, wie nett Du es bedauerst, daß Du Catharina von Siena nicht auf Deiner Couch »analysieren« konntest ... Na ja, die »elende Religion« Deiner Patientin Agnès lockert deren Schraubstock. Sicher doch, da es ja Dich gibt! Ihr macht die Arbeit zu zweit. Du läßt mich wissen, daß Catharina von Siena nicht alleine ihres Weges zog. Schon gut, aber Raymond de Capoua, ihr Beichtvater, konnte trotz all seiner Anstrengungen das Halseisen der Strenge nicht lösen. Glücklicherweise! Stell Dir vor, es wäre ihm gelungen. Es hätte keine heiligen Frauen und keine Kommentare Julia Kristevas mehr gegeben.

Deine Metapher vom Senkblei erregt meine Bewunderung. Und ich nehme Dich noch einmal nach Indien mit, zumindest wenn Du es nicht satt hast. Es ist so wenig natürlich, sich gerade zu halten, daß der Yoga Jahrhunderte gebraucht hat, bevor er diese der menschlichen Spezies, deren Rücken sich mit dem Alter krümmt, eigene Schwierigkeit analysierte. Der Rücken der Yogis tut dies eben nicht. Um den geraden Rücken der Yogis zu begreifen, habe ich in Indien eine Unzahl von Stunden genommen. Und da es möglich ist, dem Meister zu erklären, daß einen die Mystik nichts angeht, kam ich in den Genuß einer auf Physiologie gründenden Lehre. Unter diesem materialistischen Gesichtspunkt ist der Yoga-Unterricht sehr einfach. Zunächst praktiziert man die Bauchatmung, die den Brustkorb dehnt und folglich die Schultern anhebt. Versuch's, Du wirst es erleben. Während man unten mit dem Bauch atmet, zerrt es mechanisch an den Schlüsselbeinen. Versuch's mit den Lungen ohne den Bauch: es dehnen sich die Rippen. Offensichtlich umfaßt die Atmung im Yoga weitere, komplexere Übungen, aber es gibt keine ohne die Grundlage des Geraderichtens des Rückens.

Die wichtigste Haltung besteht darin, maximal zwanzig Minuten lang die Beine in die Luft zu strecken, der Rücken in der Vertikalen, auf den Nacken gestützt und auf beiden Seiten mit den Armen abgestützt; oder, aber diese Haltung wird Frauen nicht empfohlen, man steht direkt auf dem Kopf, ohne die Unterstützung des Nackens. Der Kopf unten, die Füße oben: das ist das umgekehrte »Aufgestanden!«, gerade wie das Senkblei; nennen wir das Gleichgewicht. Es geht nicht mehr darum, nach »unten« zu steigen, sondern es zu erhöhen. Nun, was beschäftigt ist, das sind die Bauchmuskeln – der Bauch – und der Nacken, auf dem das Gleichgewicht beruht und der nicht steif sein darf. Nach dem, was mir mein Yoga-Meister sagte, massiert dieses Abstützen auf dem Nacken die Schilddrüse, die, wie Du weißt, die Stimmung steuert. Ist es nicht das, was Du mit dem Senkblei suchst?

Die Haltung schließlich, die man bei uns »entspannte Ruhelage« nennt, heißt seit 2000 Jahren »Totenlage«. Flach ausgestreckt, berühren Rücken, Kopf, Lenden, Körper den Boden; nur die Höhlung zwischen Nacken und Rücken bildet eine Ausnahme. Es ist die vollständige Horizontale. Und wenn man auf die mystische Theorie des Yoga einschwenkt, was überhaupt nicht meine Tasse Tee ist, ist dies der Augenblick der Meditation über die Gleichgültigkeit gegenüber dem Tod, der Loslösung von sich selbst: die yogische Entsprechung der Worte Bossuets. Da ich mich vor der Mystik hüte und keine Begabung für die Meditation habe, lasse ich in dieser Haltung alles fahren und kümmere mich nicht um das, was mir durch den Kopf geht. Kurz: freies Assoziieren. Wenn einmal die Phase der inneren Entleerung hinter einem liegt, vergleichbar mit so vielen Anfängen einer analytischen Kur, beruhigt sich das Denken und ist dann produktiv. Was die Entleerung des Geistes angeht, so muß ich offen vielen Dank sagen … Trotzdem weiß ich wohl, welche Haltung ich in diesem Augenblick einnehme. Sie heißt »Totenlage«. Man lebt vertikal und stirbt horizontal. Sollte man etwa zwischen beiden Haltungen denken, mit einem lebendigen Geist und einem Körper, der den Tod simuliert? Man kann es nicht ausschließen.

Im 20. Jahrhundert sind »Yoginî«, Frauen, die Yoga praktizieren, sehr präsent. Und in der gleichen Ideenordnung, nämlich im Sufismus, gibt es immer mehr weibliche Derwische. Dieselbe Übung beim »Sama« der Derwische: der Rücken erlaubt das Drehen. Die geteilte Lehre vom »geraden Rücken« schreitet also voran; das heißt, noch einmal, daß er sich nicht von selbst versteht. Auch nicht symbolisch. Denn wenn es schwer ist, die Wirbelsäule gerade zu halten, ist es nicht minder einfach, zu lernen, das Rückgrat der Person – im Sinne der juristischen Person und der Identität – gerade zu halten.

Das lateinische Wort *persona* bedeutet »Rolle«. Abermals Bossuet.

Hier werde ich die Depression einschalten, denn wenn man deprimiert ist, ist die »Rolle« zusammengebrochen. Die Fäden sind schlaff. Der Körper ist nicht mehr gerade, sondern niedergedrückt. Die Identität treibt dahin, die Moral wirkt nicht mehr, das Herz ist leer, das Leid ein unendliches. In diesem Punkt stimmen wir vollkommen überein. In dem einzigen meiner Bücher, in dem ich mich der Philosophie genähert zu haben glaube (*La Syncope, philosophie du ravissement*[20]), hatte ich geschrieben, die Depression wäre der einzige Initiationsritus, der in den industrialisierten Ländern übrigbleibt. Ja, die Depression ist tatsächlich unentbehrlich. Ja, sie ist ein nützlicher Rückzug. Ja, die niedergeschlagene Haltung ist eine Krümmung, die nicht weh tut: der gesenkte Kopf, die für den anderen unsichtbaren Augen, der zur Kugel zusammengerollte Körper. Ja, die Depression erlaubt es, sich wieder aufzurichten. Ja, sie geht einer Wiedergeburt voraus, deshalb vergleiche ich sie mit einer Initiation. Die »Trauerarbeit« ist eine Version davon, und sie gehört zum Leben, nicht nur zum Tod. Denn wenn die Depression zu lange dauert, entwickelt sie sich zur Melancholie, die Leere des Sakralen versinkt in einem Abgrund und die Wiedergeburt findet nicht statt. Abermals bin ich bei den Risikobereichen. Aber kann man die Gefahr vermeiden? Nur im Übermaß liegt eine schöne Gefahr, sagten die Griechen. Das ist sogar die Definition des Tragischen. Darüber bleibt eine Differenz zwischen uns bestehen, die nicht von der Art einer Meinungsverschiedenheit ist. Du sprichst über Kathedralen und ich antworte mit Yoga. Mit unseren Marotten, die eine christlich, die andere »indisch«, reizen wir einander zweifellos bis zum Verrücktwerden. Weil sich unsere Biographien merklich unterscheiden. Bevor Du Dich entschlossen hast, Französin zu werden, warst Du eine Fremde – ach, was uns angeht, so fühlst Du Dich in meinem Land noch zu oft als Fremde

20. Dt. etwa: »Die Ohnmacht. Philosophie der Verzückung.« (A. d. Ü.)

behandelt. Ich bin geborene Französin mit russischen Großeltern auf der einen Seite, bretonischen auf der anderen; das Fremde in mir ist nicht so fern. Du warst in Deiner frühen Jugend Kommunistin, ich im Erwachsenenalter. Du warst es in Bulgarien und ich in Frankreich. Deine Eltern haben die kommunistische Unterdrückung kennengelernt, meine russischen Großeltern wurden von den Nazis in Auschwitz vergast. Du bist nicht geschieden, ich bin es. Du hast einen einzigen Sohn, ich habe einen Jungen und ein Mädchen. Schließlich bist Du Psychoanalytikerin, ich habe nur eine Analyse gemacht. Kurz: mein Leben ist banaler als das Deine, in gewisser Hinsicht leichter zu leben, ich weiß es. Ich ziehe keine Schlüsse daraus, außer daß ich hier einer Spannung zwischen uns zu begegnen meine, Spannung im musikalischen Sinne des Begriffs: auf der einen Seite Sopran, auf der anderen Mezzosopran. Die eine erhebt sich zum Gipfel, die andere steigt in die Tiefe. Der Sopran ist himmlisch, der Mezzosopran höllisch. Da der Mezzosopran in den Opernrollen oft den Hexen und anderen Schuften übertragen wurde, übernehme ich diese Stimmlage und schreibe Dir den Sopran zu, sei er auch ein wenig opferhaft.

Aber keine der beiden Stimmen kann ohne geraden Rükken singen, ein Problem der Atmung. Beim Gesang wie beim Yoga lernt man, seinen Atem zurückzuhalten. Beim Gesang ist es wirklich notwendig: die ausgehaltene Note und die melodische Phrase erfordern es. Beim Yoga erlaubt die lange Unterbrechung des Atems, indem man sich des Luftholens enthält, den Zugang zur Ekstase. Wenn man Luftnot hat, beginnt sich der Kopf zu drehen, er wird vernebelt, das ist leicht zu verstehen: ich muß Dir nicht sagen, daß ich mit dieser Übersetzung der Yogalehren ein schwerwiegendes Sakrileg gegen die Lehre der Yogis begehe. Da ich aber Materialistin bin, entspricht dies meinem Begriffsvermögen. Unterscheidet sich das so sehr vom Gesang? Mein Freund Ruggero Raimondi sagt mir: nein. Das Ziel ist nicht dasselbe, aber die hervorgerufene Wirkung ist es tatsächlich. Nun, was mich an diesen Techniken interessiert, ist die Idee der Unterbrechung, die, Du sagst es, mit Deinem Senkblei übereinstimmt. »Zurückhalten« ist auch nicht schlecht, aber »zurückhalten« kommt von »Zurückhaltung«, die auf den Weg der Abdrift verweist. Zurückhaltung des Spermas bei der Vereinigung bis zur Ekstase und folglich Ablehnung der Zeugung, Zurückhaltung des Atems bis zum Tod. Maria Malibran wäre beinahe dabei gestorben. Exzeß.

Also maßvoll unterbrechen. Der Rücken gerade, aber nicht steif. Versteifung heißt Lähmung. Lieber das Licht als die Blendung. Lieber die Beleuchtung als die paradiesische Illumination des unmittelbaren Nachtod-Zustandes bei den Reanimierten. Sprechen wir schließlich ein wenig vom Geheimnis. Meinetwegen, es ist ebenso notwendig wie die Depression. Aber auf die Gefahr hin, Sollers zu verärgern, der es sich zu seinem geistigen Leitfaden gemacht hat: für das absolute Geheimnis schwärme ich nicht. Daß das Geheimnis ein Moment der Trächtigkeit ist, einverstanden. Daß es das Senkblei der psychoanalytischen Kur ist: ja. Daß es die goldene Regel ist, die niemals aufgehoben wird, das gefällt mir nicht. Siehe die Freimaurerei. Man begreift die von den Umständen bedingten Gründe, die aus dieser eine Gesellschaft des Geheimnisses gemacht haben: es drohte Gefahr. Als geläufiges Phänomen bei der Geburt der Religionen scheint mir die Verheimlichung der Zugehörigkeit klug zu sein. Daß es bei der Freimaurerei weitere Gründe gibt, die mit einem graduellen Einweihungssystem zusammenhängen – nichts ist normaler, andernfalls hätte die Einweihung, die auf die Überraschung hinarbeitet, keinen Sinn mehr. Aber daß die Verheimlichung der Zugehörigkeit nach mehreren Jahrhunderten fortbesteht! Das entwickelt sich zum Simulakrum, manchmal sogar zur Farce. Die Geheimlogen vermochten Schaden anzurichten – erinnere Dich an die Loge P 2 in Italien! –, und wenn Du das Wort »Komplize« gebrauchst, so benennt diese Vokabel, die Dir unschuldig erscheint, auch die schuldige Abdrift der Idee des Geheimnisses. Wirklich, die Freimaurerei müßte sich erneuern: das Senkblei ist dort heilig, das Ideal bewundernswert, aber sogar in der weiblichen

Freimaurerei ist das Geheimnis so oft zum finanziellen Komplizen geworden ... Siehst Du, wie mißtrauisch ich bin?

Nun zur Unterhandlung. Die Psychoanalyse ist deren Lehre. Jenseits der Couch sind die wahren Vermittler eine Seltenheit: manchmal begegnet man wirklichen Diplomaten, zwei oder drei Journalisten, die grauhaarig genug sind, um Macht auszuüben, ein paar einzelne, denen ihre Biographie die notwendigen Prüfungen auferlegte, um die Kunst der Unterhandlung zu lernen. Einst verstanden sich die Gewerkschafter auf diese Kunst. Heute stelle ich fest, daß das einzige Sprachrohr der wirklichen Unterhandlung eine Frau ist, Nicole Notat (als ich ein paar Monate später meine Zeilen wiederlese, konstatiere ich, daß der Mund Marc Blondels, der nicht »schwul« ist, den Namen dieser Frau mit schmutzigen Worten belegt; um so besser! Er erleichtert sich selbst. Eine Kloake: so was kann sich nicht zurückhalten). Um Unterhandlungen zu führen, muß man das Wort, den Augenblick, den Ton richtig einschätzen und bemessen. Man muß innehalten und von neuem beginnen, unterbrechen, um voranzuschreiten. Eine Frage der Atmung.

Die Zeit des Geheimnisses der Unterhandlung scheint mir ein gutes Beispiel für das Gleichgewicht zu sein. Wie in der Analyse ist die Zeit der Unterhandlung geheim und begrenzt, wie in der Analyse beruht die Praxis auf dem Wort, wie in der Analyse erfordert die Unterhandlung einen Kompromiß, dieses so verschriene Wort. Laß mich Dir die Prozesse der Unterhandlung beschreiben, die ich in zwölf Jahren diplomatischem Dienst aus der Nähe betrachten konnte. Außer dem Wort gibt es nichts dort. Es beginnt mit dem Geheimnis, das der Unterhändler mit seinen Partnern teilt, während sie wissen, daß es eines Tages gelüftet wird: da, in der Zukunft der öffentlichen Verkündung findet sich das Senkblei dieser Sache. Es gehört zum Wesen des Geheimnisses der Unterhandlung, daß es im richtigen Moment gelüftet wird; das Denken ist auf die Zukunft ausgerichtet.

Der Beginn einer Unterhandlung vollzieht sich in einer Art Angst, die an das Sakrale grenzt. Insgeheim hat man alles vorbereitet; die Gegner bereiten sich auf ihre Begegnung vor. Nun stehen sie sich gegenüber, nehmen sich wahr, tauschen Blicke aus. Man redet. Schon sind »sie« zum »man« übergegangen. Die Zeit eilt dahin. Je nach Lage des Falls ist es zwingend, die Geheimhaltung zu wahren oder sie teilweise aufzuheben: wenn es um die Freilassung von Geiseln geht, herrscht totale Geheimhaltung. Wenn es um Friedenskompromisse geht, herrscht teilweise Geheimhaltung, sogar eine scheinbare als Ablenkungsmanöver. Beispiel: die Israel-Palästina-Konferenz wird offiziell in Madrid eröffnet, aber die wirkliche Verhandlung spielt sich in Stockholm ab. Wenn sie öffentlich ist, läuft die Unterhandlung nicht und ist oft mit einem Ortswechsel verbunden. Das Offizielle ist offenkundig, aber das Latente wird unter Geheimhaltung behandelt.

Freilassung von Geiseln oder Friedenskompromiß: die Unterhandlung hat nur mit der Beendung der Geheimhaltung Sinn. Es folgt ein Friedensvertrag, der schriftlich niedergelegt wird und die Geheimhaltung aufhebt. Ob der Frieden eine Wirkung zeitigt oder nicht, hängt wesentlich vom guten Gebrauch des Symbolischen im ausgehandelten Wort ab. An vielen Stellen des Planeten muß man heute noch einverstanden sein, daß Götter, Rituale, das Hinzuziehen von Hellsehern und anderen Astrologen mit von der Partie sind ... Ich sehe darin keinen Widerspruch zu den politischen, ja sogar zu den ökonomischen Komponenten der Unterhandlung: denn die spirituellen Komponenten gehören zum Apparat der Unterhandlung. Diese ganze Wortarbeit beginnt mit einem sakralen Augenblick, macht dieselben Wechselfälle wie die Analyse durch und endet genauso. Als kurzer Augenblick, der bei krummen Touren manchmal parodistisch ist (ich denke an die unzähligen afrikanischen Friedensverträge, die, sobald sie geschlossen sind, auch schon gebrochen werden), ist diese kurzlebige Phase entscheidend.

Es ist das, was Du so treffend mit »vorläufige Eigenschaft« des Sakralen zum Ausdruck bringst. Solange es vorübergeht, ist das Sakrale unerläßlich. Wenn es zu lange »hält«, kommen Pathologien ins Spiel, die erschütterte Struktur stellt sich mit noch mehr Aggressionen als vorher wieder her, nichts Neues geht daraus hervor und die Konflikte nehmen zu. Der »Coup« – der heilsame Schock – des Sakralen ist dann fehlgeschlagen. Das Sakrale ist also nur als etwas Vorläufiges produktiv. Diesmal sind wir uns wirklich einig. Übrigens: etwas Vorläufiges oder Vorübergehendes?

Aber warum bist Du so sibyllinisch über die Regression als Wiederkehr der verbotenen Signifikanten? Warum erwähnst Du den Namen des Herrn ohne Majuskeln? Was bedeutet dieser »liebe Gott« unter Deiner Feder, während Du von triebhaftem Überschäumen sprichst?

Catherine

Ars-en-Ré, 5. August 1997

Liebe Catherine,

Dein letzter Brief hat mich sehr zum Lachen gebracht. Ich und Sopran? Wenn ich singen könnte, wäre ich eher Alt, aber ich weiß es nicht und Du mußt nicht befürchten, mich zu hören, die Frage stellt sich also nicht. Zudem – da es ja unter Deiner Feder eine Metapher für die Tonart meiner Briefe war – glaube ich nicht, daß ich mich so hochziehe. Aber jede nach ihrem Gehör.

Mein *Power Book* ist heute durchsichtig, ich sehe es nicht. Ich sehe nur auf dem Mäuerchen gegenüber die Geranie, die ihre roten Blüten im Blau des Fier badet; in der Ferne, bis zur Landmarke des Glockenturms, die Salzpyramiden, die in den Salzgärten aufgereiht stehen, und ein austernfarbenes Licht, nachdem das Gleißen der Mittagsstunde im Nebel verblaßt ist. Die Uhrzeit ist günstig für Wellen, feinen Sand, sprechende Haut und das Schweigen der Augen. Kein »Signifikant«, ob nun »verboten« oder nicht. Es gibt Zustände der Regression – oder der Progression –, in denen der Signifikant nicht mehr vorhanden ist, ein Rhythmus ersetzt ihn, ein Pulsieren der Empfindung gleich dem Rauschen dieses Meeres vor mir, ein Atem, der sich einschreibt, der aber keine Bedeutung transportiert. Wie Du siehst, bin ich nicht in der Stimmung, zu antworten, genauer gesagt: es ist nicht der ideale Augenblick für ein Thema wie das unsere. Im Laufe unseres Briefwechsels begegnen wir dem »Geheimnis«, den grundlegenden oder den offenen Geheimnissen, und noch mehr dem »Überschäumen« aller Art. Es kann keine Rede davon sein, alles klarzustellen, nicht wahr, noch alles zu sagen – Du bist gewarnt! Und nicht nur, weil das Geheimnis »kapitalisiert« werden konnte, bleibt es nicht der Bereich, der für die persönliche Wahrheitssuche, aber auch die von Gruppen, am vorteilhaftesten ist. Denn andernfalls: wie stellst Du es an, ohne Dein verflixtes Geheimnis zu *teilen*? Damit all das nicht in Sektentum ausartet, bleibt eine einzige Lösung: setzen wir den Kampf fort, das heißt: die ständige Infragestellung von allem, sich selbst und noch dem Geheimnis …

Wenn ich in puncto Regression sibyllinisch für Dich wirke, so deshalb, weil ich an mir selbst und an meinen Patienten Körperzustände feststelle, die die Bedeutungen sämtlicher möglichen und vorstellbaren Signifikanten implodieren lassen. Nach Freud und mit Lacan kehren wir abermals zu Freud zurück, aber diesmal mit der Biologie, um zu bemerken, daß es *Sinn*–Strategien ohne *Bedeutung* gibt, »Erinnerungen«, wenn Du so willst, aber weit unterhalb der Sprache und des Signifikanten. Wenn »es« einen überwältigt, führt »es« zu einer Psychose – oder einer Ekstase. Je nach der Zeit und den paar Möglichkeiten, über die die Menschen verfügen, ergibt sich daraus die Chance, *schöpferisch* tätig zu sein. Eben, wirst Du mir erwidern, wer »schöpferisch« sagt, führt den »Signifikanten« ein! Nicht nur, überstürze nichts. Mit einem Schnitt, mit diesem Abgrund, der sich im Signifikanten öffnet, wird man schöpferisch, und dort gibt es kein Wort, noch nicht. Ich würde sogar so weit gehen, Dich daran zu erinnern, da Du Dich darin so gut auskennst und Dein Theo der Beweis dafür ist, daß genau mit dieser Trennung die Bibel vorgeht: am Anfang *trennt* Gott – ich lasse nicht locker.

Nein, ich schenke dem Sakralen keinerlei Vertrauen und entbiete ihm keine Verehrung: beruhige Dich. Nebenbei bemerkt, bestehe ich auch auf einer weiteren Meinungsverschiedenheit zwischen uns: ich finde nichts Sakrales an Hitler: er mogelt mit dem Sakralen und benutzt es als Religion, auf Anhieb drängt er als Gründer der Bewegung, als Mythenerschaffer nach vorne. Wenn ich dem Sakralen Bedeutung beimesse, durch das Religiöse hindurch und jenseits davon, so deshalb, weil es in unserem Interesse liegt, es nicht zu vergessen. Es fällt genau in den Bereich des Schnitts, *bereschit*, der die Darstellung [*représentation*] eröffnet, ohne sich mit ihr zu vermischen: Himmel und Erde, Mann und Frau und noch weitere Teilungen, jede für sich. Den Menschen fällt es schwer, damit zurechtzukommen, dennoch beschäftigt sie der Schnitt, seit sie als Wesen des Sinns existieren. Sie beginnen, ihn auszuagieren: Enthauptungsriten (im Augenblick prüfe ich den Katalog meiner Ausstellung im Louvre), Schädel-, Kastrationsriten, Ritualmorde etc. Aber nein doch, sagt ihnen schließlich der Gott der Bibel, was euch vermenschlicht, ist nicht der Tötungsakt, um euch für stärker als den Tod zu halten, es ist nicht einmal das Opfer. Ihr könnt ganz einfach und logisch »opfern«, indem ihr euch darauf beschränkt, das *Verbot* einzuhalten. Am Anfang war nicht das Opfer, am Anfang war das Verbot. Nehmt das zur Kenntnis, es wird euch gestatten, moralisch um die Wette zu verbalisieren. Ihr werdet nicht aufhören, dieses Verbot oder diese Moral zu überschreiten, so ist das Leben. Wenn ihr sie aber vergeßt, werden sie euch von innen einholen – ihr werdet innerlich zerschnitten, ihr werdet bluten, ihr werdet erkranken; oder von außen: ihr werdet euren Platz und eure Beherrschung verlieren, ihr werdet attackiert, besessen, enteignet, Paranoiker, Verrückte werden.

Dann haben einige es satt: sie wollen mit dem Schnitt, dem Verbot, dem Sakralen und deren sadomasochistischem Gefolge Schluß machen. Kein Sakrales mehr, man macht Ausverkauf, es lebe die Vernunft, man wird alles ganz sauber »managen«! Ein bißchen Diplomatie (wie Du sagst), ein bißchen Computer, ein bißchen Zentralbanken ... Aber eines schönen Tages werden unsere Verwaltungsdiplomaten mit einem Attentat mitten im Stadtzentrum konfrontiert. Oder bemerken zum Schluß, daß ihre Frauen an Zuständen leiden, die die Neurochemie nicht heilt. Und daß es in den Demokratien von erleuchteten Sektengründern wimmelt, die von den Gerichten verlangen, die Sekte als Religion anzuerkennen. Welcher Zusammenhang besteht zwischen einer terroristischen Tat, einer psychosomatischen Krankheit und einer Sekte? Das frage ich Dich: das ist eine Frage für eine Quizsendung, die viel einbringen kann, Unsummen an Steuermäßigung, wobei noch eine kleine Prüfung in republikanischem Laizismus hinzukommt. Warum dieser Trubel?

Weil ganz einfach auf der anderen Seite des Verbots der Abgrund bleibt. Der sich nicht durch die Verwaltung von Bedeutungen und Signifikanten wegwischen läßt. Der erwartet oder vielmehr nicht erwartet, was ihm gebührt.

Die anderen, wie ich (und Du, trotz unserer disharmonischen Stimmen), glauben, daß es für uns nur noch eine einzige Art und Weise gibt, lebendig zu bleiben, das heißt zu denken: ich sage wirklich »denken« und nicht »rechnen«. Es bedeutet, diesen Schnitt, dieses Verbot, diese Rückseite des Sinns – wo der Sinn am Rand der Geranie oder am Saum des Wassers des Fier, am Rande des Nichts entsteht – so oft man nur kann aufzusuchen. Und in beide Richtungen zu wandern: vom Nichts zum Sein und zurück. Den Sinn dieser Arbeit des Sinns, seine Niederkunft und sein langes Leben, nenne ich Atheismus. Das Ausschöpfen der Transzendenz mit der Transzendenz selbst. »Ein grausames und langwieriges Unterfangen«, schrieb Sartre. Heute finde ich angesichts dieser Möwen, die vor Freude schreien, wenn sie bei meinem Mäuerchen aus alten Steinen zum Trinken kommen, jene Langwierigkeit gar nicht so grausam. Mir bleibt nur die Gewißheit einer Einsamkeit und der Wunsch, sie zu teilen. Was im Grunde heißen soll, daß wir so allein gar nicht sind …

Julia

Le Thoureil, 20. August 1997

Liebe Julia,

Deine schöne sonnige Epistel nähert sich der Theorie des Lebens. Phantastisch! Es kann keine Rede davon sein, alles klarzustellen, sagst Du: trotzdem, über jene Zustände, die Du als »es« beschreibst, drückst Du Dich mit dem einzig möglichen Mittel aus, der Poesie; Geranie, Möwe, Auster. Schon indem ich Deine Worte auf die Blume, den Vogel und das Weichtier reduziere, lege ich fest, entstelle ich. Lösche ich die vorläufige Eigenschaft aus.

Inzwischen bin ich von Dakar an die Loire gereist, ein regressiver Ort meiner Kindheit, wo es wie auf Deiner Insel am Meer Möwen gibt. Hinzu kommt noch das Passieren einer unbestimmten Fremdheit, das die Rückkehr in die Hauptstadt seines Landes begleitet. Paris im Morgengrauen wiedersehen – das Flugzeug setzt gegen fünf Uhr morgens auf – heißt Fassaden sehen, die während der Abwesenheit renoviert wurden, ein Fenster mit mittelalterlichen Scheiben, das man noch nie gesehen hatte, eine Karyatide, ein komisches Dach. Die gänzlich menschenleere Place de la Concorde bekommt wieder ein revolutionäres Aussehen, trotz der Springbrunnen. Das dauert nicht, aber es ist schön, eine leere Stadt. Welcher Bezug zum Sakralen? Für mich ist es die Wiederkehr, die Fremdheit, die Leere und der frühe Morgen.

Über das Weiblichste der »Fundamente« des Sakralen sind wir einer Meinung: der Atheismus der Arbeit des Sinns. Aber laß ihn mich ein wenig anders taufen: die »atheistische Mystik des Sinns«. Überlassen wir das Wort »Mystik« nicht den Randgruppen der Religionen und gebrauchen wir das, was diese Vokabel an Geheimnisvollem und Initiatischem in ihrer Etymologie selbst enthält. Ursprünglich besagt »Myste« auf griechisch ganz einfach der »Initiierte«, Eingeweihte. Wie

Georges Bataille es demonstriert hat, steht diese atheistische Mystik nicht im Widerspruch zum Gebrauch der Vernunft. Jedoch unter der Voraussetzung, daß man mit Pflöcken und Metermaß wirklich den Rundgang durch seinen Besitz macht. Ich werde keine »Klarstellung« versuchen, da Du nichts davon wissen willst. Doch ich würde gerne ein paar schnurgerade Striche ziehen, um den Abstand zwischen Atheismus und Mystik nicht untergehen zu lassen.

Beide haben wir, jede auf ihre Weise, die scheinbaren »zurück zu« in den Gestalten erforscht, die das Sakrale annimmt. Zurück zur Kindheit, zum Schmutz, zur analen Stufe in den Initiationsritualen; zurück zum reinen und gleichzeitig unreinen Körper, innerlich und äußerlich, in der genauen Lyrik der Mystiker. »Zurück« zur Mutterschaft, von der Du zu Recht sagst, daß sie die Quelle des Sakralen sei. Aber von der »Umkehrung«, von der Du so trefflich sprichst, zu den gefährlichen Illusionen der von Lacan – den ich vorher erwähnte – angeprangerten »Rückkehr« ist es weit. Worin besteht nun diese Gefahr?

Der Gedanke der Regression setzt sogar in seinem Ausdruck eine Rückkehr zur verstrichenen Vergangenheit voraus. Eine wirkliche oder eine imaginäre? Dies ist einer der Angelpunkte des freudschen Denkens. Während er die Entdeckung macht, tastet sich Freud voran, bevor er entscheidet: nein, es gibt keine Urszene, die durch Tatsachen gebührend bewiesen ist. In der psychoanalytischen Kur findet keine wirkliche Rückkehr in die Vergangenheit statt. Die traumatisierenden »Ursprünge« sind nur eine Rekonstruktion, ein Phantasma aus Stücken und Bröckchen, die vom Unbewußten »arrangiert« wurden, wie ein Saxophonist ein musikalisches Thema »arrangiert«. Die trügerische ursprüngliche Wahrheit, von der sämtliche Wiederholungen im Leben eines Einzelwesens ausgingen, ersetzt Freud durch die »Deckerinnerung«. Klar ist: es gibt folglich eine Abschirmung, gegen die anzurennen nutzlos ist.

Deshalb ist die Regression keine Rückkehr in die Vergangenheit, sondern eine Rückkehr der Vergangenheit im Erwachsenenleben in Formen, die den Verhaltensnormen entgegenstehen. Du weißt es besser als ich: das Unbewußte ist ganz und gar nicht höflich. Es ist barbarisch, schlecht erzogen, zotig, wie Penia, die hungrige Arme, von der Aristophanes erfindet, sie sei in Platons *Gastmahl* die Mutter des Amor. Aber weil ein Mensch vor Liebe blökt, wird er nicht gleich zu einem echten Schaf. Freuds Lehre besagt auch, daß die Vergangenheit verhüllt bleibt. Zum Beispiel im trügerischen Anblick eines Geranienhimmels und einer austernfarbenen fliegenden Möwe.

Aber die Mythologie des Ursprungs bedient sich des Sakralen und mißbraucht es, um die Grundlage zahlloser, um nicht zu sagen: aller Religionen daraus zu machen. Die wiederholte Feier eines sakralen Ereignisses übernimmt zwangsläufig den Begriff Mysterium von der Idee des Ursprungs, der im Ritus ewig wiederholt wird. Die Messe wiederholt das letzte Mahl Christi; die strenge Wallfahrt nach Mekka wiederholt die letzte Wallfahrt Mohammeds; die zweimalige afrikanische Beerdigung wiederholt die Reise des Ahnen der Familie vom Leben zum Tod, dann vom Tod zum Leben. Die Einführung von Wiederholungsregeln wird zu einem Code – den Freud als zwanghaft apostrophieren würde – und das Sakrale wird dem Zeitplan des Ritus unterstellt, der nach unveränderlichen Vorschriften beginnt, abläuft und endet. »Introibo ad altare Dei«: ich gehe zum Altar Gottes und so weiter.

Was aber der Ausgangspunkt des Sakralen war, ist so verborgen wie die Bestandteile der Deckerinnerung. So weiß man nicht viel über den genauen Vorgang der Offenbarung. Man weiß ungefähr, welche Landschaften dafür anfällig machen: Gebirge, hohe Felsen, weite schneebedeckte Ebenen, Wüsten, dunkle Höhlen. Dies sagt uns nichts über den Offenbarungszustand. Die Philosophen tun sich mit diesen Grenzen schwer. Abgesehen von Kants Reflexionen über das Erhabene, denke ich an gewisse Erregungen Nietzsches in Sils Maria, erinnere mich an die Worte »Freude, Freudentränen« Pascals im Zustand der Verzückung, an bestimmte Seiten

Kierkegaards über den »inneren Sprung« im Zustand der Angst, aber viel mehr weiß ich nicht. Während der Zeit seiner Offenbarungen litt Mohammed unter Kopfschmerzen: in welchem Zustand befand er sich wirklich? Und Jesus in der Wüste? Die Frage wird nicht gestellt. Danach klebt jede Religion auf die seltsamen psychischen Veränderungen derjenigen, die den Zustand der Offenbarung durchmachten, Abziehbilder. Der Prophet empfing die Eingebung vom »Erzengel Gabriel«; Jesus in der Wüste wurde von Satan in Versuchung geführt. Was den Inhalt des Vorgangs angeht, so ist er von der Bühne verschwunden. Ohne auf neurologischem Gebiet so viel zu wissen wie wir, hatten die Römer die Intuition gehabt, ihren Epileptikern sakrale Kräfte zuzuschreiben. Zumindest hat der Bewußtseinskurzschluß der Epilepsie das Verdienst, allumfassend zu sein; die Inspiration steckt in dem Komplex von Phänomenen, die man »Aura« nennt, ein dem Anfall vorhergehender Zustand. Blaues Licht, Zittern, Visionen, absonderliche Gerüche … Mit den Krämpfen verschwindet alles im Dunkel.

Frage mich nicht nach dem, was ich nicht gesagt habe …

Die Epilepsie ist ein einzigartiger Fall, der nicht alles über den eigensten Inhalt des Sakralen erklärt. Gewiß, seitdem die Mystiker, Frauen oder Männer, zur Feder gegriffen haben, um ihre Übergänge zu beschreiben, weiß man mehr darüber. Sind wir beide aber konsequent, müßten wir schlußfolgern, daß das Sakrale als Übergang aus der Zeit heraus weder Anfang noch Ende hat. Wann beginnt der sakrale Augenblick? Man weiß es nicht recht. Man spürt die Voraussetzungen. Und wann hört er auf? Mit der Erschöpfung, die kein Ende ist. Seine Natur ist nicht das Ursprüngliche, und es ist die Aufgabe des Mythos, die zwei bis drei allgemeingültigen Formeln auszusprechen, die in allen Kulturen wiederholt werden: »Am Ursprung aller Zeiten«, »Am Ursprung der Welt«, »Im Anfang war …«

Der Mythos ist aber ein sprachliches Objekt, das von einer komplexen Logik strukturiert wurde. Er sagt nicht die Wahrheit über den Ursprung, er sagt ganz einfach. Mein geschätzter Lévi-Strauss, immer noch er, demonstriert die ganzen *Mythologien* hindurch, daß der Mythos keine andere Wirklichkeit besaß als die unter der Erzählung verborgene Logik des Denkens. Während er zum Beispiel den ersten Mythos analysiert, den er als Ausgangspunkt wählt, zerpflückt er die Rolle der Ara-Feder in der Bororo-Gesellschaft. Die blaue Feder gehört ausschließlich zum Schmuck des Gürtels der Männer; ist sie dagegen an einem Frauengürtel befestigt, kann man mit bloßem Auge darauf schließen, daß eine geheime Vögelei stattfand. Meinetwegen. Darauf entfaltet die Folge der Mythen eine Logik, die so geheim ist wie der verbotene flüchtige Koitus im Wald, und der Prozeß hat kein Ende. Jenseits davon gibt es die religiöse Extrapolation. Und manchmal eine Gefahr.

Denn bis zum Beweis des Gegenteils hat die Suche nach dem Ursprung im kollektiven Maßstab stets dieselben Auswirkungen hervorgebracht: Radikalität, Rassismus, Ablehnung der Bevölkerungsmischung und der Migrationsströme, die die Geschichte der Völker ausmachen. Die Beispiele sind so zahlreich, daß man eine Auswahl treffen muß. Der Mythos vom ursprünglichen Arier im Nazismus hat leider Schule gemacht. Er vervielfältigt sich in sämtlichen Integralismen, seien sie nun moslemisch, jüdisch oder hinduistisch, in einer unveränderlichen Form: »Wir fordern den Ursprung aller Ursprünge, das erste Gebiet, die in Vergessenheit geratene Rasse, die reine Religion, die von der Zeit entstellt wurde.« Man fackelt also die moslemischen Slums in Bombay im Namen der Reinheit des Hinduismus ab, weil er »ursprünglich« ist; man zerfetzt sich in einem Land, das im Namen der Vorrangstellung eingefordert wird – Palästina. Und im Tal von Band-i-Amir wollen die afghanischen Taliban die riesigen Statuen der alexandrinischen Buddhas in die Luft jagen, die älter sind als die Offenbarung des Propheten, und zwar deshalb, weil sie Götterabbilder sind, die den Vorschriften des Koran widersprechen. Diese Spannung zwischen der ursprünglichen Reinheit und der Unreinheit der Geschichte ist, mitsamt ihren zerstörerischen Auswirkungen, noch lange nicht zu Ende.

Ich nehme ein Beispiel, das ich aus nächster Nähe beobachte. Viele Afrikaner weisen ständig darauf hin, daß der Ursprung der Menschheit in Afrika liegt. Einer der berühmtesten Intellektuellen Senegals, Scheich Anta Diop, wollte beweisen, daß die Afrikaner alle von den Ägyptern abstammten, die schwarz waren. Warum Ägypten? Darum. Die Mutter der Zivilisationen. Von mir aus, aber weiter? Was bringt das? Daß die Ägyptologen abendländische Weiße waren, die der Weißen wegen das Afrikanische der Ägypter verborgen haben. Schön, und dann? Oh! Aber alles Denken der Weißen ist anti-schwarz! Jedes Argument ist zwecklos; weil die weiße Kolonisierung stattfand, sind die Afrikaner ehemalige Ägypter, ätsch. Da haben wir den Rassismus, der auf Grund einer Frage des Ursprungs umgekehrt wieder angestachelt wurde. Welch Sauerei ist doch die Suche nach dem Ursprung! Siehe den juristischen Kampf zwischen den Anhängern des »Blut«-Rechts und denjenigen des Boden-Rechts. Die ersteren stehen auf der Seite des Ursprungs und werden Rassisten, ohne es sogar zu begreifen. Die letzteren halten sich an das einzig sakrale Element der Idee der Republik, jene, die Dich wie mich beim Hören der *Marseillaise* ergreift.

Reden wir von diesem weiblichen Bild, der Marianne. Ein seltsamer Einfall, eine Frau, die kämpft und eine blutrote Fahne in der Hand hält, zu einer Ikone zu erheben ... Du wirst mir entgegnen, daß die Marianne seit der Revolution und dem Kaiserreich bardotisiert, deneuvisiert, marceauisiert wurde. Ein schwerwiegender Fehler! Die Marianne ist die Vorstellung von einer Mutterschaft, die all ihren Kindern offensteht, und sie kämpft für deren Freiheit. Man darf die Marianne nicht mit den Gesichtszügen einer realen Frau verkörpern, so repräsentativ ihre Schönheit in einer bestimmten Zeit auch immer sein möge. Die Marianne ist nicht dazu da, um verkörpert zu werden, ist sie doch die Abstraktion einer Mutter, die zahllose Kinder beschützt. Darin findet sich nichts Ursprüngliches. Die Marianne hat keinen Geburtsort, kein Alter, kein Gesicht, keine Hautfarbe.

Ich bin Patin eines kleinen Mädchens, das nach republikanischem Ritus getauft wurde, das heißt, ich habe schriftlich die Verpflichtung unterzeichnet, mich nötigenfalls um sie zu kümmern. Das republikanische Sakrale wird auf ein Blatt Papier übertragen, das innerhalb des Gesetzes verbleibt, mit diesem im Zusammenhang steht und das für alle gilt, unabhängig von der Abstammung. Einverstanden, das republikanische Sakrale hat seine Abdriften erlebt; es hat den *Terreur* ausgelöst. Ganz richtig! Es ist erst mörderisch geworden, nachdem es sich in eine Religion des höchsten Wesens verwandelt hatte. Ritual, Zeremonie – und Verfolgungen. Man definiert einen neuen Ursprung und »mit der Vergangenheit macht man tabula rasa«. Stalin, Pol Pot, Mao, Hitler, Kim Il Sung, nimm, wen Du willst. Tabula rasa oder Rückkehr, man setzt einen sauberen Ursprung durch. Sauber, das Gegenteil des Schmutzigen. Nun, darüber bist Du mit mir einig: das Sakrale erfordert die Unordnung, sogar eine Art von Schmutz.

Wenige Ideen sind so produktiv wie die von der Notwendigkeit der Unordnung, eine alte, sehr alte Idee, die sich nie abnutzt und die ab und zu ihre politische Gültigkeit unter Beweis stellt: ich denke an ein hervorragendes Buch von Jean-Luc Mélenchon über die Errungenschaften des Chaos. Unordnung ist der Augenblick der Offenbarung, die Kopfschmerzen oder Blutschwitzen verursacht. Unordnung ist die plötzliche Wahrnehmung der Leere der Wüste, der Riesigkeit des Gebirges, der Stärke des Gewitters. Unordnung ist der Prozeß der künstlerischen Schöpfung, den Anton Ehrenzweig in *Ordnung im Chaos. Das Unbewußte in der Kunst* beschreibt. Was mich angeht, so habe ich nichts dagegen, einen Teil des künstlerischen Prozesses auf denjenigen des Sakralen zurückzuführen.

Etwas umständlich und als Gelegenheitsarbeiter in der Psychoanalyse, beschreibt Ehrenzweig dessen Stufen. Zunächst stellt er eine plötzliche Unordnung der Elemente fest, eine Störung der Ordnung des Lebens. Dann, in der zweiten Phase, ein »Scanning«, das heißt: ein rasches Wegfegen und die Wiederzusammensetzung der Elemente zu einer im Umbruch befindlichen Ordnung, einem Umbruch, der noch unbekannt ist. Die dritte Phase ist die eines depressiven Zusammenbruchs, auf die ein tiefer Ekel folgt. Schließlich taucht das Werk auf, das heißt: die anerkannte Ankunft einer neuen Ordnung. Überlassen wir das Werk dem Künstler; was mich daran interessiert, sind die ersten Augenblicke: Erschütterung, Scanning, Depression. Das Ganze des von Anton Ehrenzweig beschriebenen Prozesses erinnert mich an die »Kindbettdepression«, den *baby blues*, den die Mutter in den ersten Stunden nach der Niederkunft durchmacht. Auf die mächtige Erschütterung des Körpers folgen die Geburt des Neuen, der depressive Augenblick der Frau und die Freude.

Baby Blues wäre eine recht gute Definition des Sakralen. Anwendbar auf jegliche Schöpfung, sei sie nun wirklich oder metaphorisch eine mütterliche. Das wird Sollers auf die Nerven fallen... Hat er nicht genug das »Baby« als Geld im Sexualhandel von heute angeprangert! Trotzdem, nur ruhig Blut, Sollers, das »Baby« im »Baby Blues« ist keine Erpressung zum Gefühl, da es ja schon geboren ist. Es ist bereits aus dem Körper gefallen, begleitet von seiner Plazentahülle, die man in so vielen Gegenden aus Angst, das Double der Seele, die sich soeben verkörpert hat, zu verlieren, unter dem Baum oder dem Haus beerdigt. Dieses »Baby« hat schon sein eigenes Leben. Während der »Baby Blues« der Mutter die Wirkung der Leere bezeichnet; der Bauch ist seiner Bürde ledig wie der Geist im Buddhismus. Der »Baby Blues« bringt den psychischen Zustand der Mutter im Danach zum Ausdruck, das reine Gefühl, ein Übergangsort gewesen zu sein, und jetzt ist Schluß. Seltsamerweise fällt mir das Bild des Wiesels ein, dieses kleine, unauffällige Nagetier, durch das Lacan die Signifikanten darstellen läßt: es ist hier vorbeigekommen, dort wird es wieder vorbeikommen ... Eine Generation folgt auf die andere.

Ich verstehe das »Baby«; bleibt der »Blues«. Warum wird das »Baby« nach der Geburt mit einem Wort aus der Musik ausstaffiert? Als eine Musik der verschleppten Sklaven, ist der Blues aus den Gesängen des Landes entstanden, das für die

Herren bestellt wurde, ein Land, das nie mehr dasjenige der »Mutter Afrika« sein wird (ich gebrauche Anführungszeichen, da ich oft die letzten beiden Worte der Nationalhymne Senegals gehört habe, Worte von Léopold Sedar Senghor: »Sei mir gegrüßt, Mutter Afrika«). Nun, weißt Du, daß die afrikanischen Sklaven, die nach Brasilien verschleppt wurden, Selbstmord begingen, indem sie Erde verschlangen? Den wirklichen Sinn dieses seltsamen Todes habe ich erst in Dakar verstanden, als ich mit meinen Studenten der Scheich-Anta-Diop-Universität – na ja! – über das Übergangsobjekt nach Winnicott arbeitete. Da es in der Gestalt des Wickeltuchs oder des Plüschbären nicht auffindbar ist, könnte das Übergangsobjekt in Westafrika wirklich Erde sein, die das Kind unter den gerührten Blicken der zur Familie gehörenden Frauen verschlingt. Der Brauch ist nicht nur erlaubt, sondern vorgeschrieben: um zu wachsen, muß man Erde essen. Im Exil: stirb mit der Erde, die nicht die deine ist. »Iß dein *Dasein*«[21], sagte Lacan, indem er Heidegger zitierte. Man muß begreifen, daß in Afrika das *Dasein* »von« der Erde stammt. Der »Blues« kommt von ihr, so, wie der Atem des Gesangs aus dem Bauch kommt.

Ich versuche, die Unordnung mit Deinem Senkblei zu verbinden. Und ich denke an die Sänger in Indien. Ganz gleich, welches Geschlecht, welchen Stil, welche Begleitinstrumente sie haben: alle haben dieselbe Körperhaltung, dieselben Handbewegungen. Der Körper: sitzend mit gekreuzten Beinen, im vollkommenen Gleichgewicht. Die Hände: eine Hand auf dem Ohr, um eine gute Resonanz des Akkords zu gewährleisten, und die andere fliegt horizontal oder vertikal hin und her. Die Hand des Sängers oder der Sängerin durchfurcht den Raum: horizontal für eine ausgehaltene Note, nach oben für eine aufsteigende Tonleiter. Nie senkt oder erhebt sich die Stimme, ohne daß die Gebärde die Absicht unterstreicht. Das musikalische Gleichgewicht wird um so deutlicher in den Raum eingezeichnet, als die Noten der

21. Im Original dt. (A. d. Ü.)

indischen Musik Halb- und Vierteltöne durchlaufen. Beim Zusehen steigt der Zuhörer die Tonleiter hoch und runter.

Bei den tanzenden Mevlevi-Derwischen in der Türkei wird das Gleichgewicht des kreisenden Körpers ebenfalls mit den Armen aufrechterhalten; der eine zeigt nach oben, der andere nach unten. Aber eine Hand richtet die Innenseite zum Himmel und die andere diese zur Erde, so daß der ganze Körper ein vertikaler Vektor zwischen den beiden ist. Ein Senkblei. Die Choreographen werden es Dir bestätigen: die Arbeit des Tanzes vollzieht sich über ein Verhältnis zwischen Erde und Vertikalität. Ich erinnere mich, daß Karine Saporta die »ländlichen« Tänze erwähnte, deren Grundlage unveränderlich bleibt: Flamenco, schamanistische Tänze, sehr langsame *Shite*-Tänze im japanischen No. Aus diesem vertikalen Trimmen geht nun, in der Musik wie im Tanz, das Gefühl der Schwerelosigkeit hervor. Die Leichtigkeit.

Leichtigkeit. Das ist ein Wort, das unter der Feder Kierkegaards und Nietzsches auftaucht, wenn sie die Schwere überwinden. Beide deuten drei Tanzschritte an, während sie Frauen zu ihrer Metaphysik einladen. Für Kierkegaard sind es die flüchtigen Partnerinnen Cherubins, Papagenos und Don Giovannis aus Mozarts Opern, in denen der Philosoph die drei Alter der Männlichkeit erblickt. »*No so piu cosa son, cosa facio*«, Cherubins Lied, die jugendliche Liebe. »Pa-pa-pa«, Papagenos Lied, die zeugende Liebe; das »Champagner«-Lied für Don Giovanni, die verzettelte Liebe. Für Nietzsche sind es die irrealen Kräfte, Carmen aus Bizets Oper, Ariadne mit dem kleinen Ohr. Indem er sich also die Mädchen »fabriziert«, erreicht der Philosoph die metaphysische Leichtigkeit der Musik. Lieder! Als ob die Musik kein Schwergewicht wäre ...

Hast Du schon einmal einen Sänger, einen Kapellmeister bei seinem Abgang von der Bühne gesehen? Sie keuchen. Nach der berühmten Arie am Schluß des ersten Akts von Mozarts *Don Giovanni* bekommt der erschöpfte Sänger minutenlang keine Luft mehr und hat Mühe, wieder zu Atem zu kommen. Am Schluß des Konzerts hat der Kapellmeister ein paar Gramm Gewicht verloren und seine Uniform – der schwarze Frack – trieft vor Schweiß. Dennoch ist sein Taktstock leicht; aber, sagt er, die Anstrengung, das Orchester mit ausgestreckten Armen zu tragen, ist etwas furchtbar Ermüdendes. Das ist etwas anderes als Nietzsche und Kierkegaard! Die Leichtigkeit wird stets mit einem enormen physischen Gewicht bezahlt. Das Ergebnis grenzt an das Sakrale der Bühne; am Ende der Vorstellung bekommt der Künstler einen Erschöpfungs-Blues. Deshalb die Notwendigkeit für ihn, nach Vorstellungsschluß die Nacht durchzumachen, um die Anstrengung wegzuwischen und den Körper zur Norm der Gesellschaft zurückzubringen, die er während der Zeit der Kunstübung verlassen hatte. Schwerelosigkeit ist schweißtreibend.

Wenn Du aber selbst schon getanzt hast, ich spreche von sogenannten »Gesellschaftstänzen«, mußt Du diese Gefühle kennen: nach einem langen Walzer, einem endlosen Tango oder irgendeinem Samba ist man »ausgepumpt«. Jüngste Studien über die Erschöpfung haben gezeigt, was die Intuition schon wußte: während der Übung spürt man die Erschöpfung nicht, so daß sie zur Ekstase führt. Und sogar wenn es sich um eine Zerstreuung handelt, ist es der Zweck des Tanzens, den Körper zu erschöpfen, um die Leichtigkeit des Bewußtseins zu erreichen. Es hört auf und du keuchst, du bist erledigt, dir geht es »gut«. Zu allem bereit, zu sich, zum anderen, zu nichts. Diese glückliche Erschöpfung scheint mir auf das Sakrale gerichtet zu sein. Das heißt, daß man auf alle Fälle seinen Körper »verlassen« muß. Es ist nicht verboten, es gut gelaunt zu tun.

Die Musik bietet sich dazu an, jenes »höchste Geheimnis der Wissenschaften vom Menschen«, das Lévi-Strauss am Schluß seiner Einleitung zu den *Mythologien* verzweifeln läßt. Was er darüber sagt, ist dennoch nicht belanglos. Die Musik packt den Hörer durch die langsamen Bewegungen der inneren Organe. Ihre Wirkung gründet sich auf den viszeralen Takt. Ein einfaches Beispiel: der binäre Rhythmus der Techno-Musik, der mit dem Rhythmus der Herzschläge in Einklang gebracht wurde. Komplexer die gebrochenen Rhythmen der »3/2«-Takte und die Synkopen, die mit dem Stolpern, dem Schwingen des Takts spielen; so etwas wie ein Stillstehen des Herzens, das alsbald wieder in Schwung kommt, sagen wir mal: eine »Übelkeit«. Geht es aber darum, über das wahre Wesen der Musik zu berichten …

Beispielsweise haben sich die Musikologen bezüglich der Auswirkungen der Schlaginstrumente auf die Trance gefetzt: ist es das Hämmern des Schlaginstruments aufs Trommelfell, das die Trance auslöst – oder ist das Trommeln nur das codierte Signal für die Trance? Du kannst Dir nicht ausmalen, welche Schlachten dieses Trommelproblemchen zu entfesseln vermochte! Im ersteren Fall ist die Trance physischen Ursprungs. Im letzteren Fall läuft sie ins Symbolische. Aber nichts erlaubt eine Entscheidung. Lévi-Strauss hat recht: materiell und ideell, physisch und spirituell bleibt die Musik für die Wissenschaftler etwas unüberwindbar Verstocktes. Um so schlimmer für das Verständnis des Sakralen. Oder um so besser.

Nicht zu deuten und unvorstellbar, ist die Musik das Element des Sakralen. Ich mag die Mythen vom Ursprung der Musik mit all ihrer Grausamkeit. Die Erfindung der Leier durch Apollon ist das Ergebnis frevelhafter Metzeleien unter den Herden der Götter. Seine Flöte ist untrennbar mit dem Abziehen der Haut seines Rivalen Marsyas verbunden. Die Geschichte Orpheus', dem als Lohn für die musikalische Zähmung der wilden Tiere von den Bacchantinnen der Kopf abgeschnitten wird. Die Shiva-Darstellungen: der Gottt des Lebens, des Todes, der Musik und des Tanzes, der mit seinem winzigen Tamburin das Erlöschen der Seele rhythmisiert und auf köstlichen Leichen tanzt. Man ahnt die Herkunft der gespannten Felle der Trommeln, die der getrockneten Därme für die Saiten, man ahnt das Grauenhafte des in Stücke gerissenen Menschen. Denn wenn der Resonanzkörper eine Kalebasse sein kann, so kommt für den eigentlichen Ton nichts der Struktur des Lebenden gleich. Zur Zeit der Hussitenkriege im 15. Jahrhundert war die große Trommel Jan

Zizkas von Trocnov, die zum Sammeln rief, mit Menschenhaut bespannt, heißt es ... Und in den japanischen Mythen gestattet es nur der Körper einer bereitwilligen Jungfrau, die sich in das geschmolzene Metall stürzt, dem Gießer, die gewünschte Reinheit des Klangs zu erzielen. Diese legendären Barbareien verankern die Musik in einem imaginären Sakralen, ein wenig wie in *Le Sacre du Printemps*, wenn die Jungfrau geopfert wird. An die Musik hatte Chabrier, dem Lévi-Strauss das Motto zu den *Mythologien* entlehnt, diese schöne Anrufung gerichtet: »Mutter der Erinnerung und Amme der Träume.« Die Musik ist mütterlich und wiegend. Daß man ihr Menschen geopfert hat, ist vorstellbar. Daß man ihn darauf singend getröstet hat, ist möglich. Trotz der Exzesse, die sie hervorrufen konnte, bleibt sie die beste, die erhabenste Wiege, um die heilsame Sehnsucht nach dem Sakralen zu durchschreiten.

Es wird Nacht. Meine Möwen haben sich schlafen gelegt, über dem Fluß sieht man ihre Flügel nicht mehr; ein schwaches, schläfriges Quieken zeigt an, daß auf der anderen Seite des Ufers die Reiher in ihren Nestern träumen. Über meinem Kopf der Immanuel Kant so teure gestirnte Himmel, und ich hoffe, daß das Sittengesetz in mir ist, wie es die schlichte Vernunft verlangt. Ich glaube, es ist kein Zufall, daß wir unseren in Afrika und in Amerika begonnenen Briefwechsel in Frankreich am Wasser beenden. Du auf Deiner Ile de Ré und ich an meiner Loire, so nahe und doch so weit voneinander entfernt. In ziemlicher gedanklicher und brieflicher Entfernung – ungefähr hundert Kilometer Möwenfluglinie –, in einem ständigen Abstand zwischen den Welten, der uns erlaubt hat, ganz nach Belieben zu phantasieren.

Haben wir phantasiert? Sicher doch. Ich fordere das unantastbare Recht aufs Phantasieren, und wenn es sich um das Sakrale handelt, das Recht, ein Sakrileg zu begehen. Mir scheint, wir haben es nicht mißbraucht, das bestätigt wieder, daß wir den rechten Gebrauch eines minimalen Sakralen gesucht haben, das so unantastbar und anspruchsvoll wie jeder wahre Atheismus ist. Ein Phantasieren endet im Warten auf das Morgengrauen. Es ist drei Uhr, es wird nicht mehr auf sich warten lassen. Als gute philosophische Eule werde ich meine Brille ablegen und meine großen runden Augen schließen.

Catherine

Ars-en-Ré, 23. August 1997

Liebe Catherine,

wir kamen aus dem »Baleine bleue«, der Hafen von Saint-Martin stampfte im Rhythmus des Jazz-Festes, und da bekomme ich Dein Fax, das das Sakrale in Musik und Tanz aufgehen läßt! Besser konntest Du es nicht treffen.

Ein weiterer Punkt, in dem wir einer Meinung sind: der Kult um den »Ursprung« ist dieser religiöse Rest, der den modernen politischen Integralismen aller Lager Nahrung gibt. Trotzdem, wer könnte diese fundamentalistische Illusion eines »Grundes«, den es wiederherzustellen gilt, kritisieren, ohne zuzugeben, daß sie in einer treffenden Intuition wurzelt: nämlich daß es andere, wenn nicht tiefgründigere Logiken gibt, die sich zur zivilisierten und polizeilichen Oberfläche der rationalen und rationalistischen Kommunikation zumindest *heterogen* verhalten? Logiken des Unbewußten, Rhythmen und Polyphonien der Musik, die im Wort und im Gerede latent vorhanden sind: ein Infrasinn, so wie es Infraschall gibt.

Manche meinen, das Religiöse erledigt zu haben, indem sie beweisen, daß ein laizistisches Denken sich genauso, wenn nicht gar besser als die Nächstenliebe der Gläubigen um den »anderen« sorgt. Aber solange man nicht ein anderes *anderes* anerkannt hat – das nicht die andere Person ist, mein Nächster oder mein Bruder, sondern *die andere Logik in mir selbst*, meine Fremdheit, meine Heterogenität, die Facetten, die mich unter der vereinheitlichten Oberfläche der Technikbenutzer beherrschen –, solange wird der Kult um den »Ursprung«, den unerreichbaren Grund und das unbenennbare Paradies seine »Wiederkehr des Verdrängten« in Gestalt eines »Glaubens« oder, brutaler, in Gestalt von Bruderkriegen verlangen, die vorgeben, den verlorenen Grund wiederherzustellen.

Dein Brief kehrt schon zum Ausgangspunkt unseres Austauschs zurück und wir könnten es dabei bewenden lassen: untätig, in der Schwebe bleiben, während wir den Abgrund des »Sakralen« gerade mal gestreift haben. Sicher dürftest Du bemerkt haben, wie zeitgemäß wir sind: die katholischen JMJ[22] erschüttern ganz Frankreich und zwingen die Tenöre der Medien, uns das Vorhandensein eines »göttlichen Triebs« (ist er einer des Lebens, des Todes oder einer der dritten Art?) zu verkünden, um Voltaire und Nietzsche zu den ihnen wichtigen Studien, wenn nicht in den Wahnsinn zurückzuschikken und eine Jugend zu begrüßen, die endlich Verantwortung übernimmt. »Man« ist erleichtert, im Mai 1968 ist »man« gerade noch mit einem blauen Auge davongekommen: mitsamt dem Jazz eben, der Abtreibung, wenn man das Wort noch auszusprechen wagt, nicht zu vergessen Picasso, Breton, Artaud, Bacon, Burroughs und ein paar andere …

Ich bin Dir mit »meiner« Jungfrau Maria und den katholischen Heiligen genug auf die Nerven gefallen, um nicht zu befürchten, daß es mir an Achtung gegenüber dieser Religion gebricht, die heute eine »Demonstration der Stärke« veranstaltet (las ich in der Presse), noch daß ich ihre Feinheiten in Sachen menschlicher Seele, einschließlich die der Frauen, unterschätze. Im Innersten meines analytischen Einverständnisses mit den Gläubigen wundere ich mich einfach, daß man sich wundert. Haben die Menschen, die jungen wie die weniger jungen, nicht ein zwingendes Bedürfnis nach Liebe? Und ist die Gegenwart eines Vaters, der sie liebt, nicht die Illusion par excellence, der eine große Zukunft bevorsteht? Schließlich ist es unbestreitbar vernünftiger, daß, wenn gekniet werden muß, die Welt eher vor einem liebenden Vater, der die Achtung des anderen predigt, niederkniet als vor einem Ajatollah, der abgeschnittene Köpfe verlangt.

Dennoch ist bei jenen JMJ wie bei den Medien eine Frage in Vergessenheit geraten: sind wir noch zur Freiheit

22. Journées Mondiales de la Jeunesse, dt. etwa: Weltjugendgebetstage. (A. d. Ü.)

imstande? Ich habe noch die Version im Gedächtnis behalten, die vor sehr langer Zeit, übrigens ein Katholik, freilich ein verurteilter, Meister Eckhart (1260-1327), formulierte: »Darum bitte ich Gott, daß er mich Gottes quitt mache.« Indem wir ihn ergründen und das philosophische Fragen bis hin zu Freud und Heidegger wiederaufnehmen, steht uns, uns armen Menschen, die wir Liebe brauchen, ein anderer Weg offen: ein Zweig der Alternative, die nicht nur zur Erlaubnis von Präservativen führt.

Nehmen wir Freud: der religiöse Mensch ist sein Thema, nicht sein Feind. Die Psychoanalyse erforscht die Ängste und die psychosomatischen Störungen exakt dieses Menschen – der vom Totem zum Tabu den Vater, die Liebe und die Verbote heiligt. Indem sie ihm seine Wünsche enthüllt, beseitigt die Psychoanalyse nicht seine Hoffnungen: sie gibt sie ihm wieder, aber im Klartext. Von nun an scheinen eine Moral und ein Sakrales möglich zu sein, die endlich von der Notwendigkeit befreit sind, eine mütterliche oder väterliche Erscheinung zu halluzinieren, wie es die heilige Thérèse von Lisieux tat, anstelle eines »Ursprungs«-Denkens, um Deinen Ausdruck zu zitieren.

Wie Du siehst, fühle ich mich den kindlichen Bedürfnissen, den liebenden Vater instand zu setzen, um rings um ihn die Gläubigen zusammenzuschweißen – seien sie auch die aufrichtigsten und die großzügigsten –, ebenso fern wie denjenigen, die dieses Bedürfnis vulgär verneinen. Denn die Freiheit, in deren Namen tatsächlich viele Verbrechen begangen wurden, bleibt nichtsdestotrotz das wertvollste Erbteil von allem. Kant hat es großartig gesagt. Wenn ich den Einfluß sehe, den das Schauspiel und der Glaube, das Schauspiel des Glaubens auf dem Rasen von Longchamp ausüben, ermesse ich den außerordentlichen Mut, den seit Jahrtausenden gewisse Männer und Frauen aufbringen mußten, um sich von dieser Magie zu befreien. Reinstes Heldentum! Die Metamorphosen dieser Freiheit dringen auch durch interne Debatten in das katholische Denken ein, und als Leserin Hegels bin ich überzeugt, daß sich die freie Subjektivität der Männer und Frauen entfaltet, indem man das Christentum durchdringt. Indem man es durchmißt, das heißt, es kennt und deutet: nicht, indem man sich darin abkapselt.

Die Diskussion, die wir eröffnet haben, kann nur willkürlich aufhören. Wenn Du willst, würde ich Dir gerne das letzte Wort überlassen, aber nicht ohne ein paar Fragen aufgeworfen zu haben, die im Lichte dieses *Catho-Pride*-Tages zu anderen Kontinenten des Religiösen und des Sakralen führen, die wir hier nicht ausreichend zur Sprache gebracht haben und denen das 21. Jahrhundert, mit dem im Gange befindlichen Erwachen der Frauen, die Stirn wird bieten müssen. Werden sie sich vom Katholizismus oder einer anderen Religion mit universalistischen Ambitionen assimilieren lassen? Werden sie friedlich nebeneinander existieren? Werden sie sich bekämpfen? Ich bin der Überzeugung, daß aus dieser philosophischen Tradition, die wir »atheistisch« genannt haben, jene Diagonale auftauchen wird, die imstande ist, eine Menschheit zu verbünden, die »Gottes quitt« zu sein wünscht, ohne den Sinn für die Arbeit des Sinns einzubüßen.

Wenn ich all die Monate unseres Briefwechsels überdenke, scheint es mir so, daß wir eine Frage vermeiden, die uns dennoch ständig beschäftigt und die wir erst neulich nur kurz am Telefon angeschnitten haben. Wie steht es mit dem Islam in dieser Reise durch das Sakrale? Dieser Islam, dessen integralistische Ausgabe die moderne Welt entsetzt, so daß Nichtspezialisten – wie Du und ich – keine Lust haben, feinsinnig zwischen dem »Fundament« und dem »Exzeß« zu sortieren; dermaßen fordert die Scheußlichkeit der Blutbäder, die auf den Titelseiten der Zeitungen an diesem Wochenende zur Schau gestellt, jedoch vom Tod Dianas überstrahlt werden, das Urteilsvermögen heraus. Was läßt sich da sagen, außer der Bekundung von Empörung und einer endgültigen Verurteilung?

In Schwarzafrika und Indien bist du mit einem anderen Islam konfrontiert, und Gott weiß, wie polymorph die islamischen Lehren sind. Es wäre mein Wunsch gewesen, daß Du mir von den ungewöhnlichen und vielfältigen Gesichtern des Islam erzählst. Mir hat sich der Eindruck des Entsetzens ins Gedächtnis gegraben. Eine meiner Freundinnen, eine Journalistin, kehrt aus Algerien zurück: sie hat Krankenhäuser aufgesucht, Frauen interviewt, die das Halsdurchschneiden überlebt haben, manche von ihnen unter etwa hundert Opfern begraben, denen die Islamisten im Namen Allahs die Kehle durchgeschnitten hatten. Sabrina, die algerischer Herkunft ist, kämpft in Frankreich für die Emanzipation der Frauen. Sie gehört einer Hilfsorganisation für algerische Frauen an und fand keine Worte, um ihre Reportage zu kommentieren: nichts als geballter Haß und Schreie. Die Religion, diese Religion besitzt für meine Freundin nichts Sakrales: sie verurteilt die Frauen zur »Wand« des Schleiers; sie verurteilt sie zur Unterwerfung; sie tötet kaltblütig all jene, die mit dem extremistischen Dogma nicht einverstanden sind. Natürlich kann Sabrina »verstehen«, wie es so weit gekommen ist: Korruption des Militärregimes; Verhärtung des Dogmatismus, der jede Religion beherrscht und wovon ich Dir in einem vorhergehenden Brief die anoretischen und tödlichen Sackgassen destillierte – die alles in allem weniger barbarisch sind als diese kaltblütigen Gemetzel; Wirtschaftskrise; Rivalität zwischen demokratischen abendländischen Mächten, die ihre ehemaligen Schützlinge alleine zurechtkommen lassen, nicht ohne zwischen den verschiedenen Lagern im Bruderkrieg Haß zu schüren. Doch meine Sabrina verabscheut die Religion an sich, und ich muß gestehen, daß mein Atheismus für ihre Wut nicht unempfänglich ist. Dennoch versuche ich, sie zu beruhigen.

Stelle Dich mir, bitte schön, in der Rolle der Verteidigerin des Koran vor! Ich erinnere mich an einen schönen Vortrag, den diese bemerkenswerte Frau, Eva de Vitray-Meyerovitch, eine Spezialistin der islamischen Mystik, vor mehreren Jahren schon, noch vor der Irankrise und dem maghrebinischen Fundamentalismus, in meinem Seminar in Jussieu gehalten hatte. Sie hatte zu uns über die Zeit im Koran gesprochen. Sie ist *vertikal*, sagte sie, im Absoluten aufgefaßt, eine *spiegelgleiche Verbindung* zwischen Mikrokosmos und Makrokosmos vorschreibend; aber auch atomisiert, in eigenständige, einzelne Augenblicke zersplittert und respektiert die sensorielle Tonart eines jeden Elements, sei es nun kosmisch oder menschlich. Der Begriff *hal* würde diese Modulation der Sinne ausdrücken, während in der Musik der Begriff *maqam* die Art und Weise und die Stufen ihrer Verwirklichung zum Ausdruck brächte. Die islamische Mystik ist reich an diesen Eigenarten, die algorithmisch, algebraisch berechnet und gestaltet werden – statt geometrisch, wie in unserer griechischen Tradition.

Ich mag die islamische Idee einer Poetik der Wesen in der Zeit ihres Absoluten und möchte mal annehmen, daß die tanzenden Derwische (neben anderen mystischen Strömungen), von denen Rûmî das Genie war und den Eva Meyerovitch untersucht hat, einen Gipfel dieser poetischen Subjektivität darstellen. Aus dem Tanz, dem Ton, dem Sinn bestehend – übertrieben in der Magie einer Leidenschaft und zugleich beherrscht, geläutert, gereinigt wie der Glanz des Spiegels, der ein Jenseits reflektiert. Meinetwegen.

Trotz allem beunruhigt es mich, wie wenig Platz der Frau bei dieser erhabenen Sublimierung eingeräumt wird. So sind selbst in diesen mystischen und sehr aristokratischen Samâ-Bruderschaften, der Gelehrte, Kalligraphen, Musiker angehören und die insofern demokratisch sind, als sie in die Dörfer ziehen und die Bauern teilnehmen lassen, die Frauen – sieh an – Empfänger der Koran-Lesungen – was außergewöhnlich ist! –, tanzen aber nicht. Die Frauengemeinden, die seinerseits Maxime Rodinson erforscht hat, sind nicht wie die *tariqa* der Männer für einen spirituellen Weg bestimmt: für die Frauen geht es nur um *zâr* – eine Art des Sichabreagierens ohne religiöse Bedeutung. Sie weinen, erzählen, spielen eine Art Psychodrama, trösten sich in einer Art Wodu – aber ohne zu einem anerkannten Diskurs zu gelangen, der außerhalb dieser kathartischen Gemeinschaft kommunizierbar und noch weniger zu bewerten wäre.

Warum lasse ich dann nicht locker und versuche, meine liebe Sabrina zu verführen, indem ich sie bitte, die »guten

Seiten« des Islam zu suchen? Zunächst deshalb, weil das wenige, was ich über ihn weiß, mich darauf hinweist, daß es sie gibt, obgleich mit weniger Vorteilen für die Frauen als anderswo: doch ich hoffe, Du wirst mir mehr darüber sagen. Und vor allem deshalb, weil ich mich vor dem Horror hüte, der die blinde Ablehnung dieser Tradition seinerseits hervorruft.

Ich bin entschieden gegen den Kommunitarismus: ich glaube nicht, daß Frankreich diesem angelsächsischen Beispiel folgen und zu abgeschlossenen Gemeinschaften erstarren sollte, die die Bräuche der unterschiedlichen Ethnien und Religionen »respektieren«, wenn auch in manchen Anführungszeichen – um sie in Wirklichkeit besser zu trennen und sich deren gegenseitigen Achtung und Unkenntnis auszusetzen. Ich denke, daß das »französische Modell«, faktisch das Modell Montesquieus vom »allgemeinen Geist«, allen Widerständen zum Trotz, weiterentwickelt werden muß, aber nicht unüberlegt. Nicht, indem man die Besonderheiten der anderen ignoriert, im Gegenteil: indem man sie entziffert, indem man sie ihnen notfalls zurückgibt. In diesem Fall, indem ich Sabrina mit ihrem islamischen Gedächtnis versöhne – mit der Komplexität und dem Reichtum dieses Gedächtnisses. Nicht, damit sie sich in der schmollenden Verteidigung »ihrer Gemeinschaft« abkapseln kann, wie es einige ihrer Glaubensgenossen tun, oder sie schlicht und einfach verurteilt, wie sie es heute tut, unter dem Schock des Horrors und im Namen eines »wissenschaftlichen« Denkens, wie sie sagt (Pille, Verhütung, Recht auf Arbeit etc., freilich, und dann?). Sondern damit komplexe Einzelwesen mit verschiedenen Traditionen zusammenleben können …

Wir sind weit von dieser Wirklichkeit entfernt, muß ich Dir zugestehen. Beginnen wir dennoch, und beginnen wir mit der Entschärfung. Ich sage nicht vergessen, nicht einmal verzeihen – man verzeiht nur jenen, die darum bitten, höchstens! Zunächst müßten sie den Sinn dessen, was sie getan haben, erkennen wollen. Hannah Arendt hat Wesentliches darüber gesagt: ich persönlich denke, daß allein die *Interpreta-*

tion ein Weg des Verzeihens ist. Wer aber verlangt eine Interpretation? Sicher kein Extremist ...

Kurz: wenn man unter den gespannten Leidenschaften der monotheistischen Glaubensformen erstickt, wenn man sieht, wie sie in ihren unversöhnlichen Logiken blockiert sind, bekommt man Lust auf Leere, Schrift auf Seide, Enten, die in Reisfeldern träumen und chinesische Frauen, die die »Kunst des Schlafzimmers« inspiriert hätten. War Scheherezade, die Vorfahrin des Romans, nicht eine islamische Frau, wirst Du einwenden. Sicher, nieder mit den Tschadors, mögen die Scheherezaden, woher auch immer sie kommen, hochleben! Inzwischen dürstet mich nach jenem chinesischen Sakralen, bestehend aus sexueller Dualität, Untätigkeit und einer Wirksamkeit, die sich aus Leere speist. Träume ich etwa?

Ich hatte Chinesisch zu lernen versucht, um zu diesem Sakralen zu gelangen, ich habe es sogar bis zum Magister gebracht: vergebliche Mühe, ein Magister in Chinesisch ist nichts angesichts des Ozeans von Ideogrammen und einer Weisheit, die sich so sehr von unseren Traditionen unterscheidet. Ich probiere es immer noch. Ich mag diesen vielleicht faden, aber so subtilen Geschmack des Sakralen: so fern von jenem anderen vermeintlichen »Sakralen«, das Männern und Frauen wie Hammeln die Kehle durchschneidet.

»Shun gehörte gewiß zu jenen, die durch Untätigkeit zu herrschen verstehen. Wie stellte er es an? Er thronte nur, dem Süden zugewandt, basta.« Das sagt Lun Yü in seinen *Gesprächen mit Konfuzius*. Du hast richtig gelesen: »Basta«. Möglich, doch wie kommt man zu diesem »Basta«, wo es genügt, sich dem Süden zugewandt hinzusetzen, um durch Untätigkeit zu herrschen? Es handelt sich darum, der Natur und der Geschichte keinen Zwang anzutun, nicht heldenhaft sein zu wollen wie Herakles und das Wasser nur dort fließen zu lassen, »wo es ihm keine Ungelegenheiten bereitet«; nicht die Zeichen, sondern die Vorläufer zu entziffern, die Noch-nicht-Sichtbaren, die *wei* (das heißt:die Winzigen) etc. – wird uns mein Freund, der Sinologe François Jullien, erläutern.

Ich gestehe, daß ich mich in der langen Geschichte der

»Sakralitäten« zuerst und vor allem von den Reizen dieses Tao verlocken lasse, das, wie jedermann weiß, das Bett eines Weisen ausmacht, der mit der Mutter und der Natur versöhnt ist, der »nur von der Mutter zehrt« und nicht Widerstand leisten noch irgend etwas beweisen muß ... Nichtsdestoweniger sehe ich die Tendenzen, die die Faulheit begünstigen, die Geschichte den anderen überlassen und gleichzeitig den Opportunismus, dieses Sakrale aus reiner Berechnung zu erlangen. Im übrigen weiß man nur allzugut, wie sich diese chinesische sanfte »Untätigkeit« häufig durch eine politische Geschichte brechen läßt, die mittels Krisen vorrückt, die nicht weniger – wenn nicht noch mehr – gewalttätig und barbarisch sind als jene, deren Techniken uns die monotheistischen Lehren beigebracht haben... Einverstanden, einverstanden! jedem Sakralen seine Fehler, jedem seine Vorteile. Aber ich bin heute in der Stimmung, den ökologischen Kosmismus des chinesischen Weisen zu rühmen. Desjenigen, der die Höhlen verläßt und eine *humilitas* im etymologischen Sinne des Wortes entfaltet: dicht über dem Humus, dem Boden, der Mutter Erde. Möchtest Du, daß er Dir den Geist definiert? Nichts ist zugänglicher: »Das raffinierteste und das bemerkenswerteste Kraut heißt Geist«, sagt Liu Shao (2.-3. Jahrhundert). Und die Leistung, wenn wir schon dabei sind? Nichts ist banaler, nochmals: »Der Vierfüßler, der sich auszeichnet in seinem Rudel, heißt Leistung.« Das ist ein Weiser, der wirklich »denkt«, der auf einer Höhe mit den Gänseblümchen denkt, mit den Kräutern und den Vierfüßlern, aber um dort das Menschliche hineinzutragen und es gleichzeitig abzuziehen. Die chinesischen Schriftgelehrten nennen diese Logik »kleine Ähnlichkeit-Unterschied«. Der große Joseph Needham, den kennenzulernen ich in Cambridge das Glück hatte, wie ich Dir erzählte, hat in seiner meisterhaften *Wissenschaft und Zivilisation in China* die Gestalten im einzelnen ausgeführt. Kleine Ähnlichkeiten-Unterschiede zwischen Natur und Kultur, zwischen Mann und Frau und so weiter.

Ihre Zeitvorstellung ist keine vertikale, sie ist eine zyklische: es ist ein Zeit-Raum. Diese Menschen wohnen. Sie besitzen die Ruhe einer denkenden Wohnung, eines Denkens, das in der Welt wohnt und von dem sie sich nur trennen, um besser in ihr zu wohnen. Dieses Rand an Rand, dieses Schillern der Seide unter dem Pinsel, dieses Zittern der Enten, die auf dem Wasser schlummern – all das kommt mir verflixt weiblich vor.

Yin-Yang. Jedermann ist darauf erpicht: sollte die vom Schuldgefühl befreite Bisexualität nicht ein neues gelobtes Land sein? Aber was bedeutet das? Die Texte beharren zunächst auf dem Krieg der Geschlechter: »Sie [es geht um Mann und Frau], die zuerst wie die Gestalt und ihr Schatten waren, sind sich jetzt so fern wie Chinesen und Hunnen. Noch begegnen sich Chinesen und Hunnen manchmal, während Mann und Frau sich unterscheiden wie Phosphoros und Orion«, schrieb Fu Xian (217-275).

Eine einzige Einheit wird von dieser dualen Welt akzeptiert: die Empfängnis. Du verstehst: weder du noch ich, sondern der Koitus nebst der Zeugung und der Wollust der beiden Partner zusammen als Zugabe. Als Einheit hat man einfacher verstanden! »Bei der Verkörperung des Tao ist die wahre Einheit (das heißt die Empfängnis) schwierig darzustellen (in der Tat!). Nach dieser Verwandlung trennt sich das Paar und jeder bleibt wieder auf seiner Seite« (*Traité taoïste alchimique, le Pacte de la triple équation*, übersetzt von Van Gulik). Das hat nichts mit der tantristischen Aufnahme des anderen Geschlechts in sich selbst zu tun: »Brauche ich denn eine andere Frau? In mir selbst steckt eine innere Frau«, brüstet sich der tantristische Weise. Ganz im Gegenteil, unser Chinese auf gleicher Höhe mit den Kräutern und Freund der Vierfüßler nimmt definitiv nichts auf. Er läßt alle Ströme durch sich hindurchgehen, er kennt den Krieg mit dem anderen und erkennt nur eine einzige Einheit an: das Paar, nur wenn es sich vereint. Und wenn dieses Denken, das sich so eng der Biologie des Menschen anschmiegt, das sich so eng im Schicksal der Spezies zusammenrollt, um darin den Sinn des menschlichen Abenteuers zu finden, die Bedingung dieser Gleichgültigkeit, dieses Friedens wäre, der uns so sehr fehlt?

Du weißt, daß mich die ausgeglichene Reife der Chinesinnen verlockt hatte, als ich von unserer Chinareise mit Philippe und der Tel-Quel-Gruppe mein Buch *Des Chinoises* mitbrachte. Verlockt von ihnen und enttäuscht von diesem Nationalkommunismus, der das stalinistische Modell ablehnte, ihm aber eigentlich folgte. Meine eigene Geschichte vermischte sich mit all dem, ich wandte der Politik den Rücken zu. Deshalb die Psychoanalyse, der Roman und so fort. Aber heute, während das immer noch totalitäre China sich zu modernisieren versucht, während dies gemäß seinem Tempo geschieht, das offensichtlich weniger brutal ist als dasjenige, das man von Osteuropa kennt, fröne ich wieder meinen taoistischen Leidenschaften, greife wieder zu Konfuzius, dem »Frauenverschlinger«, und versuche, meine chinesischen Studentinnen zu verstehen, die aus Shanghai kommen, um in Jussieu Proust und Duras zu lesen. Sie tragen Jeans und T-Shirt, sie sind geschminkt, verfügen aber immer noch über die alterslosen Gesten der Verfeinerung, die ich bei den schlangenartigen Basketballspielerinnen in einem Pekinger Stadion bewundert hatte. Die Sportlerinnen hatten die Iranerinnen geschlagen, aber nicht, als ob sie ein Spiel austragen, sondern als ob sie eine Akrobatienummer vorführen würden – lautlos, seiltänzerhaft, androgyn …

Ich bin mir nicht sicher, ob meine Studentinnen aus China das lesen, was ich in Proust und Duras lese, und vielleicht ist das nur um so besser. Manchmal habe ich den Eindruck, daß sie sich vorerst damit begnügen, mich zu wiederholen, uns zu wiederholen. Doch das ist nicht mein Problem. Mein Problem ist es, mein Denken und meine Träume dieser Welt der »kleinen-Unterschiede-Ähnlichkeiten« anzunähern, dieser Geschmeidigkeit, die die Worte »Leere« und »Untätigkeit« recht schlecht zusammenfassen, weil unsere Worte weder in Schönschrift geschrieben noch gesungen werden. Das sagte ich Dir neulich: das Sakrale liegt in der Ausdrucksweise, und die Chinesen »sagen« … *Körper-und-Seele*: verbunden. Ich schlage Dir ein Bild vor, das notgedrungen aus unserer Geschichte stammt, nicht der ihrigen, das aber versucht, jenes andere Gemisch der Grenzen, der Unterschiede und der Verbote zugänglich zu machen, das ihr Sakrales als Chinesen bildet, und das es anders bildet als bei uns. Natürlich lassen mich meine griechischen oder jüdisch-christlichen Leidenschaften nicht los: mir kommen diese charmanten Asiaten rasch sehr oberflächlich vor in ihrer Bereitwilligkeit, sich von den Welten der Bilder und Rechner blenden zu lassen. Mit welcher Gier verschlingen sie doch die Medien! Sogar auf der Couch sprechen sie mit Hilfe von Filmen, statt durch persönliche Assoziationen …

Läßt sich eine Synthese dieser so unterschiedlichen Welten vorhersehen? Ein neuer Synkretismus? Da sind wir noch nicht. Bleibt uns das Staunen vor den Unterschieden. Und wenn es das wäre, das Herz des Sakralen? Die Verschiedenheiten, hier und jetzt.

Julia

Paris, 7. September 1997

Liebe Catherine,

wirklich, unser Briefwechsel will nicht enden, eine wahre Ziehharmonika im Wind der Ereignisse. Da gegenwärtig das Phänomen Diana den Planeten erschüttert (mit Ausnahme der Chinesen, nach meinem letzten Brief wirst Du es geahnt haben!) und in ihrem Kielwasser die bewundernswerte Mutter Teresa mitreißt.

Das dritte Jahrtausend beginnt folglich mit einer neuen »Heiligen«: Diana Spencer, unglückliche Ehegattin, perfekte Mutter, manipulierte Manipuliererin der Medien. Denn es ist tatsächlich eine Frau, die diese neuen Gläubigen beweinen, Männer und Frauen, viele Frauen, aber auch Männer, und vor dieser Weiblichkeit, der ihren, verbeugen sie sich. Den Kopf gebeugt angesichts ihrer humanitären Tugenden, aber zuerst und vor allem angesichts der Not einer Frau und ihres Kampfes um ein bißchen persönliches Glück. Die Leidgeprüfte einer »Ehe-zu-dritt«, die ihr ihr königlicher Gatte vorgesetzt hatte, hätte durch eine »Ehe-zu-viert« zu Rande kommen können: ich kenne das genau, das läuft wunderbar. Aber nein, die Prinzessin mußte depressiv werden, mußte versuchen, ihr »Ego«, den Schein, die Menschheit zu retten – all das ist offenbar hochheilig! An erster Stelle die Familie, und Du weißt, daß mir an ihr gelegen ist! Das Unglück und der Unfalltod haben schließlich ihre magische Note hinzugefügt. Das ehemalige Dummi, die betrogene Frau und die betrogene Verführerin wird das religiöse Oberhaupt dieses Jahrhundertendes mit dem größten Zulauf. Sie vereint tatsächlich mehr Anhänger als der Papst, ohne Kirche und ohne Subventionen. Eine gebrochene Frau, die imstande ist, mit Hilfe der Gesellschaft des Spektakels und der Drogen der *jet-society* die Depression zu besiegen, ist sie im Begriff, eine neue Religion zu erschaffen?

Man möchte es annehmen. Wie Du muß ich über so viel hysterische Naivität lächeln: hat man nicht schon drei Erscheinungen der Verstorbenen gezählt? Ich erkenne jedoch den Funken Sakrales an, den diese Lady – eine Kreuzung aus *top model* und Charcot-Patientin – in der ganzen Welt umherreisen läßt, die schließlich vereint ist. Man vergibt ihr die üppigen Honorare für Wohltätigkeitsveranstaltungen, man wischt die Bulimie weg: übrig bleibt die Einsamkeit einer Mutter mit Liebesmangel und die Vernunft der geschenkten Zärtlichkeit, die die Symptome in ein Ideal verwandelt. Die auf den englischen Straßen und Autobahnen in Massen versammelten Wallfahrer, die das Fernsehen zeigt, beten keinen Vater an, der uns im Jenseits liebt. Die Gesellschaft des Spektakels beweint eine Frau, die an fehlender Kommunikation stirbt. Ob wahr oder falsch: das ist das Ereignis, in das sich die Menschheit hineinprojiziert: Männer wie Frauen, wir alle sind eine ungeliebte Diana. Wir spielen mit dem Fehlen der Wahrheit, um unsere Leiden zu bändigen. Wir lieben vergeblich. Und nur das Spektakel vermag uns zu trösten, aber keines so sehr wie dieses. Von diesem ganzen würdevollen Elend, das man nicht recht auszusprechen wagte, das aber jedermann kannte, ist sie der lebende Beweis, und dies noch besser als Tote, die Rose Englands.

Der Kult um Diana wurzelt in der Melancholie einer Menschheit von Waisenkindern, Scheidungskindern, verlassenen Kindern, die wir alle sind. Der Mut, mit diesem psychischen Unwohlsein zu leben, ist wirklich die kleine sakrale Blume unter dem Haufen der Verluste und Gewinne, den die Gesellschaft des Spektakels hervorbringt. Eine Art doloröser Feminismus, der jedoch auf seine Kämpfe stolz ist, ersetzt von nun an den militanten Feminismus von einst. Der stoische Glaube Mutter Teresas – auch sie vereint sämtliche Religionen in Indien und anderswo – wirkt übermenschlich angesichts jener Verletzbarkeit, die im Licht der Scheinwerfer eingestanden und dank ihnen … durch sie besiegt wurde.

In einer Welt, die jetzt weiß, daß sie in einer ausweglosen Krise steckt, ist das Sakrale nach Diana-Art ein hübsches

Bild – vorausgesetzt, es vermag die Wunden zu verbinden. Ist dies der allerletzte Sieg des Spektakels, das noch den Tod als Fälschung verbucht? Und wenn im Gegenteil die virtuelle Welt unter dem Ansturm der fühlbaren Zeit, der weiblichen Aus-Zeit rissig würde? Das wäre eine verflixte List des Sakralen …

Julia

14. September 1997

Liebe Julia,

welch vor Verehrung brennender Brief! Na toll, bist Du etwa Dianomanin? Wenn man bedenkt, daß sich Leute fanden, die eine regelrechte Heiligsprechung verlangten ... Seit wann entscheidet die Zustimmung des Volkes über die Heiligsprechung? Das Sakrale langt wohl, zum Donnerwetter! Jetzt nennt man Diana die »Evita an der Temse«! Blond, elegant, hübsch, jung gestorben ... Wie Evita, was?

Wichtig ist die blonde Haarfarbe; Eva wurde brünett geboren und färbte sich blond, als sie Präsidentin geworden war. Wichtig ist die Eleganz: Eva bot sie den Armen. Wichtig die Schönheit: in den laizistischen Religionen kassieren die Häßlichen keine Dividende. Aber die Rose Englands war eine Aristokratin von Geburt, nobler als die königliche Familie, eine reiche Frau, die immer nur Liebeskummer gehabt haben wird. War das nun eine schöne Zeremonie oder nicht? Sicher doch. Ich habe sie mir auch angesehen, wie eine Oper. Gelungene Inszenierung. Solisten, Chor, sehr schön. Man weint vor Rührung. Ich jedoch glaube, daß die Seinshungrigen »es« suchen: die Tränen. Was sie betrifft, Du spürst es, so berührt sie mich nicht. Zu viele Posen. Ich habe mir auch die Beisetzung Mutter Teresas angesehen, die das Abendland kaum berührt hat. In der Welt der Bilder fließen die Tränen der Emotion selten zweimal pro Woche. Und da Mutter Teresa in Kalkutta gestorben ist: vorwärts mit den Gemeinplätzen! Kalkutta, Stadt der Freude – wohingegen Stadt der Freude der Name eines Elendsquartiers ist, in dem die heilige Mutter nicht wirkte, sondern wo sich François Mitterand aufhielt, bevor er Präsident der Republik war. Nichts über das wahre Wesen dieser Stadt, einer Blüte der Musik, der Malerei und der Literatur. Im Refrain: »Kalkutta das Elend, aber Gott sei Dank gibt es Mutter Teresa«.

Als ich Mutter Teresa zum ersten Mal sah, fand ich sie spröde, ihr Blick war glanzlos. Aber dann! Ihre großen Hände, die durch energische Massagen die Babys wiederbelebten, sagten mehr über ihre Heiligkeit aus als die Inbrunst des Volkes. Nachdem ich dies vorausgeschickt habe, vergesse ich nicht die Rückständigkeit ihrer psychiatrischen Frauenabteilung, wo die kahlgeschorenen Patientinnen, von Neuroleptika betäubt, in einem Schlafsaal eingepfercht werden wie in einer Zwangsjacke. In puncto Medikamente, Behandlungsmethoden und Abtreibung war die Mutter reaktionär geblieben. Das annulliert nicht den Eindruck der Heiligkeit der Hände, die an den sterbenden Säuglingen am Werk waren. Da war das Sakrale, in ihren Fingern im Augenblick der Massage. Das Erstaunliche in meinen Augen ist, daß die indische Regierung sie an der Geschützlafette, die für Gandhi und Nehru diente, vorbeidefilieren ließ. Im indischen Maßstab ist dies die Entsprechung unseres republikanischen Sakralen. Sogar Indira Gandhi wird man diese Ehre nicht bezeugt haben. Schließlich wird zum allerersten Mal eine Fremde ein Staatsbegräbnis erhalten haben, das nicht mit einer Verbrennung endet. Ausnahmsweise wurde der größte Mann Kalkuttas, der Bengali Rajah Man Mohan Roy, ein reformistischer, mehrsprachiger Aristokrat, der während einer Mission in England Mitte des 19. Jahrhunderts verstorben war, in Westminster … bestattet.

Diese Inbrunst, die man beim Tod Mutter Teresas in Kalkutta bekundete, steht im Zusammenhang mit der indischen Tradition, die man seit dem 12. Jahrhundert *bhakti* – Frömmigkeit – nennt. Der charmante Gott Krischna wurde zum Objekt des Kultus auserwählt und massenweise von den Frauen – unterstützt durch Trancezustände – mit Lobgesängen bedacht. Vor den Engländern waren die indischen Einwanderer die ersten, die Blumen für Diana zum Kensington-Palast brachten. Von Deinem Brief behalte ich im Gedächtnis, daß sich die Flamme der Verehrung um das Weibliche »Diana« entzündete: ein Weibliches, von dessen depressiver Komponente jedermann wußte. Doch in dem besagten Schauspiel – ich möchte von der Trauerfeier reden –, dessen Finalität darin besteht, fern vom Abgrund mühelos die Tränen in die Augen zu treiben, tauchte die Depression nicht auf.

Dieser Sommerlochfüller ist nicht unsere Sache. Kehren wir zur Hysterie zurück, mit der unser Briefwechsel begann: eine afrikanische Messe unter freiem Himmel. Indem wir beide miteinander verknüpfen, die Depression und die Hysterie, finden wir vielleicht einen Schlüssel – oder vielmehr einen Schlußgedanken. Als Minderheit und Ausgebeutete haben die Frauen ein Recht auf Trancezustände – oder auf hysterische Anfälle, je nach Vokabular. Doch in sämtlichen verzweifelten Lagen verhält es sich in Afrika genauso: Magie, Gruppenkultus und Trance. Und wenn man ausgebeutet wird, hat man ein Recht auf den depressiven Zustand, das scheint mir eine unantastbare Selbstverständlichkeit zu sein. Denn wenn ich Dich richtig verstanden habe, entspringt die Depression einer Minderheitenposition, die man im Hinblick auf die anderen, die normalen Leute »minoritär« nennen kann. Was auch immer ihre Ursache sein mag, sie grenzt an eine Schwäche, vergrößert einen Riß. Das Reale ist nicht mehr erträglich, wenn »die anderen« imstande sind, mit diesem fertigzuwerden, man selbst aber nicht. Da er sich zwangsläufig von der Norm unterscheidet, ist der Depressive auf das Sichzurückziehen beschränkt. Daß dies ein vernünftiger Versuch ist, ändert nichts an seinem Ausgangspunkt; und daß die Wiedergeburt darauf folgt, verleiht dem Denken Energie.

Das kann bedeuten, daß die Minderheiten wissen, wie man rebelliert: mit dem Körper. Die gute Nachricht ist nicht so neu, wie es scheint, da Freud sie ja bereits verkündete, als er Ende des 19. Jahrhunderts in Wien die Hysterikerinnen analysierte. Ihre Symptome koinzidierten zu der Zeit mit einem anarchistischen Schub bei den Damen aus dem Bürgertum, eine »Unzufriedenheit« mit dem familialen System, das sich auf die Mama und die Hure, die anständige Frau und die Putzmacherin stützte – eine wahre Emanzipationsbewegung der Frauen. Damals hatte die Sängerin Halsschmerzen, das zu sittsame Mädchen Erstickungsanfälle, Kribbeln, noch nie dagewesene Lähmungen, ein ganzes Arsenal unterdrückter Ausdrucksweisen, die entwichen und Unruhe stifteten: von Frau zu Frau, die eine identifizierte sich mit der anderen. Darauf kam das Symptom für uns Zeitgenossen: die Depression. Soziale Verschiebungen, technischer Fortschritt, Frauenemanzipation: und Ausfall des Sakralen. Wenn man aber die Folge der Ereignisse in Österreich betrachtet, muß man konstatieren, daß Hitler im Europa der Aufklärung, in dem er zur Welt kam, das Versagen des Sakralen zum richtigen Zeitpunkt zu benutzen verstand.

Was nun? Nun, es ist nicht ausgeschlossen, daß just in diesem Augenblick die Frauen mit der Kraft der Depression, nach der sie so gieren, ohne es zu wissen den Skandal unserer Zeit bemerken, denjenigen, den man verschiebt, indem man die Armen Kalkuttas anstarrt, die am anderen Ende der Welt gefilmt wurden. Ich möchte von der Wohlstandskluft zwischen den reichen und den »südlichen« (bekanntlich gehört das ausgehungerte Nordkorea dazu ...) Ländern sprechen. Es ist nicht ausgeschlossen, daß bei der Wahrnehmung des Sakralen in der Diana-Verehrung die Fremde in Dir die geheime Revolte der Einwanderer Englands geahnt hat, die gleich einer flatternden Fahne hinter den Bildnissen der verstorbenen Rose aufgepflanzt war. Nicht ausgeschlossen, daß wir beide, jede mit ihrer Geschichte, im Sakralen die Verbindung zwischen Depression und Hysterie, Senkblei und Unordnung, die Entstehung einer neuen Welt, die weniger ungleich ist, gesucht haben. Daß wir sie wünschen, ist sicher. Es steht nicht fest, daß wir recht haben. Das, was Du den Riß der virtuellen Welt unter dem Ansturm der weiblichen Aus-Zeit nennst. Das ist Deine Hoffnung, Dein roter Faden. Offen gesagt, bin ich mir nicht sicher, ob wir ihn sehen, Du und ich.

Unsere Männer werden feixen. Die schönen Seelen, werden sie sagen. Die armen Lieblinge. Die Naiven. Und was ist mit der Globalisierung. Dem Zynismus, der Gewalt, dem Sex, der Verzweiflung? Sicher, es läge mehr »im Trend«, die dunkle Seite der Depression hervorzuheben, kurz: den modernen Komfort. Pech gehabt, den Anoretischen ziehen wir die Leckermäuler, den Verzweifelten die Rebellen, den Junkies die Hysterikerinnen und die Heiligen vor und, nicht möglich, sogar Diana, wenn Du willst. Und beide hängen wir an der Mutterschaft, was nicht belanglos ist. Das hat gerade noch gefehlt!

Wir haben uns vor bald dreißig Jahren, als wir dreißig waren, kennengelernt. In dieser Zeit war die Rebellion üblich, und in diesem Punkt haben wir uns nicht völlig geändert. Das Leben hat uns Schlimmes angetan, und wir schweigen darüber. Es hat recht daran getan, denn Nackenschläge sind wir gewohnt. Über die Revolte sprichst Du besser als ich, da Du eine Theorie aus ihr machst. In dem armen Land, in dem ich heute wohne, kann ich Zeugnis von ihr ablegen. Sie haben recht, sich zu erheben, das beginnt gerade erst. Und ich sehe, daß die Revolte der »unterentwickelten Länder« der Welt dort eindringt, wo sie kann, notfalls in das Sakrale. Sie ist nicht den Frauen vorbehalten, aber die Frauen in den armen Ländern vermögen es, die Wege des sakralen Waldes einzuschlagen, sollte dies erforderlich sein. Wenigstens hat der sakrale Wald ein hohes Alter. Er heilt. In gewisser Weise beschränkt er die Gefahr. Aber nicht immer.

Das ist die andere Seite des Sakralen. Hinter dem sakralen Wald ist stets ein Massaker möglich. Von einer merkwürdigen Abwesenheit angetrieben, greifen die Männer gegen alles zu den Waffen, und »alles« heißt der andere im Nachbarhaus. Bei uns, in den reichen Ländern, führt man einen sauberen Krieg, ökonomisch oder militärisch, der aushungert oder bombardiert. Einen präzisen, chirurgischen Krieg, wie die »Schläge« im Golfkrieg mit 250000 Toten im Irak. Doch Boutras Ghali hatte recht, als er sagte, daß es Kriege der Reichen gibt und andere, die Kriege der Armen, mit Waffen, die nicht sauber sind, die aber genauso töten, und zwar massenweise. Mir scheint, in dieser Angelegenheit kommt es auf die Quantität an. Und wenn sie die Mehrheit wird, beginnt die Revolte zu töten.

Wenn es überwacht wird, kann das Sakrale einer guten Revolte dienen. Was muß man überwachen? Die Ausdehnung. Das Sakrale gehört der Privatsphäre an, in deren Gebiet auch der Ritus fällt, selbst wenn er ein kollektiver ist. Initiation, Ritual, Heilung, sogar die Liebe betreffen Einzelwesen. Wenn sie die Privatsphäre verläßt, kann die im Sakralen enthaltene Revolte mörderisch werden. Man muß imstande sein, minoritär zu bleiben, glaube ich. Vergiß nicht, daß für uns beide die Gefahr sehr beschränkt ist; unsere intellektuellen Waffen sind definitionsgemäß minoritäre. Um so besser. Abermals wird es Nacht, die Stunde des Denkens. Treffpunkt in der Wirklichkeit um weiterer minoritärer Revolten willen, die ich zur Erinnerung gerne Revolutionen nennen würde, seien sie auch winzig.

Catherine

Toronto, 16. Oktober 1997

Liebe Catherine,

nein, ich brenne weder vor Verehrung noch vor Dianomanie: ich versuche einfach, zu dechiffrieren, was außerhalb meines Milieus und des Hexagons geschieht. Wirklich, Du brauchst immer eine aggressive Einleitung, die der Humor kaum abschwächt! Um so besser: Dein Schwung wird die ungeduldige und gereizte (das sind Deine Worte) Note in unserem Briefwechsel gewesen sein; was mich angeht, so würde ich versucht haben, langsam im Hintergrund nachzudenken.

In einer Kapelle der Victoria University (der von Northrop Frye, erinnerst Du Dich?) segnete uns der Lordkanzler Sang Chul Lee, ein Doktor der Theologie, der einem Mandarin gleicht, die auf den Vasen aus der Ming-Zeit dargestellt werden, mit einem hinreißend komischen chinesischen Akzent, auf lateinisch; dabei lächelte er insbesondere den Frauen zu – bekanntlich ein unerläßlich Zeichen für geistige Offenheit in Nordamerika, Toronto ist eine zunehmend chinesisch gewordene Stadt, das Christentum zerstreut sich in einer Unzahl von Gebräuchen, von denen die taoistischen und die konfuzianistischen die zahlreichsten zu sein scheinen; umgekehrt übernehmen die asiatischen Religionen abendländische Anschauungsweisen nur oberflächlich. Das dritte Jahrtausend kündigt sich hier in einem Mosaik menschlicher Körper an, die nachts manchmal in den Problemvierteln aneinandergeraten, wie bei uns, die jedoch lockerer wirken und deren gegenseitige Toleranz größer zu sein scheint. Ist dieses Land nicht von Anfang an ein Land der Einwanderer?

Wir haben entschieden, unseren Briefwechsel ohne Abschluß abzubrechen, und ich habe Deinem letzten Brief nichts hinzuzufügen, es sei denn diese eher surrealistische

Note der Mischung Lateinisch-Amerikanisch-Chinesisch-Männer-Frauen, die mir das Wesentliche unseres Weges zusammenzufassen scheint: seine Unruhe, sein Durchmischtsein, sein Versprechen.

Sicher, nichts ist in diesen per Fax und E-Mail beförderten Skizzen abgeschlossen. Sie hinterlassen in mir den Eindruck einer Brownschen Bewegung und daß ich vielen Gedächtnissen und ebenso vielen Räumen im Zustand des Empfindens – statt der Analyse –, der Entstehung begegnet bin. Wir werden weitermachen, dessen bin ich mir sicher, mit anderen Mitteln, in anderen Werken und Tätigkeiten. Aber Du hast recht, lassen wir hier diese Komplizenschaft ruhen, die uns ein Jahr lang vereint hat, nachdem wir mehrere Jahre ähnliche Bahnen verfolgt haben und, ein bißchen distanziert, befreundet waren. Indem sie eine jede mit dem Widerstand und den Grenzen der anderen konfrontiert, wird sie uns geholfen haben, uns besser zu sammeln bei unserem eigenen Nachdenken oder Begehren um jene Kontinente herum, die wir nicht definieren wollten und die wir nach und nach Gestalt und Sinn haben annehmen lassen: das »Weibliche« und das »Sakrale«. Ich möchte gern, daß die Leser uns in diesem Zustand der Offenheit und des Hinterfragens, in dem wir uns befanden, begegnen, natürlich und frei von Gewißheiten. Dies ist der hauptsächliche Grund, der in meinen Augen die Veröffentlichung unserer Briefe rechtfertigt, eine Veröffentlichung, die uns zu Beginn dieses Austauschs problematisch schien, deren Idee sich im Laufe des Jahres klarer abzeichnete und von der uns schließlich die aufmerksame Lektüre Monique Nemers überzeugt hat.

Gewiß wird das Sakrale privat empfunden; es ist uns sogar als das erschienen, was der intimsten aller Einzigartigkeiten Sinn verleiht: am Kreuzungspunkt von Körper und Denken, Biologie und Gedächtnis, Leben und Sinn – bei Männern wie bei Frauen. Zukünftig sind die Frauen an diesem Kreuzungspunkt *vielleicht* dramatischer, symptomatischer, fremder. Ich sage »vielleicht«, denn man wird immer, und oft sogar freudig, vom »Weiblichen« auch der Männer überrascht. Ein

»privates« Sakrales folglich, denn sobald es öffentlich zu werden beabsichtigt, addiert es und entwickelt sich zum totalitären Schrecken, wie Du es in Deinem letzten Brief trefflich ausführst, gleichsam mit einem Blinzeln in Richtung der diversen »Revolutionen« und integralistischen Bewegungen. Nichtsdestoweniger enthüllt das Sakrale in seinem Geteiltwerden seine Gefahren wie auch seine Vitalität. Und daß die Männer und Frauen von heute neue Bindungen anstreben, die für das Sakrale empfänglich sind. Als Fortsetzung oder als Kontrapunkt der überlieferten Religionen.

Unser Austausch wird eine schlichte Betonung dieses Bestrebens gewesen sein. Wir waren pedantisch, persönlich, grob, aufgebracht, unvollständig und ungenau durch vieles Zusammenfassen und Überfliegen. Wir haben versucht, den uns eigentümlichen Wahrheiten so nahe wie möglich zu sein und weder bei unseren Unwissenheiten noch bei unserer Auswahl zu mogeln. Vielleicht behält der Leser die Forderung nach einem ständigen Hinterfragen als die wichtigste Note unserer Annäherung, sowohl an das Sakrale als auch an das Weibliche, im Gedächtnis.

Julia

Zu Urkund dessen. Urkunde wird also das letzte Wort sein.

Catherine